大學學測數學
滿級分 I

A+ excellent!

林振義 博士 著

$$\tan\theta = \frac{\sin\theta}{\cos\theta} = \frac{1}{\cot\theta}$$

序

　　我在大學教授「工程數學」課程，我的教法是：先將工程數學的每種題型整理出來，再寫下其解題步驟，編製成講義後影印給學生。在解題時，先找出該題目的題型，再將數據帶入其解題步驟內，就可以很容易地將題目給解答出來。我還有錄製教學影片，供學生課後自由下載。

　　我的學生很能適應此種教法，有學生在期末教學評鑑（學生打老師的教學成績）上寫著：「工數很難，老師把它變得很簡單，而且老師上課非常認真，讓我有心學好工數」、「老師很厲害，把一科很不容易學會的科目，一一講解的很詳細」、「在老師的教導下，工數就跟小學的數學一樣的簡單，還有教學影片，上課漏掉的地方可以補充」、「高三那年我放棄了數學，自從上您的課後開始有了變化，而且還有教學影片可以在家裡複習，重點是上課也很有趣」，學生反應很好。所以我認為將各類題型整理出來、寫下其解題步驟後印成講義，再錄製教學影片，可以讓學生有很好的學習效果。

　　我小孩在讀高中時，問我一題數學，題目類似$a_1 = 2$，$a_{n+1} = 2a_n + 3$（$n \geq 1$），他說只要題目改一下，他就不會做。我心裡想：為什麼不參照我的教學方式，將題型整理出來、寫下其解題步驟，再把相關的題目整理在一起，以方便學生閱讀呢？

　　本書的寫法就是根據上面的原則所寫成的。本書的每章會先介紹名詞的定義、原理、公式，再將各類題型及其解題步驟和其相關的題目整理在一起，最後才是練習題。例如：貝氏定理此種題型的解題步驟通常是：

(1)將題目的已知機率值列出來；

(2)將要求的問題的機率式子列出來：通常是求 $P(A_i \mid B) = \dfrac{P(A_i \cap B)}{P(B)}$ ；

(3)由(1)的已知，可以求得(2)的 $P(B)$ ；

(4)由(1)的已知，可以求得(2)的 $P(A_i \cap B)$ ；

(5)由(3)(4)的結果代入(2)內，即可將答案算出來。

又如：遞迴定義此種題型，在99高中新課綱的相關的題目有下列三種：

(1) $a_1 = 3$，$a_{n+1} = a_n + 2n + 1$（$n \geq 1$），（a_{n+1}和 a_n前的係數同，且有常數項）。

(2) $a_1 = 2$，$a_{n+1} = 3a_n$（$n \geq 1$），（a_{n+1}和 a_n前的係數不同，且沒有常數項）。

(3) $a_1 = 2$，$a_{n+1} = 2a_n + 3$（$n \geq 1$），（a_{n+1}和 a_n前的係數不同，且有常數項）。

本書會將它整理出來，以方便學生做比較。當讀者了解基本知識後，才來做練習題，如此不僅可以解出基本的題目，即使題目有一點變化，還是可能解得出來。

本書在每章的最後面都附有「83年到102年學測題目」，供讀者知道哪章的內容最常考，哪些類型的題目考得最多次。

本書的特色為：

㈠完全依據99課程綱要撰寫──本書內容分成三部分：

(1)課程綱要有明確規定是學測內容；

(2)課程綱要沒有明確規定，但是延伸題（標☆者）；

(3)課程綱要有明確規定是指考內容（標◎者）。

㈡包含83年到102年學測題目，且分配到各章內。

㈢強調基本觀念──每節會先解釋名詞，如：「遞迴定義」、「隨機試驗」等，再介紹其相關內容。

㈣同一題型的相關題目整理在一起──將相關題目整理在一起，如：「遞迴定義」、「重覆組合」等，方便讀者做比較。

㈤題型有解題步驟──每種題型會列出解題步驟，如：機率的「貝氏定理」，讀者只要依照步驟，即可解出題目。

㈥有教學影片和83年到102年學測題目解析供讀者下載。其中「教學影片」存放在「http://120.105.39.250/jylin/jylin.htm」內，點選「高中教學」即可看到，而「83年到102年學測題目」存放在「http://webhd.must.edu.tw/」內，在其下的「網路硬碟社群分享」欄位內輸入「數學學測解析」即可。

本書得以出版，我要由衷的感謝五南對本書內容的肯定，以及五南同仁們大力的幫忙。本書雖然一再校正，但錯誤在所難免，尚祈各界不吝指教。

林振義

明新科技大學電機系

jylin@must.edu.tw

目錄

Chapter **1** 數

99 年 課 程 綱 要

1. 數與數線

1.1 數線上的有理點及其十進位表示法。

1.2 實數系：實數的十進位表示法、四則運算、絕對值、大小關係（不含非十進位的表示法）。

1.3 乘法公式、分式與根式的運算。

2. 數線上的幾何

2.1 數線上的兩點距離與分點公式。

2.2 含絕對值的一次方程式與不等式。

99 年 課 程 綱 要 細 部 說 明

1. 數與數線

1.1 數線上的有理點及其十進位的表示法：透過有理數的相除意涵，讓學生發現有理數可以用有限小數或循環小數來表示，此處讓學生操作分母為一位數的有理數即可。一個實數為有理數的充分必要條件為該數的十進位表示法是有限小數或循環小數。

1.2 實數系：實數的十進位表示法、四則運算、絕對值、大小關係。實數的操作包括絕對值、根數操作與實數大小的比較。

(1) $\sqrt{2}$ 可表示為無限小數。

(2) 絕對值的定義。

(3) 複習根式的運算與化簡：如 $\dfrac{1}{\sqrt{2}-1}=\sqrt{2}+1$，$\sqrt{a^2}=|a|$，算幾不等式 $\sqrt{ab}\le\dfrac{a+b}{2}$.

(4) 數的大小比較。

1.3 乘法公式、分式與根式的運算：對文字符號所組成的代數式能進行展開、分解及化簡等形式運算。乘法公式及其逆運算（如：立方和、立方差），此處不要延伸為複雜的因式分解。

(1) 型如 $(a+b)^3$、$(a+b)(a^2-ab+b^2)$、$(a-b)(a^2+ab+b^2)$、$(a+b+c)^2$、$(1-x)(1+x+x^2)$ 的展開式與逆運算，但不宜過度延伸。

(2) 不含雙十字交乘法如 $(x+y-1)(x-y+2)$ 的因式分解。

(3) 不宜的公式：$x^3+y^3+z^3-3xyz=(x+y+z)(x^2+y^2+z^2-xy-yz-zx)$.

(4) 能化簡繁分式與根式，如：$\dfrac{1}{\frac{1}{2}(a+b)}=\dfrac{2ab}{a+b}$ ，$\dfrac{1}{\sqrt{\left(\frac{a}{c}\right)^2+\left(\frac{b}{c}\right)^2}}=\dfrac{|c|}{\sqrt{a^2+b^2}}$ ，

$\sqrt{5+2\sqrt{6}}=\sqrt{3}+\sqrt{2}$ ，$\sqrt{x^2+x^{-2}+2}=x+x^{-1}$.

2. 數線上的幾何

2.1 數線上兩點距離與分點公式：例如能算出介於 a,b 之間且與 a,b 距離的比為 2：3 的點 x.

2.2 含絕對值的一次方程式與不等式：

(1) 三角不等式：$|a+b| \le |a|+|b|$.

(2) $|x-3|<2$ 且 $|x-1|<1$ 的解的範圍為 $1<x<2$.

(3) 求 $|x-1|<|2x-3|$ 的解的範圍。

本 章 內 容

一、數與式

1. 【數的集合】數學中所討論的數，可分為下列幾種：

(1) N = 表示自然數的集合，即 $N=\{1,2,3,\cdots\}$ ；

(2) Z = 表示整數的集合，即 $Z=\{\cdots,-3,-2,-1,0,1,2,3,\cdots\}$ ；

(3) Q = 表示有理數的集合，也就是可以化簡成分數的形式者，它包含有：整數、有限小數和無限循環小數等三種；

(4) R = 表示實數的集合，它包含有理數和無理數，其中無理數是無法表示成分數的小數值，例如：$\sqrt{2}$ 和 π.

(5) C（複數）= 表示實數和虛數的聯集，虛數是含有 $i=\sqrt{-1}$ 的數。

上述五種數，其大小為 $C \supset R \supset Q \supset Z \supset N$.

2. 【實數的特性】所有的實數(或複數、有理數，不含整數）均具有下列的特性，即若 a、b、$c \in R$（以實數為例），則

    (1) 封閉性：$a+b$，$a-b$，$a \times b$ 或 a/b（$b \neq 0$）亦為實數；

    (2) 交換律：$a+b = b+a$，$a \times b = b \times a$；

    (3) 結合律：$(a+b)+c = a+(b+c)$；$(a \times b) \times c = a \times (b \times c)$；

    (4) 分配律：$a \times (b+c) = a \times b + a \times c$；

    (5) 消去律：若 $a+c = b+c$，則 $a = b$. 若 $a \times c = b \times c$（$c \neq 0$），則 $a = b$.

    註：整數的除法不具有封閉性，例如 $\dfrac{5}{2}$ 不為整數。

例 1 設 $A = \{a, b, c\}$，有一運算符號「。」運算完 a, b, c 後的結果如下，即「$b \circ a = a$」，「$c \circ b = b$」。問運算符號「。」是否滿足交換律和結合律？

。	a	b	c
a	b	a	c
b	a	c	b
c	c	b	a

解：

例 2 設 $A = \{a, b, c, d\}$，運算符號「。」的結果如下表，問它是否滿足交換律和結合律？

。	a	b	c	d
a	b	a	d	c
b	a	c	d	b
c	d	d	a	c
d	a	b	c	d

解：

例 3　下列敘述是否正確，其中 $a, b, c, d \in R$ ？

(1) 若 $a > b$，則 $ac^2 > bc^2$；

(2) 若 $\dfrac{a}{c^2} > \dfrac{b}{c^2}$（$c \neq 0$），則 $a > b$；

(3) 若 $a > b$ 且 $c > d$，則 $ac > bd$；

(4) 若 $a > b$ 且 $ab \neq 0$，則 $\dfrac{1}{a} < \dfrac{1}{b}$。

解：

3. 【循環小數化成分數】底下為幾種常見的循環小數化成分數的型式：

(1) $0.\overline{a} = \dfrac{a}{9}$；（一個數字循環，分母一個 9）

(2) $0.\overline{abc} = \dfrac{abc}{999}$；（三個數字循環，分母三個 9）

(3) $0.abc\overline{de} = \dfrac{abcde - abc}{99000}$；（二個數字循環，分母二個 9；三個數字沒循環，分母三個 0）

例 4　$0.\overline{2} = ?$

例 5　$0.\overline{1234} = ?$

例 6　$0.12\overline{345} = ?$

4. 【有理數與無理數】設 a、b、c、d 皆為有理數，若 $a + b\sqrt{2} = c + d\sqrt{2}$，則 $a = c$，$b = d$，也就是「有理數 = 有理數」，「無理數 = 無理數」。

例7 設 x、y 為有理數，求 x, y，使得 $(2+3\sqrt{3})x+(3+2\sqrt{3})y=3+7\sqrt{3}$.

解：

例8 設 x、y 為有理數，求 x、y，使得 $(2\sqrt{2}+3\sqrt{5})x+(\sqrt{2}-2\sqrt{5})y-4\sqrt{2}+\sqrt{5}=0$.

解：

5. 【數的大小比較】設 a、b 為實數，比較 a, b 的大小，常見的方法有：

(1) 近似法：將根號的值用鄰近的數代入。例如：$\sqrt{5}$ 用 2 代入；$\sqrt{151}$ 用 12 代入。

(2) 相減（相除）：即 $a-b>0$，表 $a>b$；$a-b<0$，表 $a<b$.

(3) 平方後相減：即 $a^2-b^2>0$，表 $|a|>|b|$；$a^2-b^2<0$，表 $|a|<|b|$.

(4) 平方後相除：即 $\dfrac{a^2}{b^2}>1$，表 $|a|>|b|$；$\dfrac{a^2}{b^2}<1$，表 $|a|<|b|$.

例9 比較 $a=\sqrt{5+2\sqrt{2}}$ 、 $b=\sqrt{9-\sqrt{3}}$ 大小。

解：

例10 比較 $a=2+\sqrt{7}$ 、 $b=\sqrt{11+\sqrt{101}}$ 大小。

解：

6. 【算術平均數大於幾何平均數】設 a、b 為非負的實數，則 $\dfrac{a+b}{2} \geq \sqrt{ab}$，當 $a = b$ 時，等號才成立。

☞題型：

(1) 已知二數相加（如：$2a + 3b = 10$），求二數相乘（ab）的最大值。

(2) 已知二數平方相加（如：$2a^2 + 3b^2 = 10$），求二數相乘（ab）的最大值、最小值。

(3) 已知二數相乘（如：$ab = 3$），求二數相加（如：$3a + 4b$）的最小值。

(4) 已知二數平方相乘（如：$a \cdot b^2 = 12$），求二數平方相加（如：$3a + b^2$）的最小值。

例 11 已知 a, b 是正實數且 $2a + 3b = 10$，求 ab 的最大值和此時的 a, b 值。

解：

例 12 已知 a, b 是實數且 $2a^2 + 3b^2 = 10$，求 ab 的最大值、最小值和此時的 a, b 值。

☞說明：因 $2a^2$ 和 $3b^2$ 均為正實數，所以適用「算術平均數大於幾何平均數」。

解：

例 13 已知 a, b 是正實數且 $ab = 3$，求 $3a + 4b$ 的最小值和此時的 a, b 值。

解：

例 14 已知 a, b 是實數且 $a \cdot b^2 = -12$，求 $-3a + b^2$ 的最小值和此時的 a, b 值。

解：

7.【分點公式】數線上有兩點 A（坐標為 a），B（坐標為 b）（其中 $b > a$），若有一點 C（坐標為 x），使得 $\overline{AC}:\overline{BC} = 3:2$，則 C 點的位置有二處：

(1) C 介於 A、B 之間：位置是 $A - C - B$，則 $\overline{AC}:\overline{CB} = 3:2 \Rightarrow (x-a):(b-x) = 3:2$

(2) C 在 A、B 之外：因 $\overline{AC}:\overline{BC} = 3:2$（$\overline{AC} > \overline{BC}$），所以它們的位置是 $A - B - C$

$\overline{AC}:\overline{BC} = 3:2 \Rightarrow (x-a):(x-b) = 3:2$．

可求出 C 點坐標（x）。

(a) C介於A、B間

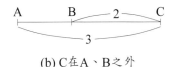

(b) C在A、B之外

圖1 分點公式圖

例 15 數線上有兩點 A, B，其坐標分別為 2 和 12，若有一點 C，使得 $\overline{AC}:\overline{BC} = 3:2$，求 C 點的坐標？

解：

8.【常見的展開式】

(1) $(a+b)^2 = a^2 + 2ab + b^2$；

(2) $(a-b)^2 = a^2 - 2ab + b^2$；

(3) $(a+b)^3 = a^3 + 3a^2b + 3ab^2 + b^3$；

(4) $(a-b)^3 = a^3 - 3a^2b + 3ab^2 - b^3$；

(5) $(a+b+c)^2 = a^2 + b^2 + c^2 + 2ab + 2bc + 2ca$；

(6) $a^2 - b^2 = (a+b)(a-b)$；

(7) $a^3 + b^3 = (a+b)(a^2 - ab + b^2)$；

(8) $a^3 - b^3 = (a-b)(a^2 + ab + b^2)$；

(9) $x^n - a^n = (x-a)(x^{n-1} + x^{n-2}a + \cdots + a^{n-1})$，n = 2, 3, 4, ...

例 16 若 $x = \sqrt{2} - 1$，$y = \sqrt{2} + 1$，求 $x^3 + 3x^2y + 3xy^2 + y^3 = ?$

解：

例 17 （99 課綱範例）將 $\sqrt{x^2 + x^{-2} + 2}$ 化簡成沒有根號的型式。

解：

9.【根號內有根號】 設 a, b 為正有理數，且 $a > b > 0$，則：

(1) $\sqrt{(a+b) + 2\sqrt{ab}} = \sqrt{(\sqrt{a})^2 + 2\sqrt{a}\sqrt{b} + (\sqrt{b})^2} = \sqrt{(\sqrt{a} + \sqrt{b})^2} = \sqrt{a} + \sqrt{b}$

(2) $\sqrt{(a+b) - 2\sqrt{ab}} = \sqrt{(\sqrt{a})^2 - 2\sqrt{a}\sqrt{b} + (\sqrt{b})^2} = \sqrt{(\sqrt{a} - \sqrt{b})^2} = \sqrt{a} - \sqrt{b}$

説明

此種類型題的做法如下：

① 要在第 2 個根號前的係數化成 2，即要化成 $\sqrt{p \pm 2\sqrt{q}}$；

② 令它等於 $\sqrt{(\sqrt{a} \pm \sqrt{b})^2}$，即 $\sqrt{p \pm 2\sqrt{q}} = \sqrt{(\sqrt{a} \pm \sqrt{b})^2}$；

③ 二邊平方，再解出 a, b，即（以正號為例）

$$\sqrt{p + 2\sqrt{q}} = \sqrt{(\sqrt{a} + \sqrt{b})^2} = \sqrt{(a+b) + 2\sqrt{ab}} \Rightarrow a + b = p, \ ab = q，解出 a、b.$$

題型

① 第 2 個根號前有 2，例 $\sqrt{5 + 2\sqrt{6}}$ 的 2，

作法：直接用上面的方法解；範例見例 18

② 第 2 個根號內有 4 的倍數，例 $\sqrt{7 + \sqrt{40}}$ 的 $40 = 4 \times 10$，

作法：將 4 提到根號外面；範例見例 19(1)

③ 第 2 個根號外有 2 的倍數，例 $\sqrt{12 - 4\sqrt{5}}$ 的 $4 = 2 \times 2$，

作法：將除了 2 以外的因數放到根號裡面；範例見例 19(2)

④ 第 2 個根號內無 4 的倍數且根號外無 2 的倍數，例 $\sqrt{3 - \sqrt{5}}$ 的 $\sqrt{5}$，

作法：將第 2 個根號的分子分母同乘以 2；範例見例 19(3)

例 18 （99 課綱範例）化簡：$\sqrt{5 + 2\sqrt{6}}$．

解：

例 19 化簡：(1) $\sqrt{7+\sqrt{40}}$ ，(2) $\sqrt{12-4\sqrt{5}}$ ，(3) $\sqrt{3-\sqrt{5}}$.

　　解：

例 20 已知 $\sqrt{5}-\sqrt{3}=\sqrt{a-\sqrt{b}}$ ，求 a, b 之值。

　　解：

10. 【絕對值等式】若 a 為實數，則：

(1) $\sqrt{a^2}=|a|=\begin{cases} a, & 當 a \geq 0. \\ -a, & 當 a < 0. \end{cases}$

(2) 若 $|x|=a \Rightarrow x=\pm a$

(3) 若 $|x|+y^2=0 \Rightarrow x=0 且 y=0$

(4) 若要求 $|x+3|+2|x-2|=5$ ，

則要以 $\begin{cases} x+3=0 \Rightarrow x=-3 \\ x-2=0 \Rightarrow x=2 \end{cases}$ ，分成三段來討論（見例 24）

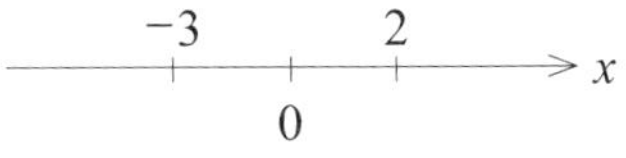

圖2　分成 $x \geq 2$, $-3 \leq x < 2$, $x < -3$ 三段來討論

例 21 （99 課綱範例）化簡 $\dfrac{1}{\sqrt{\left(\dfrac{a}{c}\right)^2+\left(\dfrac{b}{c}\right)^2}}$.

　　解：

例 22 若 $|2a + 3b - 11| + (a + 2b - 7)^2 = 0$，求 a、b 之值。

解：

例 23 若 a、b、$c \in Z$，且 $5|a + 2| + 8|b - 3| + |c + 2| = 3$，求 a、b、c 之值。

解：

例 24 $|x + 3| + 2|x - 2| = 5$

✐作法：此種題目要分段考慮，也就是將絕對值內的值令為 0。

解：

11. 【開、閉區間】設 a、b 是二個實數，且 $a < b$，則 a、b 的「區間」有下列幾種：

(1) 閉區間：滿足 $a \leq x \leq b$ 的 x 所成的集合稱為閉區間，以 $[a，b]$ 表之。

(2) 開區間：滿足 $a < x < b$ 的 x 所成的集合稱為開區間，以 $(a，b)$ 表之。

(3) 半閉半開區間：滿足 $a \leq x < b$（或 $a < x \leq b$）的 x 所成的集合稱為半閉半開區間，分別以 $[a，b)$（或 $(a，b]$）表之。

(4) 無窮區間：滿足 $x \geq a$（或 $x > a$、$x \leq b$、或 $x < b$）的 x 所成的集合稱為無窮區間，分別以 $[a，+\infty)$（或 $(a，+\infty)$、$(-\infty，b]$ 或 $(-\infty，b)$）表之。

（註：∞ 一定是開區間）

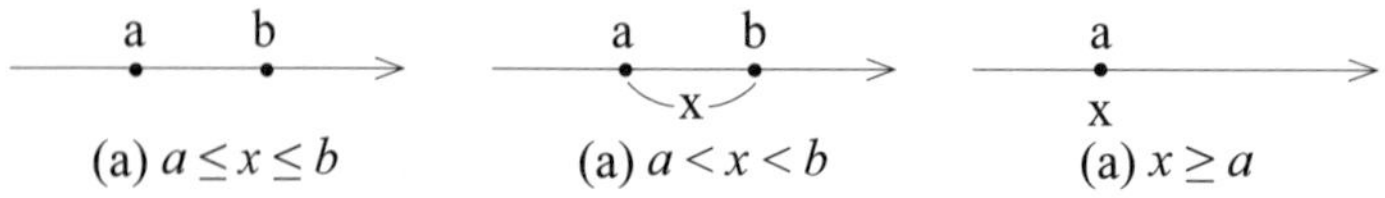

圖3　開、閉區間

12.【絕對值不等式】絕對值不等式是含有絕對值符號的不等式。

其有下列特性（設 a、b 為實數）

(1) $|a| \geq 0$

(2) $|a| + |b| \geq |a+b|$（若 a、b 同號，等號才成立）

(3) $|a-b| \geq ||a| - |b||$（若 a、b 同號，等號才成立）

(4) $||a| - |b|| \leq |a+b|$（或 $|a-b|$）$\leq |a| + |b|$

(5) 若 $a \geq 0$ 且 $|x| = a \Rightarrow x = a$ 或 $x = -a$

(6) 若 $a \geq 0$ 且 $|x| \geq a \Rightarrow x \geq a$ 或 $x \leq -a$

(7) 若 $a \geq 0$ 且 $|x| \leq a \Rightarrow -a \leq x \leq a$

(8) 若 $a \geq 0$ 且 $|x+b| \leq a \Rightarrow -a \leq x+b \leq a \Rightarrow -a-b \leq x \leq a-b$

(9) 若 $a \geq 0$ 且 $|x+b| \geq a \Rightarrow (x+b) \geq a$ 或 $(x+b) \leq -a \Rightarrow x \geq a-b$ 或 $x \leq -a-b$

(10) 若 $a, c \geq 0$ 且 $a \leq |x+b| \leq c \Rightarrow a \leq |x+b|$ 且 $|x+b| \leq c$（要分成二項，分別解）

例 25 下列敘述何者正確？

(1) 二有理數的和、差、積、商（除數不為 0）亦為一有理數。

(2) $|a+b| = |a| + |b|$.

(3) $|a-b| = |a| - |b|$.

(4) 對任何實數 a，$a \times \dfrac{1}{a}$ 均等於 1.

(5) 若 a 為質數，則 $\sqrt{a}$ 一定是無理數。

(6) 若 $\dfrac{a}{b} < \dfrac{c}{d}$，且 $b > 0, d > 0$，則 $\dfrac{a}{b} < \dfrac{a+c}{b+d} < \dfrac{c}{d}$.

(7) $|a-b| > |a| - |b|$.

解：

例 26（99 課綱範例）求 $|x-3| < 2$ 且 $|x-1| < 1$ 的解的範圍。

解：

例 27 （99 課綱範例）求 $|x-1| < |2x-3|$ 的解的範圍。

作法：要分成 $x \geq \dfrac{3}{2}$，$1 \leq x < \dfrac{3}{2}$，$x < 1$ 三段來討論。

解：

例 28 若 $2 \leq |x+5| \leq 4$，求 x 的範圍。

解：

例 29 若 $|x+2| + |x-4| > 6$，求 x 的範圍。

解：

例 30 若 $-2 \leq a+b \leq 4$，$3 \leq a-b \leq 6$，求 $3a-b$ 的範圍。

解：

例 31 求 $|x+1| + |x-2| + |x+3|$ 的最小值？此時的 x 值為何？

解：

例 **32** 若 $b \le x \le a$，$d \le y \le c$，求 (1) $x + y$；(2) $2x + 3y$；(3) $3x - 2y$ 的範圍？

解：

例 **33** (1) 若 $2 \le x \le 6$，$1 \le y \le 5$，

求 (a) $xy = ?$　(b) $x^2y = ?$　(c) $xy^2 = ?$

(2) 若 $-2 \le x \le 3$　$-4 \le y \le 1$，

求 (a) $xy = ?$　(b) $x^2y = ?$　(c) $xy^2 = ?$

(3) 若 $-4 \le x \le -2$　$-3 \le y \le -1$，

求 (a) $xy = ?$　(b) $x^2y = ?$　(c) $xy^2 = ?$

解：

83 年 到 102 年 學 測 題 目

1. （83 學測）設 $a = \sqrt{7 + \sqrt{47}}$，則 a 在那兩個連續整數之間？

(A) 0 與 1　　　　　　(B) 1 與 2　　　　　　(C) 2 與 3

(D) 3 與 4　　　　　　(E) 4 與 5

2. （88 學測）試選出正確的選項：

(A) $0.3\overline{43}$ 不是有理數　　(B) $0.\overline{34} > \dfrac{1}{3}$　　　　(C) $0.\overline{34} > 0.343$

(D) $0.\overline{34} < 0.35$　　　　(E) $0.\overline{34} = 0.3\overline{43}$

3. （91 學測）一群登山友，在山上發現一顆巨樹，隊中 10 位身高 170 公分的男生，手拉著手剛好環抱大樹一圈。問樹幹的直徑最接近下列何值？

(A) 3 公尺　　　　　　(B) 5 公尺　　　　　　(C) 7 公尺

(D) 9 公尺　　　　　　(E) 11 公尺

4. （95 學測）將正整數 18 分解成兩個正整數的乘積有 1×18，2×9，3×6 三種，又 3×6 是這三種分解中，兩數的差最小的，我們稱 3×6 為 18 的最佳分解。當 $p \times q$（$p \leq q$）是正整數 n 的最佳分解時，我們規定函數 $F(n) = \dfrac{p}{q}$，例如：$F(18) = \dfrac{3}{6} = \dfrac{1}{2}$。下列有關函數 $F(n)$ 的敘述，何者正確？

   (A) $F(4) = 1$ (B) $F(24) = \dfrac{3}{8}$ (C) $F(27) = \dfrac{1}{3}$

   (D) 若 n 是一個質數，則 $F(n) = \dfrac{1}{n}$

   (E) 若 n 是一個完全平方數，則 $F(n) = 1$

5. （97 學測）在職棒比賽中 ERA 值是了解一個投手表現的重要統計數值。其計算方式如下：若此投手共主投 n 局，其總責任失分為 E，則其 ERA 值為 $\dfrac{E}{n} \times 9$。有一位投手在之前的比賽中共主投了 90 局，且這 90 局中他的 ERA 值為 3.2。在最新的一場比賽中此投手主投 6 局無責任失分，則打完這一場比賽後，此投手的 ERA 值成為：

   (A) 2.9   (B) 3.0   (C) 3.1

   (D) 3.2   (E) 3.3

6. （97 學測）有一個圓形跑道分內、外兩圈，半徑分別為 30、50 公尺。今甲在內圈以等速行走、乙在外圈以等速跑步，且知甲每走一圈，乙恰跑了兩圈。若甲走了 45 公尺，則同時段乙跑了：

   (A) 90 公尺   (B) 120 公尺   (C) 135 公尺

   (D) 150 公尺   (E) 180 公尺

7. （97 學測）設 a, b 為正整數。若 $b^2 = 9a$，且 $a + 2b > 280$，則 a 的最小可能值為 _____。

8. （98 學測）試問下列哪些選項中的數是有理數？

   (A) 3.1416   (B) $\sqrt{3}$ (C) $\log_{10} \sqrt{5} + \log_{10} \sqrt{2}$

   (D) $\dfrac{\sin 15°}{\cos 15°} + \dfrac{\cos 15°}{\sin 15°}$

   (E) 方程式 $x^3 - 2x^2 + x - 1 = 0$ 的唯一實根

9. （101 學測）$\sqrt{\dfrac{1}{5^2} + \dfrac{1}{4^2} + 1}$ 等於下列哪一個選項？

   (A) 1.01   (B) 1.05   (C) 1.1

   (D) 1.15   (E) 1.21

10. （102 學測）設 k 為一整數。已知 $\dfrac{k}{3} < \sqrt{31} < \dfrac{k+1}{3}$，則 $k =$ _____。

解答：1.D   2.BCDE   3.B   4.ACDE   5.B   6.D

        7.225   8.ACD   9.B   10.16

Chapter **2** 多項式

1. 簡單多項式函數及其圖形

1.1 一次函數

1.2 二次函數

1.3 單項函數：奇偶性、單調性和圖形的平移（僅介紹 4 次（含）以下的單項函數）。

2. 多項式的運算與應用

2.1 乘法、除法（含除式為一次式的綜合除法）、除法原理（含餘式定理、因式定理）及其應用、插值多項式函數及其應用（不含最高公因式與最低公倍式、插值多項式的次數不超過三次）。

3. 多項式方程式

3.1 二次方程式的根與複數系（不含複數的幾何意涵）

3.2 有理根判定法、勘根定理、$\sqrt[n]{a}$ 的意義

3.3 實係數多項式的代數基本定理、虛根成對定理

4. 多項式函數的圖形與多項式不等式

4.1 辨識已分解的多項式函數圖形及處理其不等式問題（不含複雜的分式不等式）。

1. 簡單多項式函數及其圖形

1.1 一次函數：變化率（應用意涵，如速度）、斜率（幾何意涵）。

(1) 介紹函數 $y = f(x)$ 的符號及函數圖形。

(2) $y = mx + b = m(x - x_0)$ 中 x_0 , x, b 的幾何意涵，其中 m 在幾何上的意涵為斜率，

在應用上的意涵表示 y 對 x 的變化率。

1.2 二次函數：配方法、圖形、極值、判別式、正定性（恆正性）、應用實例。

(1) 極值問題的應用，例如：$f(x) = x^2 + 2x + 3$，$-2 \leq x \leq 2$ 的極值。

(2) 正定性：所謂二次式的正定性是指其函數值的恆正性，譬如判斷 $x^2 - x + 4$ 恆為正。

(3) 能繪出各種不同型式的二次函數的圖形，如 $y = c(x - a)(x - b)$、$y = ax^2 + bx + c$、$y = a(x - h)^2 + k$，並能進行二次函數不同型式的轉換。

1.3 單項函數的奇偶性、單調性和圖形的平移：

(1) 瞭解函數 $y = x^n$，$n = 1, 2, 3, 4$ 在 $[-1.5, 1.5]$ 的圖形。

(2) 當 n 為正整數時，型如 $y = x^n$ 函數的奇偶性與單調性。

(3) 瞭解 c 的正負、大小與函數 $y = x^n$ 圖形的關係。

(4) 利用平移畫出型如 $y = c(x - h)^n + k$ 的圖形，但不涉及二項式展開的逆運算。

2. 多項式的運算與應用

2.1 乘法、除法（含除式為一次式的綜合除法）、除法原理（含餘式定理、因式定理）及其應用（含多項式函數的求值）。

(1) $(x - a)(x^{n-1} + x^{n-2}a + \cdots + a^{n-1}) = x^n - a^n$，$n = 2, 3, 4$.

(2) $(x + a)(x^2 - ax + a^2) = x^3 + a^3$.

(3) 除法中的除式不宜太高次，以一次式和二次式為主。此處低次多項式是指型如 $(x - a)$、$(x - a)(x - b)$、$x^2 + 1$、$x^2 + x + 1$ 的一次與二次多項式。

(4) 透過連續的多項式綜合除法，求：$f(x) = 2x^3 - 5x^2 + 6x + 3 = a + b \cdot (x - 1) + c \cdot (x - 1)^2 + d \cdot (x - 1)^3$ 與求 $f(1.01)$ 的二位小數近似值。

(5) 求 $f(x) = 2x^3 - 5x^2 + 6x + 3 = a + b \cdot (x - 1) + c \cdot (x - 1)^2 + d \cdot (x - 1)^3$ 中的 a, b, c, d。

(6) $f(x)$ 除以 $(x - a)(x - b)$ 的餘式為通過 $(a, f(a))$，$(b, f(b))$ 的插值多項式。

(7) 若 f 有 a, b 兩實根，則 f 可寫成 $f(x) = q(x)(x - a)(x - b)$ 的型式。

(8) 透過因式定理證明插值多項式的唯一性。

(9) 設通過 $(1, 1)$、$(2, 3)$、$(3, 7)$ 的多項式為 $f(x) = a + b(x - 1) + c(x - 1)(x - 2)$，求 a, b, c 及 $f\left(\dfrac{1}{2}\right)$。

(10) 插值多項式：通過 $(11, 3)$，$(12, 5)$，$(13, 8)$ 的多項式可表示為

$$f(x) = 3 \cdot \frac{(x - 12)(x - 13)}{(11 - 12)(11 - 13)} + 5 \cdot \frac{(x - 11)(x - 13)}{(12 - 11)(12 - 13)} + 8 \cdot \frac{(x - 11)(x - 12)}{(13 - 11)(13 - 12)}，求 f(11.5) 的值。$$

(11) 此處暫不處理下面的題型：「設通過 $(1, 1)$，$(2, 3)$，$(3, 7)$ 的多項式為 $f(x) = a + bx + cx^2$，求 a, b, c。」此類題型將在數學 IV 的聯立方程組章節中

處理。

3. 多項式方程式

3.1 二次方程式的根與複數系（含複數根與複數的四則運算）：二次方程式的根包括判別式、公式解、根與係數關係及簡易分式方程式；複數系包括複數的引進（不引進複數平面與複數的幾何意涵，如：絕對值）、複數的四則運算，以及共軛複數。

(1) 複習 $ax^2 + bx + c = 0$ 的公式解，含複數根。

(2) 根與係數關係：設 $x^2 + 5x + 3 = 0$ 的二根為 α 與 β，求 $\alpha^2 + \beta^2$，$\alpha^3 + \beta^3$。

(3) 簡易分式方程式（通分展開後為二次方程式），如：$\dfrac{1}{x-1} + \dfrac{1}{x-2} = \dfrac{3}{2}$.

3.2 有理根判定法、勘根定理、$\sqrt[n]{a}$ 的意義：本節談論的是一般實係數的多項式。

(1) 有理根判定法：首尾項係數不宜有太多因數，以免過於繁複的運算。

(2) 勘根定理：$x^n = a$ 的求實數解，其中 $a > 0$、求 $f(x) = x^3 + 2x^2 + 3x + 4$ 的實根。

(3) 正 n 次方根的存在唯一性證明。

3.3 實係數多項式的代數基本定理、虛根成對定理：

(1) 證明虛根成對定理，並讓學生知道實係數多項式可分解為一次式與二次式的乘積的事實：$f(x) = k(x-a_1)^{r_1} \cdots (x-a_k)^{r_k} (x^2 + b_1 x + c_1)^{s_1} \cdots (x^2 + b_m x + c_m)^{s_m}$ 其中二次式不可分解。

(2) 利用除法求 $f(x) = 5x^4 - 21x^3 + 30x^2 - 9x + 7$ 在 $x = 2 + i$ 的值。

4. 多項式函數的圖形與多項式不等式

4.1 辨識已分解的多項式函數圖形及處理其不等式問題：只談低次或已分解的多項式不等式問題，並能辨識函數圖形特徵（根的位置、重根、函數值正負的區間），但重根不宜超過三次。此處不需延伸到複雜的分式不等式的問題。

(1) $(x-1)(x+2)^2(x-4) > 0$；$(x-1)(x-2)^3(x^2+x+1) > 0$

(2) $x^3 - 1 > 0$；$x^4 - 2x^2 - 3 > 0$

(3) 簡易分式不等式：$\dfrac{1}{x} < 0$；$\dfrac{1}{x-1} < 1$；$\left|\dfrac{1}{x}\right| < 1$。

本 章 內 容

第一單元　複數

1. 【虛數 i】

　(1) 虛數 $i = \sqrt{-1}$;

　(2) $i^2 = -1$; $i^3 = -i$; $i^4 = 1$; $i^5 = i$; $i^6 = -1$（4 個循環一次）。

　(3) $i + i^2 + i^3 + i^4 = 0$; $i^2 + i^3 + i^4 + i^5 = 0$（連 4 個相加為 0）。

例 1　求 $i^{1005} = $?

　　解：

例 2　求 $i^{11} + i^{12} + i^{13} + i^{14} = $? ; $i^{100} + i^{101} + i^{102} + i^{103} = $?

　　解：

例 3　求 $i^0 + i^1 + i^2 + \cdots\cdots + i^{100} + i^{101} + i^{102}$ 之值。

　　解：

2. 【複數】設 a、b 為實數，則 $z = a + bi$ 為一複數，其中 a 為實數部分，b 為虛數部分。

3.【複數 $(a+bi)$ 的性質】設 a、b、c、d 為實數，則

(1) $(a+bi) \pm (c+di) = (a \pm c) + (b \pm d)i$；

(2) $(a+bi)(c+di) = (ac-bd) + (ad+bc)i$；

(3) $\dfrac{1}{a+bi} = \dfrac{a-bi}{a^2+b^2}$；

(4) $\dfrac{c+di}{a+bi} = \dfrac{(c+di)(a-bi)}{a^2+b^2} = \dfrac{(ac+bd)+(ad-bc)i}{a^2+b^2}$；

(5) 若 $a, b, c, d \in R$ 且 $a+bi=c+di$，表示 $a=c$ 且 $b=d$.

例 4　下列敘述何者正確？

(1) $\sqrt{16} = \pm 4$．

(2) $x^2 = 16$，則 $x = 4$.

(3) $\sqrt{(-a)^2} = -a$．

(4) $\sqrt{\left(1-\sqrt{2}\right)^2} = \sqrt{2}-1$．

(5) $a < 0$、$b > 0$；則 $\sqrt{a^2 b} = -a\sqrt{b}$．

解：

例 5　若 $a + 2bi - 3 + 2i = 3a + 2ai - 1 + 3b$，求 a、b 之值。

解：

例 6　若 a、b、c、$d \in R$，求 $z = \dfrac{c+di}{a+bi}$ 的實數部分和虛數部分。

解：

例 7　設 $a \cdot b \in R$，且 $|a+b|+(a+1)i = (b+2)+bi$，求 $a \cdot b$ 之值。

　　作法：有絕對值的題目，要分成絕對值內的值 ≥ 0 和 < 0，二部分來討論。

解：

---

4. 【根號內的值】若 $a \cdot b \in R$，則欲求 $\sqrt{a}$ 和 $\sqrt{b}$ 的算術運算時，要先將根號內的值變成正數再作運算。（註：若 $a < 0$，則 $\sqrt{-a} \neq \sqrt{a}i$；）

　　例：$a = -2$，則 (1) $\sqrt{-a} = \sqrt{-(-2)} = \sqrt{2}$；

　　　　　　　　(2) $\sqrt{a}i = \sqrt{-2}i = \sqrt{2}i^2 = -\sqrt{2}$；

　　　　　　　　所以 $\sqrt{-a} \neq \sqrt{a}i$.

---

5. 【根號的乘、除】若 $a \cdot b \in R$，則：

(1) $\sqrt{a}\sqrt{b} = \begin{cases} -\sqrt{ab} & ；若 a < 0 且 b < 0. \\ \sqrt{ab} & ；\ 其它情況。 \end{cases}$

(2) $\dfrac{\sqrt{a}}{\sqrt{b}} = \begin{cases} -\sqrt{\dfrac{a}{b}} & ；若 a > 0 且 b < 0. \\ \sqrt{\dfrac{a}{b}} & ；\ 其它情況。 \end{cases}$

例 8　求 (1) $\sqrt{3} \times \sqrt{-5}$；(2) $\sqrt{-3} \times \sqrt{-12}$

　　作法：要先將根號內的負數改成虛數，再做運算

解：

例 9 求 (1) $\dfrac{\sqrt{3}}{\sqrt{5}}$ ；(2) $\dfrac{\sqrt{-3}}{\sqrt{5}}$ ；(3) $\dfrac{\sqrt{3}}{\sqrt{-5}}$ ；(4) $\dfrac{\sqrt{-3}}{\sqrt{-5}}$ ；

👆作法：要先將根號內的負數改成虛數，再做運算。

解：

例 10 求 $\sqrt{-6}\times\dfrac{\sqrt{3}}{\sqrt{-2}}$ 之值。

解：

例 11 若 $a<0$，求 $\sqrt{a}\times\sqrt{-a^2}\times\sqrt{a^3}$ 之值。

解：

6.【共軛複數性質】設 z，z_1，z_2 為複數，則共軛複數有下列的特性（$z=a+bi$，a、b 為實數）：

(1) z 的共軛複數為 $\bar{z}=\overline{a+bi}=a-bi$ （即改變虛數前的正負號。）

(2) $\overline{z_1+z_2}=\bar{z_1}+\bar{z_2}$.

(3) $\overline{z_1-z_2}=\bar{z_1}-\bar{z_2}$.

(4) $\overline{z_1\times z_2}=\bar{z_1}\times\bar{z_2}$.

(5) $\overline{\left(\dfrac{z_1}{z_2}\right)}=\dfrac{\bar{z_1}}{\bar{z_2}}$ （$z_2\neq 0$）.

(6) $z\times\bar{z}=(a+bi)(a-bi)=a^2+b^2$.

(7) 若 $z=\bar{z}$，表 z 為實數。

(8) 若 $z=-\bar{z}$，表 z 為虛數。

(9) 複數之間是沒有大小關係的，也就是「不能說」$2+2i$ 大於 $1+i$.

例 **12** 求 $\dfrac{3-4i}{2+3i}$ 的共軛複數。

解：

例 **13** 已知 $z_1 = 1+2i$，$z_2 = 2-i$，求 $(1)z_1 \times z_2$；$(2)\,\dfrac{z_1}{z_2}$；$(3)\,\dfrac{\overline{z_1}}{z_2}$；$(4)\ z_1 \times \overline{z_1}$．

解：

例 **14** 已知 $z = \dfrac{(2+1i)(4+3i)}{(1+2i)(3+4i)}$，求 z 的實數部分，虛數部分和其共軛複數。

解：

7.【解一元二次方程式】若 a、b、$c \in R$ 且 $a \neq 0$，則 $ax^2 + bx + c = 0$ 的解為：

(1) 若 $b^2 - 4ac > 0$，$x = \dfrac{-b \pm \sqrt{b^2 - 4ac}}{2a}$；

(2) 若 $b^2 - 4ac = 0$，$x = \dfrac{-b}{2a}$；

(3) 若 $b^2 - 4ac < 0$，$x = \dfrac{-b \pm \sqrt{b^2 - 4ac}}{2a} = \dfrac{-b \pm i\sqrt{4ac - b^2}}{2a}$．

8.【實係數的虛根】若方程式的係數都是實數，則虛根是成對的。

例如：a、b、c、d、$f \in R$ 且 $a \neq 0$，若方程式 $ax^4 + bx^3 + cx^2 + dx + f = 0$

有二根分別是 $1 - 5i$ 和 $2 + 3i$，則 $1 + 5i$ 和 $2 - 3i$ 也是此方程式的根。

例 15 解 $x^2 + x + 1 = 0$.

　　解：

例 16 若一元三次的實係數方程式有一實根為 2，一虛根為 i，求此一元三次方程式？

　　解：

例 17 若一元四次的實係數方程式的二個根分別為 $1 + i$ 和 $-2i$，求此一元四次方程式？

　　解：

第二單元　多項式

9.【n 次多項式、方程式】

(1) 多項式 $f(x) = a_n x^n + a_{n-1} x^{n-1} + \cdots + a_1 x + a_0$，若 $a_n \neq 0$，則表示 $f(x)$ 為 x 的「n 次多項式」，以 $\deg f(x) = n$ 表之。

(2) 令 $f(x) = a_n x^n + a_{n-1} x^{n-1} + \cdots + a_1 x + a_0 = 0$，則稱為「$n$ 次方程式」，若 α 滿足 $f(\alpha) = 0$，就稱 α 是 $f(x) = 0$ 的根或解。

10.【多項式與係數的關係】若 $f(x) = a_n x^n + a_{n-1} x^{n-1} + \cdots + a_1 x + a_0$，則 $f(x)$ 的係數與 $f(x)$ 的關係如下：

(1) $a_0 = f(0)$〔$f(x)$ 的 x 用 0 代入〕．

(2) $a_0 + a_1 + a_2 + \cdots + a_n = f(1)$〔$f(x)$ 的 x 用 1 代入〕．

(3) $a_0 - a_1 + a_2 + \cdots + (-1)^n a_n = f(-1)$〔$f(x)$ 的 x 用 -1 代入〕．

(4) 奇數項係數和 $\Rightarrow a_1 + a_3 + a_5 + \cdots = \dfrac{f(1) - f(-1)}{2}$．

(5) 偶數項係數和 $\Rightarrow a_0 + a_2 + a_4 + \cdots = \dfrac{f(1) + f(-1)}{2}$．

例 18 多項式 $f(x) = x^3 + 3x^2 + 2x + a$ 且 $f(0) = 5$，求 a、$f(1)$、$f(-1)$ 之值。

解：

例 19 多項式 $f(x) = a_5 x^5 + a_4 x^4 + a_3 x^3 + a_2 x^2 + a_1 x + a_0$，若 $f(0) = 2$、$f(1) = 4$、$f(-1) = 5$. 求 (1) a_0；(2) $a_5 + a_4 + a_3 + a_2 + a_1 + a_0$；(3) $a_5 - a_4 + a_3 - a_2 + a_1 - a_0$；(4) $a_5 + a_3 + a_1$；(5) $a_4 + a_2 + a_0$ 之值。

解：

例 20 多項式 $f(x) = x^3 + 2x^2 + ax + b$ 且 $f(0) = 2$，$f(1) = 8$，求 a、b 之值。

解：

11. 【二多項式相等、相加減】

   (1) 二多項式 $f(x)$ 和 $g(x)$ 相等，表示此二多項式的 (a) 最高次方數相同（即 $\deg f(x) = \deg g(x)$），且 (b) 每個同項次的係數也相同。

   (2) 二多項式相加（減），是將 x 次方相同的係數相加（減）起來。

例 21 (1) 若 $ax^3 + bx^2 + cx + d = 2x^2 + 4$，求 a, b, c, d 之值。

       (2) 求 $(2x^2 + 3x + 1) + (2x^3 + x + 2)$ 之值。

解：

12. 【二多項式相乘】二多項式 $f(x)$ 和 $g(x)$ 相乘，表示此 $f(x)$ 內的每一項要和 $g(x)$ 內的每一項相乘。

13. 【求二多項式相乘的 x^k 次方係數】二多項式 $f(x)$ 和 $g(x)$ 相乘，若要求 x^k 項的係數，則只要將 $f(x)$ 的 x^i 項係數和 $g(x)$ 的 x^j 項係數相乘（其中：$i + j = k$）即可。

例 22 $f(x) = 2x^2 + 3x + 1$、$g(x) = x^2 - 2x - 5$，求 $f(x)g(x)$

解：

例 23 若 $10x^2 + 14x + 10 = a + b(x - 1) + c(x + 1)(x + 2)$，求 a、b、c 之值。

   ✍作法：多項式的相等，表示 x^2，x^1 和常數項的係數均相等。

解：

例 24 求 $f(x) = (x^2 + 2x^3 + 3x^4 + 4x^5 + 5x^6 + 6x^7 + 7x^8)(2x^4 + 4x^5 + 6x^6 + 8x^7 + 10x^8)$ 的 x^8 係數？

作法：二個小括號內的項次相乘，其 x 的次方要為 8.

解：

例 25 $f(x) = (1 + x)(1 + 2x)(1 + 3x)\cdots(1 + 10x)$，求展開後的 (1) x 項係數；(2) 常數項係數。

解：

14.【因式與倍式】若 $f(x) = g(x)h(x)$，則 $f(x)$ 稱為 $g(x)$ 的「倍式」，而 $g(x)$ 稱為 $f(x)$ 的「因式」。

15.【除法原理】設 $g(x) \neq 0$，若 $f(x)$ 除以 $g(x)$ 的商式為 $q(x)$，餘式為 $r(x)$，則：

$$f(x) = g(x) \cdot q(x) + r(x).$$

16.【餘式定理】下列是餘式定理及其變形：

(1) $f(x)$ 除以 $x - a$，其餘式為 $f(a)$〔即令 $x - a = 0 \Rightarrow x = a$ 代入〕。

(2) $f(x)$ 除以 $ax - b$ $(a \neq 0)$，其餘式為 $f\left(\dfrac{b}{a}\right)$〔即令 $ax - b = 0 \Rightarrow x = \dfrac{b}{a}$ 代入〕。

(3) $f(x)$ 除以 $x^m - a$ 的餘式，可以令 $x^m = a$，代入 $f(x)$，使 $f(x)$ 的最高次方數降為小於 m.

17.【長除法】已知被除式 $f(x)$ 和除式 $g(x)$ 時，可以用長除法將其商 $q(x)$ 和餘式 $r(x)$ 求出來。

18.【連續綜合除法】透過連續的多項式綜合除法，可將 $f(x)$ 表成 $(x - b)$ 的多項式，即：

$$f(x) = a_n(x - b)^n + a_{n-1}(x - b)^{n-1} + \cdots + a_1(x - b) + a_0$$

例 26 若多項式 $f(x)$ 以 $x - \dfrac{b}{a}$ 除之，商為 $q(x)$，餘式為 r，求

(1) 以 $(x - b)$ 除 $f\left(\dfrac{x}{a}\right)$，其商式和餘式為何？

(2) 以 $(ax - b)$ 除 $f(x)$，其商式和餘式為何？

(3) 以 $a^2 x - b$ 除 $f(ax)$，其商式和餘式為何？

(4) 以 $ax - b$ 除 $af(x)$，其商式和餘式為何？

作法：已知 $f(x) = \left(x - \dfrac{b}{a}\right)q(x) + r$，則：

① 先把 $f(x)$ 變成問題的形式；

② 再把除式 $x - \dfrac{b}{a}$ 變成問題的形式，即可解得。

解：

例 27 求 $2x^3 + 4x^2 + 5x + 1$ 除以 $x^2 + x + 1$ 的商式及餘式為何？

解：

例 28 若 $x^3 + 3x^2 + 4x + a$ 可以被 $x^2 + x + b$ 整除，求 a、b 之值。

解：

例 29 若 $f(x) = ax^2 + bx + c$ 可以被 $x + 1$ 整除，且 $f(1) = 4$，$f(0) = 3$，求 a、b、c 之值。

解：

例 30 （99 課綱範例）

(1) 求 $f(x) = 2x^3 - 5x^2 + 6x + 3 = a + b \cdot (x-1) + c \cdot (x-1)^2 + d \cdot (x-1)^3$ 中的 a, b, c, d.

(2) 求 $f(1.01)$ 的二位小數近似值。

作法：透過連續的多項式綜合除法解之。

解：

19. 【假設多項式 (I)】若已知「除式」，我們可以用下列的方式來假設其「多項式 $f(x)$」：

   （註：餘式至少要比除式少一次方。）

   (1) 已知除式 $= ax + b$，則可設 $f(x) = (ax + b)g(x) + r$，（其中 $g(x)$ 和 r 為未知數）

   (2) 已知除式 $= ax^2 + bx + c$，則可設 $f(x) = (ax^2 + bx + c)g(x) + mx + n$，（其中 $g(x)$、m、n 為未知數。）

   (3) 已知除式 $= (x - a)(x - b)$，則可設 $f(x) = (x - a)(x - b)g(x) + m(x - a) + n$，（其中 $g(x)$、m、n 為未知數。）

   (4) 已知除式 $= (x - a)(x - b)(x - c)$，則可設：

   $f(x) = (x - a)(x - b)(x - c)g(x) + k(x - a)(x - b) + m(x - a) + n$，（其中 $g(x)$、k、m、n 為未知數。）

20. 【假設多項式 (II)：插值多項式】已知二次多項式 $f(x)$ 通過三點，分別為 (x_1, y_1), (x_2, y_2) 和 (x_3, y_3)，則 $f(x)$ 為：

$$f(x) = y_1 \cdot \frac{(x-x_2)(x-x_3)}{(x_1-x_2)(x_1-x_3)} + y_2 \cdot \frac{(x-x_1)(x-x_3)}{(x_2-x_1)(x_2-x_3)} + y_3 \cdot \frac{(x-x_1)(x-x_2)}{(x_3-x_1)(x_3-x_2)} .$$

例 31 （99 課綱範例）已知二次多項式通過 $(11, 3)$，$(12, 5)$，$(13, 8)$，求 $f(11.5)$ 的值。

解：

例 32 設 $f(x)$ 為一三次式多項式，且 $f(x)$ 除以 $x^2 + x + 1$ 的餘式為 $x + 2$，$f(x)$ 除以 $x^2 + 1$ 的餘式為 $x + 3$，求 $f(x)$.

解：

例 33 設 $f(x)$ 除以 $x^2 + x + 1$ 的餘式為 $x + 2$，$f(x)$ 除以 $x - 1$ 的餘式為 6，求 $f(x)$ 除以 $(x^2 + x + 1)(x - 1)$ 的餘式。

解：

例 34 若 $f(x)$ 分別以 $(x - 1)$、$(x - 2)$、$(x - 3)$ 除之，餘數分別為 $1, 2, 3$，求 $f(x)$ 以 $(x - 1)(x - 2)(x - 3)$ 除之的餘式為何？

解：

例 35 （99 課綱範例）設通過 $(1, 1)$，$(2, 3)$，$(3, 7)$ 的多項式為：
$f(x) = a + b(x - 1) + c(x - 1)(x - 2)$，求 a, b, c 及 $f\left(\dfrac{1}{2}\right)$.

解：

例 36 若某一二次函數通過點 $(-1, -5)$，$(1, 3)$ 和 $(2, 13)$，求此二次函數。

解：

21.【多項式不等式】常見的多項式不等式的題型有（其中：$(ax^n + \cdots)$ 的 a 要為「正值」）：

(1) $(x-1)(x-2)(x-3) > 0 \Rightarrow x > 3$ 或 $1 < x < 2$；

(2) $(x-1)(x-2)(x-3) < 0 \Rightarrow 2 < x < 3$ 或 $x < 1$；

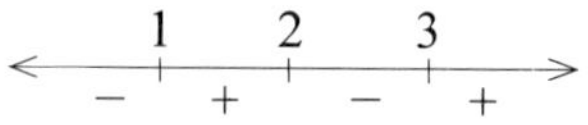

圖1　不等式的圖形

(3) $(x-1)^2(x-2)^3(x-3)^4(x^2+x+1) < 0$，可以改成 $(x-2) < 0$ 且 $x \neq 1$ 且 $x \neq 3$；

☞說明：(a) 因 x^2+x+1 恆為正數，不影響大於、小於符號

(b) 奇次方的函數只要寫 1 次方，即 $(x-2)^3$ 只要寫 $(x-2)$.

(c) 偶次方的函數可省略，即 $(x-1)^2$，$(x-3)^4$，但：

(i) 若題目是要求 $>$ 或 $<$，則最後結果要扣除該值（即：上例的 $x-1$（或 $x-3$），因用 1(或 3) 代入，結果為 0，這使得不等式 $>$ 或 $<$ 將不成立，所以要加入 $x \neq 1$ 且 $x \neq 3$）。

(ii) 若題目是要求 $\geq$ 或 $\leq$，則要加入該值為 0 的條件，（即：上例若求 ≤ 0，要加入 $x = 1$ 或 $x = 3$，因 1, 3 代入，其結果為 0）。

(4) $0 < f(x) < 1$，要分成〈$0 < f(x)$ 且 $f(x) < 1$〉二項來解。

(5) $\dfrac{f(x)}{g(x)} > 0 \Rightarrow f(x)g(x) > 0$（小於 0 亦同，即 $\dfrac{f(x)}{g(x)} < 0 \Rightarrow f(x)g(x) < 0$）。

(6) $\dfrac{f(x)}{g(x)} \geq 0 \Rightarrow f(x)g(x) \geq 0$ 且 $g(x) \neq 0$（小於等於 0 亦同）。

(7) $\dfrac{f(x)}{g(x)} > 1 \Rightarrow \dfrac{f(x)-g(x)}{g(x)} > 0 \Rightarrow [f(x)-g(x)]g(x) > 0$（小於 1 亦同）。

(8) $\dfrac{f(x)}{g(x)} \geq 1 \Rightarrow \dfrac{f(x)-g(x)}{g(x)} \geq 0 \Rightarrow [f(x)-g(x)]g(x) \geq 0$ 且 $g(x) \neq 0$.

(9) $\left|\dfrac{f(x)}{g(x)}\right| > 1 \Rightarrow \dfrac{f(x)}{g(x)} > 1$ 或 $\dfrac{f(x)}{g(x)} < -1$，（分成二項來解）。

$$\Rightarrow \frac{f(x) - g(x)}{g(x)} > 0 \text{ 或 } \frac{f(x) + g(x)}{g(x)} < 0 .$$

$$\Rightarrow [f(x) - g(x)]g(x) > 0 \text{ 或 } [f(x) + g(x)]g(x) < 0.$$

例 37 (1) 設 $x^2 + 4x + 4 > 0$，求 x 的範圍。

(2) 設 $(-x^2 + 5x - 4) > 0$，求 x 的範圍。

☞作法：① $(x - a)^2$ 恆大於等於 0；

② 多項式不等式的題型 $(ax^n + \cdots)$ 中的 a 要為正值。

解：

例 38 設 $(x^2 - 2x + 1)(x^2 + 3x + 2) > 0$，求 x 的範圍。

解：

例 39 設 $(x^2 + x + 1)(-x^2 + 3x + 4) > 0$，求 x 的範圍。

解：

例 40 設 $(x^2 - 5x + 6)(x^2 + 5x + 4) \geq 0$，求 x 的範圍。

解：

例 41 （99 課綱的範例）求下列不等式 x 的範圍：

(1) $(x-1)(x+2)^2(x-4) > 0$；

(2) $(x-1)(x-2)^3(x^2+x+1) > 0$；

(3) $x^3 - 1 > 0$；

(4) $x^4 - 2x^2 - 3 > 0$.

解：

例 42 設 $\dfrac{(x+1)(x-2)}{(x-1)} \geq 0$，求 x 的範圍。

解：

例 43 設 $\dfrac{(x+1)^2(x+2)}{(x-1)} < 0$，求 x 的範圍。

解：

例 44 設 $\dfrac{x+1}{2x+1} \geq 1$，求 x 的範圍。

解：

例 45 設 $\left|\dfrac{x+1}{2x+3}\right| < 1$，求 x 的範圍。

解：

第三單元　函數

註：底下部分在 99 課綱的第 3 章有提及，本書將它拿到本章介紹。

22.【函數、定義域、對應域、值域】設 A、B 均非空集合，若集合 A 中的每一個元素 a，在集合 B 中，恰有一個元素 b 與它對應，則我們稱這種對稱關係為「從 A 映至 B 的函數」。若此種對應的方式稱為 f，則我們記作 $f: A \rightarrow B$，其中：

(1) 集合 A 稱為函數 f 的「定義域」，集合 B 稱為函數 f 的「對應域」；

(2) b 稱為 a 的函數值，記作 $b = f(a)$，其中：$a \in A$，$b \in B$；

(3) 所有的函數值 $f(a)$ 所成的集合，稱為 f 的值域，即值域 $f(A) = \left\{ f(a) \mid a \in A \right\}$.

(4) 值域包含於對應域，即 $f(A) \subset B$.

例如：

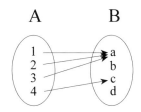

其中：$f(1) = a$，$f(2) = a$，$f(3) = a$，$f(4) = c$

定義域 $A = \left\{ 1，2，3，4 \right\}$

對應域 $B = \left\{ a，b，c，d \right\}$

值域 $f(A) = \left\{ a，c \right\}$

23.【函數】若 x、y 為二個變數，當 x 等於某一數值時，就可以得到「一個」y 值，若其對應的方式為 f，我們稱 y 是 x 的函數，記成 $y = f(x)$.

例 46　函數 $y = f(x) = 3x^2 + 1$，求 $x = 2$ 時的函數值？函數 f 的定義域？函數 f 的值域？

解：

例 47 求下列二實數函數 $f(x)$，$g(x)$ 的 (1) 定義域？ (2) 值域？ (3) $f(3) = ?$ $g(3) = ?$

二實函數為：(a) $f(x) = \sqrt{x^2 - 4}$；(b) $g(x) = \dfrac{1}{\sqrt{9-x}}$．

解：

---

24. 【函數的條件】一個函數要有意義，必須是函數內的每一個 x 值，只能對應到 $y = f(x)$ 的一個 y 值；如果有一個 x 值對應到 2 個 y 值，它就不是一個函數。

---

25. 【函數的圖形】在函數 $y = f(x)$ 中，將所有滿足 $y = f(x)$ 的點 (x , y)，畫到 $x - y$ 平面上所形成的圖形，稱為「$f(x)$ 的函數圖形」。

---

26. 【奇函數與偶函數】在函數 $y = f(x)$ 中，

(1) 若 $f(x) = f(-x)$，則函數 $f(x)$ 稱為偶函數，例如：$f(x) = x^2$ 為偶函數，

　　因 $f(x) = f(-x) = x^2$；

(2) 若 $f(x) = -f(-x)$，則函數 $f(x)$ 稱為奇函數，例如：$f(x) = x^3$ 為奇函數，

　　因 $f(x) = x^3 = -f(-x)$；

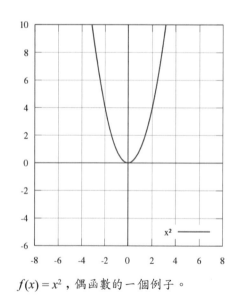

$f(x) = x^2$，偶函數的一個例子。

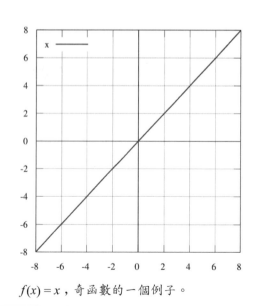

$f(x) = x$，奇函數的一個例子。

27.【函數的單調性】函數 $y = f(x)$ 在區間 $[a, b]$ 間，若有：

(1) 當 $x_1 < x_2$，則 $f(x_1) \leq f(x_2)$，表示函數 $f(x)$ 在區間 $[a, b]$ 間為「單調遞增」區間；

(2) 當 $x_1 < x_2$，則 $f(x_1) < f(x_2)$，表示函數 $f(x)$ 在區間 $[a, b]$ 間為「嚴格遞增」區間；例如：
   $f(x) = x$，表示函數 $f(x)$ 在區間 R，為「嚴格遞增」區間。

(3) 當 $x_1 < x_2$，則 $f(x_1) \geq f(x_2)$，表示函數 $f(x)$ 在區間 $[a, b]$ 間為「單調遞減」區間；

(4) 當 $x_1 < x_2$，則 $f(x_1) > f(x_2)$，表示函數 $f(x)$ 在區間 $[a, b]$ 間為「嚴格遞減」區間。例如：
   $f(x) = -x$，表示函數 $f(x)$ 在區間 R，為嚴格遞減區間。

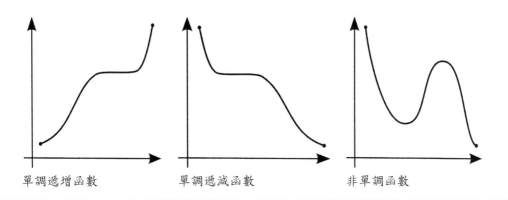

單調遞增函數　　　　　單調遞減函數　　　　　非單調函數

例 48 請問下列何者為一函數：(1) $y = x^2 + 1$；(2) $y = \pm x$.

　　解：

例 49 請問下圖何者為一函數：

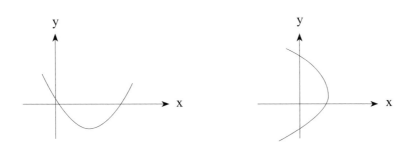

　　解：

例 50 請問下列敘述何者正確：

(1) $f(x) = 2\sqrt{x^2+1}$ 為偶函數；

(2) $f(x) = \sqrt{x^2+1} + x^2$ 為偶函數；

(3) $f(x) = 2\sqrt{x^3+1}$ 為奇函數；

(4) $f(x) = 2\sqrt{x^3+1} + x^3$ 為奇函數；

(5) $f(x) = \sqrt{x^2+1}$ 在 $[0, +\infty)$ 為嚴格遞增區間；

(6) $f(x) = \sqrt{x^2+1}$ 在 $(-\infty, 0]$ 為嚴格遞減區間。

解：

28.【常見的函數圖形】常見的函數的圖形有：

(1) $f(x) = 0$，即 $y = 0$，它在數線上的圖形是 x 軸（其 y 值為 0）。

(2) $f(x) = a(a \in R，a \neq 0)$，即 $y = a$，它在數線上的圖形是平行 x 軸且不為 x 軸的直線。

(3) $f(x) = ax + b$（$a \neq 0$），即 $y = ax + b$，表示一條直線。

(4) $f(x) = ax^2 + bx + c$（$a \neq 0$），即 $y = ax^2 + bx + c$，表示一個拋物線圖形。

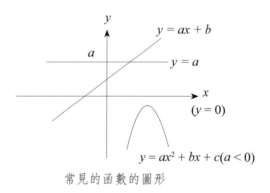

常見的函數的圖形

例 51 請問下列敘述何者正確：

(1) $f(x) = 0$，它在數線上的圖形是 y 軸；

(2) $f(x) = a$（$a \in R$），它在數線上的圖形是垂直 x 軸的直線；

(3) $f(x) = ax + b$，表示一條直線；

(4) $f(x) = ax^2 + bx + c$，表示一個拋物線圖形。

解：

29.【拋物線的頂點】設 $a \neq 0$，則 $y = ax^2 + bx + c = a\left(x + \dfrac{b}{2a}\right)^2 + \dfrac{4ac - b^2}{4a}$ ，

當 $x = -\dfrac{b}{2a}$ 時，y 的值為 $\dfrac{4ac - b^2}{4a}$，也就是此圖形通過點 $\left(-\dfrac{b}{2a}, \dfrac{4ac - b^2}{4a}\right)$，此點為

拋物線 $y = ax^2 + bx + c$ 圖形的頂點。

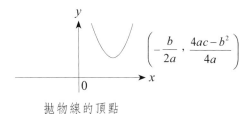

拋物線的頂點

例 52 求 $f(x) = 2x^2 - x + 4$ 圖形的頂點。

解：

例 53 求 $f(x) = -x^2 + 4$ 的圖形的頂點。

解：

30.【極值問題】欲求二次函數 $f(x) = ax^2 + bx + c$，$m \leq x \leq n$ 的最大值和最小值時，要先將

$f(x)$ 配方後再解，即 $f(x) = ax^2 + bx + c = a\left(x + \dfrac{b}{2a}\right)^2 + \dfrac{4ac - b^2}{4a}$，再將 $m \leq x \leq n$ 代入，解

出其範圍。

例 54 （99 課綱範例）$f(x) = x^2 + 2x + 3, -2 \leq x \leq 2$ 的極值。

解：

例 55 設 $f(x) = x^2 + 4x + 8$，求：

(1) 當 $0 \leq x \leq 5$ 時，$f(x)$ 的最大值和最小值；

(2) 當 $-10 \leq x \leq 5$ 時，$f(x)$ 的最大值和最小值；

(3) 當 $-10 \leq x \leq -5$ 時，$f(x)$ 的最大值和最小值。

解：

31.【拋物線的形狀】拋物線 $y = ax^2 + bx + c \, (a \neq 0)$ 圖形的形狀，可分為下列幾種情況討論：

(1) $a > 0 \Rightarrow$ 此拋物線開口朝上，表此拋物線有最低點（即為頂點）。

(2) $a < 0 \Rightarrow$ 此拋物線開口朝下，表此拋物線有最高點（即為頂點）。

(3) $|a|$ 愈大 $\Rightarrow$ 拋物線開口愈小。

(4) 與 x 軸交點，就是求 $y = 0$ 的 x 值，即 $y = ax^2 + bx + c = 0$ 的 x 值。

(5) 與 y 軸交點，就是求 $x = 0$ 的 y 值，即 $y = ax^2 + bx + c = c.$

例 56 二次函數 $f(x) = x^2 - 4x + 2$，請求出 (1) 與 x 軸交點；(2) 與 y 軸交點；(3) 其頂點座標；(4) 開口的方向；(5) 此函數是否有最大值或最小值？若有，其值為何？

解：

例 57 二次函數 $f(x) = -x^2 - 8$，請求出 (1) 與 x 軸交點；(2) 與 y 軸交點；(3) 其頂點座標；(4) 開口的方向；(5) 此函數是否有最大值或最小值？若有，其值為何？

解：

32.【拋物線 a 與 $b^2 - 4ac$ 的組合】拋物線 $y = ax^2 + bx + c$（$a \neq 0$）在 xy 平面的圖形如下：

(1) $a > 0$，$b^2 - 4ac < 0$

（不考慮 b 的符號）

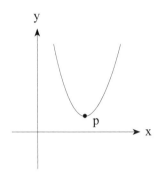

(2) $a > 0$，$b^2 - 4ac = 0$

（不考慮 b 的符號）

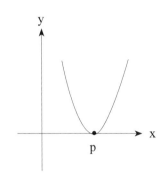

(3) $a > 0$，$b^2 - 4ac > 0$

（不考慮 b 的符號）

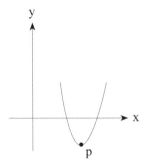

(4) $a < 0$，$b^2 - 4ac < 0$

（不考慮 b 的符號）

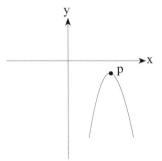

(5) $a < 0$，$b^2 - 4ac = 0$

（不考慮 b 的符號）

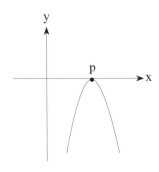

(6) $a < 0$，$b^2 - 4ac > 0$

（不考慮 b 的符號）

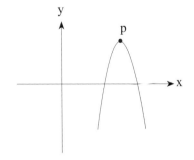

✍**重要結論**：由上述六種情況，我們可以觀察到（$a \neq 0$）：

(1) 不管 x 值為何，若 $f(x) = ax^2 + bx + c$ 的值一定大於 0（$y > 0$）

⇒ 由圖 (1) 知，表示 $a > 0$，$b^2 - 4ac < 0$ 且最小值為 $\dfrac{4ac - b^2}{4a}$．

(2) 不管 x 值為何，若 $f(x) = ax^2 + bx + c$ 的值一定小於 0（$y < 0$）

$\Rightarrow$ 由圖 (4) 知，表示 $a < 0$，$b^2 - 4ac < 0$ 且最大值為 $\dfrac{4ac - b^2}{4a}$．

(3) 若 $f(x) = ax^2 + bx + c$ 與 x 軸交於一點（或只有一解）

$\Rightarrow$ 表示 $b^2 - 4ac = 0$（圖 (2) 或圖 (5)）

(4) 若 $f(x) = ax^2 + bx + c$ 與 x 軸交於二點（或恰有二解）

$\Rightarrow$ 表示 $b^2 - 4ac > 0$（圖 (3) 或圖 (6)）

(5) 若 $f(x) = ax^2 + bx + c$ 與 x 軸不相交

$\Rightarrow$ 表示 $b^2 - 4ac < 0$（圖 (1) 或圖 (4)）

(6) 若 $f(x) = ax^2 + bx + c$ 有最小值

$\Rightarrow$ 表示 $a > 0$（圖 (1)(2)(3)）．

(7) 若 $f(x) = ax^2 + bx + c$ 有最大值

$\Rightarrow$ 表示 $a < 0$（圖 (4)(5)(6)）．

例 58 a 為實數，求二次函數 $y = x^2 + ax + 2$，使得：

(1) y 的值一定大於 0，求 a 的範圍和此函數的最小值（以 a 表示之）；

(2) 圖形和 x 軸交於一點，求 a 的範圍和此交點坐標；

(3) 圖形和 x 軸交於二點，求 a 的範圍和此二交點坐標（以 a 表示之）；

(4) 圖形和 x 軸不相交，求 a 的範圍。

解：

例 59 a 為實數且 $a \neq 0$，求函數 $y = ax^2 - 4x - 2$，使得：

(1) y 的值一定大於 0，求 a 的範圍和此函數的最小值（以 a 表示之）；

(2) y 的值一定小於 0，求 a 的範圍和此函數的最大值（以 a 表示之）；

(3) 圖形和 x 軸交於一點，求此交點坐標；

(4) 圖形和 x 軸交於二點，求 a 的範圍和此二交點坐標（以 a 表示之）；

(5) 圖形和 x 軸不相交，求 a 的範圍；

(6) 圖形有最小值，求 a 的範圍和此函數的最小值（以 a 表示之）；

(7) 圖形有最大值，求 a 的範圍和此函數的最大值（以 a 表示之）。

解：

33.【解方程式】若 a、b、$c \in R$，則方程式 $ax^2 + bc + c = 0$ 的情況有下列幾種：

(1) 若 $a \neq 0$ 且 (a) 若 $b^2 - 4ac > 0$，則有二相異實根 $x = \dfrac{-b \pm \sqrt{b^2 - 4ac}}{2a}$ ；

(b) 若 $b^2 - 4ac = 0$，則有一實根 $x = \dfrac{-b}{2a}$ ；

(c) 若 $b^2 - 4ac < 0$，則有共軛複根 $x = \dfrac{-b \pm i\sqrt{4ac - b^2}}{2a}$.

(2) 若 $a = 0$ 且 (a) 若 $b \neq 0$，則 $x = -\dfrac{c}{b}$

(b) 若 $b = 0$，且 (i) 若 $c \neq 0$，則為無解；(ii) 若 $c = 0$，則為無窮多解。

註：(1) 若題目說：「解一元二次方程式 $ax^2 + bx + c = 0$」，表示 $a \neq 0$；

(2) 若題目說：「a、b、$c \in R$，解方程式 $ax^2 + bx + c = 0$」，則 a 可能等於 0。

例 60 求 $2x^2 + 4x + 5 = 0$ 的所有解。

解：

例 61 （99 課綱範例）求 $\dfrac{1}{x-1} + \dfrac{1}{x-2} = \dfrac{3}{2}$ 的所有解。

解：

例 62 求 a 之值，使得 $ax^2 + 4x + 5 = 0$ (1) 有二相異實根；(2) 有一實根；(3) 有共軛複根。

解：

例 63 求 a 之值，使得 $ax^2 + 2ax + 2 = 0$，(1) 有二相異實根；(2) 有一實根；(3) 有共軛複根；(4) 無解（無實根也無虛根）。

解：

---

34. 【二根之和、積】若 $ax^2 + bx + c = 0, (a \neq 0)$ 的二個根為 α 和 β，則 $\alpha + \beta$ （二根之和）$= -\dfrac{b}{a}$，$\alpha \times \beta$ （二根之積）$= \dfrac{c}{a}$.

---

35. 【題型】已知 α、β 為一元二次方程式 $ax^2 + bx + c = 0$ 的二根 $(a \neq 0)$，則：

(1) $\alpha^2 + \beta^2 = (\alpha + \beta)^2 - 2\alpha\beta = \left(-\dfrac{b}{a}\right)^2 - 2 \cdot \dfrac{c}{a} = \dfrac{b^2 - 2ac}{a^2}$

(2) $\alpha^3 + \beta^3 = (\alpha + \beta)^3 - 3\alpha\beta(\alpha + \beta) = \left(-\dfrac{b}{a}\right)^3 - 3 \cdot \dfrac{c}{a} \cdot \left(-\dfrac{b}{a}\right)$

(3) $\alpha^4 + \beta^4 = (\alpha^2 + \beta^2)^2 - 2\alpha^2\beta^2 = \left(\dfrac{b^2 - 2ac}{a^2}\right)^2 - 2\left(\dfrac{c}{a}\right)^2$

(4) $\dfrac{1}{\alpha} + \dfrac{1}{\beta} = \dfrac{\alpha + \beta}{\alpha\beta} = \dfrac{-\dfrac{b}{a}}{\dfrac{c}{a}} = -\dfrac{b}{c}$.

(5) $\dfrac{\beta}{\alpha} + \dfrac{\alpha}{\beta} = \dfrac{\beta^2 + \alpha^2}{\alpha\beta} = \dfrac{\dfrac{b^2 - 2ac}{a^2}}{\dfrac{c}{a}} = \dfrac{b^2 - 2ac}{ac}$.

(6) $\left(\sqrt{\alpha} + \sqrt{\beta}\right)^2 = \alpha + \beta + 2\sqrt{\alpha}\sqrt{\beta}$ （其中 $\sqrt{\alpha}\sqrt{\beta}$ 中的 α, β 若為負數，要先變成虛數。）

例 64 （99 課綱範例）設 $x^2 + 5x + 3 = 0$ 的二根為 α 與 β，求 $\alpha^2 + \beta^2$，$\alpha^3 + \beta^3$。

作法：① 此種題目要先將二根之和 （$\alpha + \beta = -5$）和二根之積 （$\alpha\beta = 3$）求出，

② 再將題目想辦法化簡成 $\alpha + \beta$ 和 $\alpha\beta$ 的形成。

解：

例 **65** 令 α、β 為 $x^2 + 2x - 6 = 0$ 的二根，求：

(1) $\alpha^2 + \beta^2$；(2) $\alpha^3 + \beta^3$；(3) $\alpha^4 + \beta^4$；(4) $\dfrac{\beta}{\alpha} + \dfrac{\alpha}{\beta}$．

解：

例 **66** 令 α、β 為 $x^2 + 6x + 6 = 0$ 的二根，求 $\sqrt{\alpha}\sqrt{\beta}$ 和 $\left(\sqrt{\alpha} + \sqrt{\beta}\right)^2$。

☝ 作法：因 $x^2 + 6x + 6 = 0$ 的判別式 > 0，所以其二根均為實數。

利用 $\alpha + \beta = -6$ 和 $\alpha\beta = 6$ 來確定 α、β 的符號，本題 $\alpha < 0$ 且 $\beta < 0$，所以令 $\alpha = -a$，$\beta = -b$ （a、$b > 0$），即 $a + b = 6$，$a \cdot b = 6$ 代入。

解：

例 **67** 已知 α、β （$\alpha \geq \beta$）為 $x^2 - 5x + 3 = 0$ 的二根，求 $\alpha^2 + \beta^2 = ?$ $\alpha - \beta = ?$ $\alpha^2 - \beta^2 = ?$ $\left(\sqrt{\alpha} + \sqrt{\beta}\right)^2 = ?$

☝ 作法：此種題目皆是用 $\alpha + \beta = 5$，$\alpha\beta = 3$ 的已知來解，在做 $\left(\sqrt{\alpha} + \sqrt{\beta}\right)^2$ 時，要注意 α、β 的正負號。

解：

36.【多項式、函數、方程式】若一元 n 次多項式 $f(x)$，將其值設為 0，即 $f(x) = 0$，我們就稱它為一元 n 次方程式，其中「一元」表示只有一個變數（$= x$），而「n 次」表示最高次方為 n 次方（$= x^n$）。所以：

(1) $f(x) = a_n x^n + a_{n-1} x^{n-1} + \cdots + a_1 x + a_0$，為 x 的一元 n 次多項式（二個多項式可以做相加、相減、相乘和相除）；

(2) $y = a_n x^n + a_{n-1} x^{n-1} + \cdots + a_1 x + a_0$，為 x 的一元 n 次多項式函數（函數的 x 代入一值，可以得到對應的一個 y 值。）

(3) $a_n x^n + a_{n-1} x^{n-1} + \cdots + a_1 x + a_0 = 0$，為 x 的一元 n 次多項式方程式，可解出 x 值（方程式是含有未知數的等式）。

37.【多項式變數變換】已知 $f(bx+c) = a_1 x^2 + a_2 x + a_3$（以二次多項式為例），要求 $f(x)$ 的做法為：

(a) 令 $bx + c = t \Rightarrow x = \dfrac{t-c}{b}$，代入原方程式；

(b) $f(t) = a_1 \left(\dfrac{t-c}{b} \right)^2 + a_2 \cdot \dfrac{t-c}{b} + a_3$（將變數 x 改成 t）；

(c) 將變數 t 改回 $x \Rightarrow f(x) = a_1 \left(\dfrac{x-c}{b} \right)^2 + a_2 \cdot \dfrac{x-c}{b} + a_3$，即為所求。

例 68 設多項式函數 $f(x) = \begin{cases} x^2, & x > 0 \\ 1, & x = 0 \\ -3x, & x < 0 \end{cases}$，求 $f(2)$，$f(0)$，$f(-2)$ 之值。

解：

例 69 已知 $f(x+2) = 2x^2 - 3x + 1$，求 $f(x)$。

作法：令 $t = x+2$，代入原函數，變成 t 的函數，再將全部的 t 改成 x．

解：

例 70 設 $f\left(\dfrac{2x}{x+1} \right) = x^2 + 1$，求 $f(x)$ 及 $f(1)$。

作法：令 $t = \dfrac{2x}{x+1}$，代入原函數，變成 t 的函數，最後再將全部的 t 改成 x．

解：

38.【找有理根】若方程式 $a_n x^n + a_{n-1} x^{n-1} + \cdots + a_1 x + a_0 = 0$ 有一個有理根為 $\dfrac{b}{a}$（a、b、$a_i \in Z$，且 $a \neq 0$），則：

(1) 上述的方程式有 $(ax - b)$ 的因式；

(2) 此時：a 一定可以整除 a_n，b 一定可以整除 b_n。

（註：我們可以利用 (2) 的特性來找出方程式的有理根。）

例 71　求 $2x^3 - x^2 + x + 1 = 0$ 之有理數解。

解：

例 72　求 $f(x) = x^4 + x^3 - x^2 + x - 2 = 0$ 之所有解。

解：

39.【勘根定理】

(1) 若 $f(x) = 0$ 為一實係數方程式，a、$b \in R$ 且 $f(a) \times f(b) < 0$，則表示 $f(x)$ 在 a、b 之間，至少有一個實數 c，使得 $f(c) = 0$（即有 $(x - c)$ 的因式），

(2) 在 a、b 之間，有奇數個實根（可能有 $1, 3, 5, \cdots$ 個），則 $f(a) \times f(b) < 0$；

(3) 在 a、b 之間，有偶數個實根（可能有 $0, 2, 4, \cdots$ 個），則 $f(a) \times f(b) > 0$；

(4) 如下圖 $f(a) \times f(b) < 0$，有 1 或 3 個實根的情形。

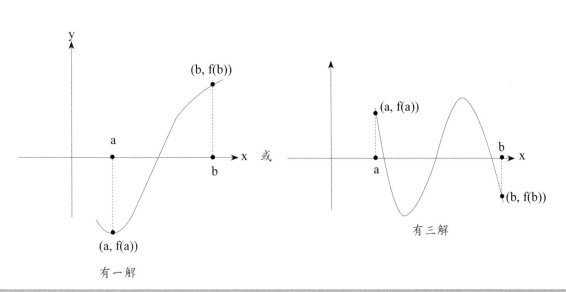

例 73 （99 課綱範例）求 $f(x) = x^3 + 2x^2 + 3x + 4$ 有幾個實根。

解：

例 74 問 $f(x) = x^3 - 3x - 1 = 0$ 方程式有幾個實數解。

解：

40.【複數根、無理數根】底下為方程式有一根為複數根（或無理數根），則其另一根的情況：

(1) 若方程式 $a_n x^n + a_{n-1} x^{n-1} + \cdots + a_1 x + a_0 = 0$ 的一根為 $a + bi$ （a、$b \in R$），則：

  (a) 若係數 $a_i \in \mathbf{R}$，則 $a - bi$ 為其另一根；

  (b) 若係數 $a_i \in \mathbf{C}$，則 $a - bi$「不一定」為其另一根。

(2) 若方程式 $a_n x^n + a_{n-1} x^{n-1} + \cdots + a_1 x + a_0 = 0$ 的一根為 $a + \sqrt{b}$ （a、$b \in Q$），則：

  (a) 若係數 $a_i \in \mathbf{Q}$，則 $a - \sqrt{b}$ 為其另一根；

  (b) 若係數 $a_i \in \mathbf{R}$ 或 $\mathbf{C}$，則 $a - \sqrt{b}$「不一定」為其另一根。

41.【實係數多項式的根】底下是實係數多項式方程式的根的求法：

(1) 若 $f(x)$ 為「實係數」三次多項式方程式，其有一根為 $a + bi$，則另二根為 $a - bi$ 和一實根；

(2) 若 $f(x)$ 為「實係數」四次多項式方程式，其有一根為 $a + bi$，另一根為實根 α，則另二根為 $a - bi$ 和另一實根；

(3) 若 $f(x)$ 為「實係數」四次多項式方程式，二根為 $a + bi$ 和 $c + di$ （$a \neq c$ 或 $|b| \neq |d|$），則另二根為 $a - bi$ 和 $c - di$

（註：若此題改成「有理數」多項式，一根為 $a + \sqrt{b}$，則另一根為 $a - \sqrt{b}$。）

例 75 $3ix^3 + 2x + 4ix + 5 = 0$，若 $a + bi$（$a \cdot b \in R$）為其一根，其另一根是否一定為 $a - bi$？

解：

例 76 $x^3 + ax^2 + bx + c = 0$，且 $2 + \sqrt{3}$ 為其一根，(1) 若 $a, b, c \in Q$，則其另一根是否一定為 $2 - \sqrt{3}$？(2) 若 $a \cdot b \cdot c \in R$，則其另一根是否一定為 $2 - \sqrt{3}$？

解：

例 77 方程式 $x^3 - 17x^2 + 32x - 30 = 0$ 有一複數根（$1 + i$），求其另外二根。

解：

42.【平移】圖形的平移（只移圖形位置，其形狀、大小不變，且座標軸亦不移動）：

(1) 若我們要將 $y = f(x)$ 的圖形，向 x 軸右方平移 h 單位（右邊為 x 的正號），向 y 軸上方平移 k 單位（上邊為 y 的正號），則新圖形的方程式是：

將 x 用 $(x - h)$ 代入，y 用 $(y - k)$ 代入，也就是新圖形方程式為 $y - k = f(x - h)$；

(2) 若題目改成向 x 軸左移 h 單位，則上述的 $(x - h)$ 要改成 $x - (-h) = x + h$；

(3) 同理，向 y 軸下移 k 單位，則要將 $(y - k)$ 改成 $(y + k)$。

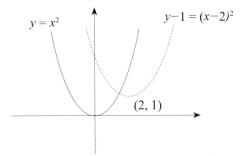

圖形 $y = x^2$，向 x 軸右方平移 2 單位，上方平移 1 單位，得 $y - 1 = (x-2)^2$

例 78 二次函數 $y = x^2 - 4x + 2$，請求出：(1) 圖形向右平移 2 單位，向上平移 3 單位的函數；
(2) 圖形向左平移 3 單位，向下平移 5 單位的函數。

解：

例 79 二次函數 $y = ax^2 + bx + c$，圖形向右平移 2 單位，向上平移 3 單位，得到的新函數
為 $y = x^2 - 4x + 2$，求 a, b, c 之值。

解：

例 80 二次函數 $y = x^2 - 4x + 2$，將圖形向右平移 h 單位，向上平移 k 單位，得到的新函數
為 $y = x^2 - 12x + 40$，求 h, k 之值。

解：

83 年 到 102 年 學 測 題 目

1. （83 學測）若函數 $f(x) = ax^2 + bx + c$ 的圖形如圖 3，
則下列各數那些為負數？（多選）

(A) a (B) b

(C) c (D) $b^2 - 4ac$

(E) $a - b + c$

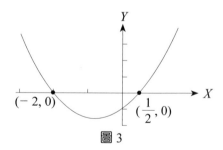
圖 3

2. （84 學測）設 m 為實數，若二次函數 $y = mx^2 + 10x + m + 6$ 的圖形在直線 $y = 2$ 的上方，
則 m 的範圍為何？

(A) $m > 0$ (B) $m > -2 + \sqrt{29}$ (C) $0 < m < -2 + \sqrt{29}$

(D) $-2 - \sqrt{29} < m < -2 + \sqrt{29}$ (E) $m > -2 + \sqrt{29}$ 或 $m < -2 - \sqrt{29}$

3. （85 學測）設 $f(x)$ 為實係數三次多項式，且 $f(i) = 0$ $(i = \sqrt{-1})$，則函數 $y = f(x)$ 的圖形與 X 軸有幾個交點？

   (A) 0　　　　　　　　(B) 1　　　　　　　　(C) 2

   (D) 3　　　　　　　　(E) 因 $f(x)$ 的不同而異

4. （86 學測）設 $f(x) = x^5 + 6x^4 - 4x^3 + 25x^2 + 30x + 20$，則 $f(-7) =$ _____ 。

5. （87 學測）設 $1 - i$ 為 $x^2 + ax + 3 - i = 0$ 的一根，則 a 的值為何？

   (A) -3　　　　　　(B) -2　　　　　　(C) $-1 - i$

   (D) 2　　　　　　　　(E) 3

6. （87 學測）設 a 與 b 均為實數，且二次函數 $f(x) = a(x - 1)^2 + b$ 滿足 $f(4) > 0, f(5) < 0$。試問下列何者為真？

   (A) $f(0) > 0$　　　(B) $f(-1) > 0$　　　(C) $f(-2) > 0$

   (D) $f(-3) > 0$　　　(E) $f(-4) > 0$

7. （85 學測）設 $y = f(x)$ 的圖形是兩條半線，其原點附近的部分圖形如圖 4。令 $h(x) = f(x) - f(x - 6)$，則 $h(x)$ 有下列那些性質？

   (A) 有最小值 -6　　(B) 有最小值 -3

   (C) 有最小值 0　　　(D) 有最大值 3

   (E) 有最大值 6

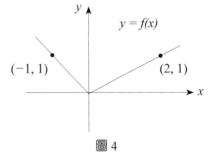

圖 4

8. （86 學測）設 $f(x)$ 為二次函數，且不等式 $f(x) > 0$ 之解為 $-2 < x < 4$，則 $f(2x) < 0$ 之解為：

   (A) $-1 < x < 2$　　(B) $x < -1$ 或 $x > 2$　　(C) $x < -2$ 或 $x > 4$

   (D) $-4 < x < 8$　　(E) $x < -4$ 或 $x > 8$

9. （87 學測）設 $f(x)$ 為一多項式。若 $(x + 1)f(x)$ 除以 $x^2 + x + 1$ 的餘式為 $5x + 3$，則 $f(x)$ 除以 $x^2 + x + 1$ 的餘式為何？

10. （88 學測）下列何者是 2^{100} 除以 10 的餘數？

    (A) 0　　　　　　　　(B) 2　　　　　　　　(C) 4

    (D) 6　　　　　　　　(E) 8

11. （88 學測）三次方程式 $x^3 + x^2 - 2x - 1 = 0$ 在下列那些連續整數之間有根？

    (A) -2 與 -1 之間　　(B) -1 與 0 之間　　(C) 0 與 1 之間

    (D) 1 與 2 之間　　　　(E) 2 與 3 之間

12. （89 學測）設三次方程式 $x^3 - 17x^2 + 32x - 30 = 0$ 有兩複數根 $a + i$, $1 + bi$，其中 a, b 是不為 0 的實數。試求它的實根。

13. （90 學測）設 a, b, c 為實數。若二次函數 $f(x) = ax^2 + bx + c$ 的圖形通過 $(0, -1)$ 且與 x 軸相切，則下列選項何者為真？

   (A) $a < 0$　　　　　　　　(B) $b > 0$　　　　　　　　(C) $c = -1$

   (D) $b^2 + 4ac = 0$　　　　(E) $a + b + c \leq 0$

14. （90 學測）古代的足球運動，有一種計分法，規定踢進一球得16分，犯規後的罰踢，進一球得 6 分。請問下列哪些得分數有可能在計分板上出現？

   (A) 26　　　　　　　　　　(B) 28　　　　　　　　　　(C) 82

   (D) 103　　　　　　　　　(E) 284

15. （90 學測）將一張 B4 的長方形紙張對折剪開之後，成為 B5 的紙張，其形狀跟原來 B4 的形狀相似。已知 B4 紙張的長邊為 36.4 公分，則 B4 紙張的短邊長為幾公分。（小數點後第二位四捨五入）

16. （90 學測）設多項式 $f(x)$ 除以 $x^2 - 5x + 4$，餘式為 $x + 2$；除以 $x^2 - 5x + 6$，餘式為 $3x + 4$. 則多項式 $f(x)$ 除以 $x^2 - 4x + 3$，餘式為何？

17. （91 學測）試問用下列哪一個函數的部分圖形來描述右圖較恰當？

   (A) $(x - 2)^2 - 2$　　　　　(B) $2\sin(x) + 2$

   (C) $2\cos(x)$　　　　　　　(D) $-0.5(x - 2)^2 + 4$

   (E) $3 - 2^x$

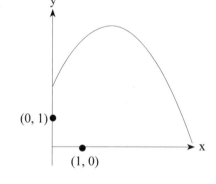

18. （91 學測）若實數 a, b, c 滿足 $abc > 0$, $ab + bc + ca < 0$, $a + b + c > 0$, $a > b > c$，則下列選項何者為真？

   (A) $a > 0$　　　　　　　　(B) $b > 0$　　　　　　　　(C) $c > 0$

   (D) $|a| > |b|$　　　　　　(E) $a^2 > c^2$

19. （91 補考）方程式 $x^4 + 2x^2 - 1 = 0$ 有多少個實根？

   (A) 0　　　　　　　　　　　(B) 1　　　　　　　　　　　(C) 2

   (D) 3　　　　　　　　　　　(E) 4

20. （91 補考）設實數 a, b 滿足 $0 < a < 1, 0 < b < 1$，則下列選項哪些必定為真？

   (A) $0 < a + b < 2$　　　　(B) $0 < ab < 1$　　　　　(C) $-1 < b - a < 0$

   (D) $0 < a/b < 1$　　　　　(E) $|a - b| < 1$

21. （91 補考）11^{15} 除以 100 的餘數為何。

22. （92 學測）試問有多少個正整數 n 使得 $\dfrac{1}{n}+\dfrac{2}{n}+\cdots+\dfrac{10}{n}$ 為整數？

    (A) 1 個　　　　　　(B) 2 個　　　　　　(C) 3 個

    (D) 4 個　　　　　　(E) 5 個

23. （92 學測）設 k 為一整數。若方程式 $kx^2+7x+1=0$ 有兩個相異實根，且兩根的乘積介於 $\dfrac{5}{71}$ 與 $\dfrac{6}{71}$ 之間，則 $k=$ ？

24. （92 補考）關於三次多項式 $f(x)=x^3-6x^2+1$，試問下列哪些敘述是正確的？

    (A) $f(x)=0$ 有實根落在 0 與 1 之間

    (B) $f(x)=0$ 有實根大於 1

    (C) $f(x)=0$ 有實根小於 -1

    (D) $f(x)=0$ 有實根也有虛根

    (E) $f(x)=10$ 有實數解。

25. （92 補考）設多項式 $(x+1)^6$ 除以 x^2+1 的餘式為 $ax+b$，則 $a=$ ？ $b=$ ？

26. （92 補考）試問不等式 $(x^2-4x+2)(2x-5)(2x-37)\le0$ 有多少個整數解？

27. （93 薦甄）某高中招收高一新生共有男生 1008 人、女生 924 人報到。學校想將他們依男女合班的原則平均分班，且要求各班有同樣多的男生，也有同樣多的女生；考量教學效益，並限制各班總人數在 40 與 50 人之間，則共分成幾班。

28. （94 學測）利用公式 $1^3+2^3+\cdots+n^3=\left(\dfrac{n(n+1)}{2}\right)^2$，可計算出 $(11)^3+(12)^3+\cdots+(20)^3$ 之值為：

    (A) 41075　　　　　　(B) 41095　　　　　　(C) 41115

    (D) 41135　　　　　　(E) 41155

29. （94 學測）若多項式 x^2+x+2 能整除 $x^5+x^4+x^3+px^2+2x+q$，則 $p=$ ？ $q=$ ？

30. （95 學測）學生練習計算三次多項式 $f(x)$ 除以一次多項式 $g(x)$ 的餘式。已知 $f(x)$ 的三次項係數為 3，一次項係數為 2. 甲生在計算時把 $f(x)$ 的三次項係數錯看成 2（其它係數沒看錯），乙生在計算時把 $f(x)$ 的一次項係數錯看成 -2（其它係數沒看錯）。而甲生和乙生算出來的餘式剛好一樣。試問 $g(x)$ 可能等於以下哪些一次式？

    (A) x　　　　　　(B) $x-1$　　　　　　(C) $x-2$

    (D) $x+1$　　　　　　(E) $x+2$

31. （96 學測）設 $f(x) = ax^6 - bx^4 + 3x - \sqrt{2}$，其中 a, b 為非零實數，則 $f(5) - f(-5)$ 之值為：

    (A) −30   (B) 0   (C) $2\sqrt{2}$

    (D) 30   (E) 無法確定（與 a, b 有關）

32. （96 學測）設某沙漠地區某一段時間的溫度函數為 $f(t) = -t^2 + 10t + 11$，其中 $1 \le t \le 10$，則這段時間內該地區的最大溫差為：

    (A) 9   (B) 16   (C) 20

    (D) 25   (E) 36

33. （96 學測）設 $f(x)$ 為一實係數三次多項式且其最高次項係數為 1，已知 $f(1) = 1, f(2) = 2, f(5) = 5$，則 $f(x) = 0$ 在下列哪些區間必定有實根？

    (A) $(-\infty, 0)$ (B) $(0, 1)$ (C) $(1, 2)$

    (D) $(2, 5)$ (E) $(5, \infty)$

34. （97 學測）已知實係數多項式 $f(x)$ 與 $g(x) = x^3 + x^2 - 2$ 有次數大於 0 的公因式。試問下列哪些選項是正確的？

    (A) $g(x) = 0$ 恰有一實根。

    (B) $f(x) = 0$ 必有實根。

    (C) 若 $f(x) = 0$ 與 $g(x) = 0$ 有共同實根，則此實根必為 1.

    (D) 若 $f(x) = 0$ 與 $g(x) = 0$ 有共同實根，則 $f(x)$ 與 $g(x)$ 的最高公因式為一次式。

    (E) 若 $f(x) = 0$ 與 $g(x) = 0$ 沒有共同實根，則 $f(x)$ 與 $g(x)$ 的最高公因式為二次式。

35. （98 學測）已知 $f(x), g(x)$ 是兩個實係數多項式，且知 $f(x)$ 除以 $g(x)$ 的餘式為 $x^4 - 1$. 試問下列哪一個選項不可能是 $f(x)$ 與 $g(x)$ 的公因式？

    (A) 5   (B) $x - 1$ (C) $x^2 - 1$

    (D) $x^3 - 1$ (E) $x^4 - 1$

36. （99 學測）下列哪些方程式有實數解？

    (A) $x^3 + x - 1 = 0$ (B) $2^x + 2^{-x} = 0$ (C) $\log_2 x + \log_x 2 = 1$

    (D) $\sin x + \cos 2x = 3$ (E) $4\sin x + 3\cos x = \dfrac{9}{2}$

37. （99 學測）設 $f(x)$ 為滿足下列條件的最低次實係數多項式：$f(x)$ 最高次項的係數為 1，且 $3 - 2i$、i、5 皆為方程式 $f(x) = 0$ 的解（其中 $i^2 = -1$）。則 $f(x)$ 之常數項為何？

38. （100 學測）多項式 $4(x^2 + 1) + (x + 1)^2(x - 3) + (x - 1)^3$ 等於下列哪一個選項？

    (A) $x(x + 1)^2$ (B) $2x(x - 1)^2$ (C) $x(x - 1)(x + 1)$

    (D) $2(x - 1)^2(x + 1)$ (E) $2x(x - 1)(x + 1)$

39. （100 學測）設 $f(x) = x(x-1)(x+1)$，請問下列哪些選項是正確的？

    (A) $f\left(\dfrac{1}{\sqrt{2}}\right) > 0$．

    (B) $f(x) = 2$ 有整數解。

    (C) $f(x) = x^2 + 1$ 有實數解 。

    (D) $f(x) = x$ 有不等於零的有理數解。

    (E) 若 $f(a) = 2$，則 $f(-a) = 2$．

40. （101 學測）設 $f(x) = x^4 - 5x^3 + x^2 + ax + b$ 為實係數多項式，且知 $f(i) = 0$（其中 $i^2 = -1$）。請問下列哪些選項是多項式方程式 $f(x) = 0$ 的根？

    (A) $-i$ (B) 0 (C) 1

    (D) -5 (E) 5

41. （102 學測）設 a, b 為實數且 $(a + bi)(2 + 6i) = -80$，其中 $i^2 = -1$。則 $(a, b) = ?$

解答：
1.CE	2.B	3.B	4.6	5.A	6.ABC
7.AD	8.B	9.$2x + 5$	10.D	11.ABD	12.15
13.ACE	14.BCE	15.25.7	16.$5x-2$	17.D	18.ADE
19.C	20.ABE	21.51	22.D	23.12	24.ABE
25.$a = -8, b = 0$		26.17	27.42	28.A	29.$p = 3, q = 8$
30.ACE	31.D	32.D	33.BD	34.ACE	35.D
36.AE	37.-65	38.E	39.C	40.ABE	41.(4, 12)

Chapter **3** 指數與對數

1. 指數：指數為整數、分數與實數的指數定律

2. 指數函數：介紹指數函數的圖形與性質（含定義域、值域、單調性、凹凸性）

3. 對數

   3.1 對數的定義與對數定律

   3.2 換底公式（換底公式不宜牽涉太過技巧性與不實用的問題）

4. 對數函數：介紹對數函數的圖形與性質（含定義域、值域、單調性、凹凸性）

5. 指數與對數的應用

   5.1 對數表（含內插法）與使用計算器、科學記號（不含表尾差）。

   5.2 處理乘除與次方問題

   5.3 等比數列與等比級數

   5.4 由生活中所引發的指數、對數方程式與不等式的應用問題。

1. 指數

   1.1 指數為整數、分數與實數的指數定律

     (1) n 次根數的操作：$10^{\frac{1}{2}} \cdot 10^{\frac{1}{3}} = 10^{\frac{5}{6}}$，$2^{\frac{1}{3}} \cdot 3^{\frac{1}{3}} = 6^{\frac{1}{3}}$.

     (2) 指數為分數的指數函數的單調性，$10^{\frac{1}{3}} < 10^{\frac{1}{2}}$.

     (3) 指數化簡不宜太過複雜或太人工化，下列題型不適宜：

化簡 $\left(x^{\frac{a}{a-b}}\right)^{\frac{1}{c-a}} \cdot \left(x^{\frac{b}{b-c}}\right)^{\frac{1}{a-b}} \cdot \left(x^{\frac{c}{c-a}}\right)^{\frac{1}{b-c}}$ ；若 $a^{2x} = 2 + \sqrt{3}$ ，求 $\dfrac{a^{3x} + a^{-3x}}{a^x + a^{-x} + \sqrt{6}}$ 的值。

(4) 指數為實數的定義不必嚴格，直觀上僅需利用指數為有理數去逼近即可。

2. 指數函數

2.1 介紹指數函數圖形與性質（含值域、單調性（嚴格遞增、嚴格遞減）與凹凸性）

這裡凹凸性僅做割弦在函數圖形上方的直觀介紹即可。主要的指數函數為 2^x 及 10^x.

3. 對數

3.1 對數的定義與對數定律。

對數定律僅介紹： $\log(xy) = \log x + \log y$ ， $\log\left(\dfrac{x}{y}\right) = \log x - \log y$ ， $\log(x^a) = a \log x.$

不要列出太多衍生的公式，如：

$\log_{a^m} b^n = \dfrac{n}{m} \log_a b$ ， $(\log_a b)(\log_b c) = \log_a c$ ， $a^{\log_x b} = b^{\log_x a}$.

3.2 換底公式： $\log_a x = \dfrac{\log x}{\log a}$.

換底公式是換成 10 為底的對數為主，以配合後面對數表的使用。傳統上換底公式常製造出許多難題，並無實用的價值，這類題材應予刪除。

4. 對數函數

4.1 介紹對數函數圖形與性質（含定義域、值域、對數定律、單調性、凹凸性）

(1) 此處凹凸性僅作割弦在函數圖形下方的直觀介紹即可。

(2) $y = a^x$ 等價於 $\log_a x = y$ 。

(3) $\log_a x = \dfrac{1}{b} \log x$ ， $b = \log a$ ，也就是對數函數的換底是在值域上的伸縮。

(4) 算幾不等式： $\sqrt{ab} \le \dfrac{a+b}{2}$ 等價於 $\dfrac{\log a + \log b}{2} \le \log\left(\dfrac{a+b}{2}\right)$ ，等式成立於 $a = b.$

5. 指數與對數的應用

5.1 對數表（含內插法）與使用計算器、科學記號：表尾差與內插法的概念相同，但內差法的適用範圍廣泛，故刪除表尾差的內容以內插法取代。

5.2 處理乘除與次方問題、算幾不等式：處理乘除與次方問題，如： 2^{100} 為幾位數？ $(1.18)^{10}$ 約為多少（有效數字小數點以下兩位）？

5.3 等比數列與等比級數：簡單介紹等比數列、等比級數，不含無窮等比級數。

5.4 由生活中所引發的指數、對數方程式與不等式的應用問題，如：複利、人口成長、細胞分裂、放射元素衰變、藥物代謝、貸款等問題。純人工化指數方程式與指數不等式問題則不宜過度延伸。

本 章 內 容

第一單元　指數

1. 【底數、指數】令 a、b、p、q 為實數，則 a^p 稱為 a 的 p 次方，其中 a 稱為底數，p 稱為指數。其有下列的特性：

(1) $a^p \cdot a^q = a^{p+q}$，例如：$5^3 \times 5^4 = 5^7$.

(2) $(a^p)^q = a^{p \cdot q}$，例如：$(5^3)^4 = 5^{12}$.

(3) $(ab)^p = a^p \cdot b^p$，例如：$(3 \cdot 5)^4 = 3^4 \cdot 5^4$.

(4) $a^0 = 1$（當 $a \neq 0$），例如：$5^0 = 1$.

(5) $a^{-p} = \dfrac{1}{a^p}$，$a^{p-q} = \dfrac{a^p}{a^q}$，例如：$3^{-4} = \dfrac{1}{3^4}$，$3^{6-4} = \dfrac{3^6}{3^4} = 3^2$.

(6) $a^{\frac{1}{p}} = \sqrt[p]{a}$，例如：$5^{\frac{1}{4}} = \sqrt[4]{5}$.

(7) $a^{\frac{q}{p}} = \sqrt[p]{a^q} = \left(\sqrt[p]{a}\right)^q$，例如：$5^{\frac{2}{3}} = \sqrt[3]{5^2} = (\sqrt[3]{5})^2 = \sqrt[3]{25}$.

(8) 0^0 是無意義的符號。

例 1　求 (1) $(a^2)^5 \cdot a^4 \cdot (a^3)^{-1}$；(2) $(abc)^3 \cdot (a^2b^3c^4)^2$；(3) $(5+\sqrt{3})^2 \cdot (5-\sqrt{3})^2$；(4) $\dfrac{\sqrt[5]{ab^2} \cdot \sqrt[3]{ab^4}}{\sqrt[5]{a} \cdot \sqrt[3]{b}}$.

解：

例 2　請將 $\sqrt{a^3 \sqrt[3]{a^5 \sqrt{a}}}$（$a > 0$）以 a^x 表示之。

作法：從最裡面的根號開始做起

解：

例 3　簡化 $\left(a^{\frac{1}{2}} b^{\frac{-1}{3}}\right)^{\frac{2}{3}} \times \left(a^{\frac{1}{3}} b^{\frac{1}{6}}\right)^2$ 式子（$a > 0, b > 0$）.

解：

2. 【指數函數圖形】設 $a > 0$ 且 $a \neq 1$，x 為任意數（可大於 0、等於 0 或小於 0），則函數 $y = f(x) = a^x$ 的圖形為：

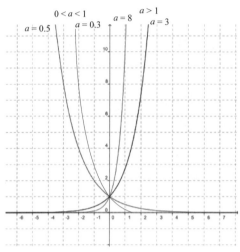

圖 3-1　函數 $y = f(x) = a^x$ 的圖形

3. 【指數函數的定義域、值域】

(1) 指數函數 $y = f(x) = a^x$ 的定義域（是指所有 x 有意義的值的集合）為 R（即 x 任何實數，a^x 均有意義）（見圖 3-1）。

(2) 指數函數 $y = f(x) = a^x$ 的值域（是指所有 y 的值的集合）為 $\{y \mid y > 0, y \in R\}$（即 x 任何實數代入 $y = a^x$，y 值均會大於 0）（見圖 3-1）。

4. 【指數函數的單調性】指數函數 $y = f(x) = a^x$ 的單調性為（見圖 3-1）：

(1) 若 $a > 1$ 且 $x > y$，則 $a^x > a^y$，所以在 $a > 1$ 的情況下，函數 $y = f(x) = a^x$ 為「嚴格遞增」（x 值越大，y 的值也越大）。

(2) 若 $0 < a < 1$ 且 $x > y$，則 $a^x < a^y$，所以在 $0 < a < 1$ 的情況下，函數 $y = f(x) = a^x$ 為「嚴格遞減」（x 值越大，y 的值越小）。

5. 【指數函數的凹凸性】

(1) 凹凸性的定義：

(a) 如果函數 $f(x)$ 在區間 (a, b) 內，它的曲線位於它每一點切線的下方，那麼就說曲線 $y = f(x)$ 在區間 (a, b) 內是（向上）凸的。

(b) 如果函數 $f(x)$ 在區間 (a, b) 內，它的曲線位於它每一點切線的上方，那麼就說曲線 $y = f(x)$ 在區間 (a, b) 內是（向上）凹的。

(2) 函數 $y = f(x) = a^x$ 是（向上）凹的（見圖 3-1）。

例 4 下列敘述何者正確，其中 $a > 0$，$a \neq 1$？

(1) 指數函數 $y = f(x) = a^x$ 的定義域為 $\{x \mid x > 0, x \in R\}$．

(2) 指數函數 $y = f(x) = a^x$ 的值域 R．

(3) 在 $a > 1$ 的情況下，函數 $y = f(x) = a^x$ 為「嚴格遞減」。

(4) 在 $0 < a < 1$ 的情況下，函數 $y = f(x) = a^x$ 為「嚴格遞增」。

(5) 函數 $y = f(x) = a^x$ 是（向上）凹的。

答：

例 5 $y = 2^{x+3} + 5$ 的圖形是將 $y = 2^x$ 的圖形往 $+x$ 軸平移幾單位長，往 $+y$ 軸平移幾單位長？

☞作法：$y = f(x)$，若將圖形往 $+x$ 軸移 h 單位，$+y$ 軸移 k 單位，則新圖形座標為
$$y - k = f(x - h) \quad (x \text{ 用 } x - h \text{ 代}，y \text{ 用 } y - k \text{ 代})。$$

解：

6.【a^x 和 a^{-x} 的公式】a^x 和 a^{-x} 互為倒數，即 $a^x \times a^{-x} = 1$ 且：

(1) $a^{2x} + a^{-2x} = (a^x + a^{-x})^2 - 2 = (a^x - a^{-x})^2 + 2$

(2) $a^{2x} - a^{-2x} = (a^x + a^{-x})(a^x - a^{-x})$

(3) $a^{3x} + a^{-3x} = (a^x + a^{-x})(a^{2x} - 1 + a^{-2x}) = (a^x + a^{-x})^3 - 3(a^x + a^{-x})$

(4) $a^{3x} - a^{-3x} = (a^x - a^{-x})(a^{2x} + a^{-2x} + 1) = (a^x - a^{-x})^3 + 3(a^x - a^{-x})$

例 6　若 $a^x = \sqrt{5 + 2\sqrt{6}}$，求：$(1) a^x + a^{-x}$；$(2) a^{2x} + a^{-2x}$；$(3) a^{3x} + a^{-3x}$.

解：

例 7　若 $a^x + a^{-x} = 3$（$a > 1$），求 $(1) a^{2x} + a^{-2x}$；$(2) a^{3x} + a^{-3x}$；$(3) a^x - a^{-x}$；$(4) a^x.$

解：

第二單元　對數

7.【底數、對數】

(1) 設 $a > 0$ 且 $a \neq 1$，則 $a^x = b$ 的 $x = \log_a b$，我們稱 a 為底數，b 為真數；

(2) $\log_a b$ 稱為對數，其要有意義，必須 $b > 0$ 且 $a > 0$，$a \neq 1.$

例 8　若 $\log_{(2x+1)}(x^2 + 5x + 6)$ 有意義，求 x 的範圍。

作法：$\log_a b$ 要有意義，必須要（$a > 0$ 且 $a \neq 1$）且（$b > 0$）.

解：

例 9　求 x 之範圍，使得 $\log_{(x^2-1)}(2 - |x|)$ 有意義。

解：

8.【對數的性質】設 $a > 0$ 且 $a \neq 1$，b、r、s、$x > 0$，則對數有下列的性質：

(1) $\log_a a = 1$.

(2) $\log_a 1 = 0$.

(3) $\log_a (rs) = \log_a r + \log_a s$（實數的乘法可以變成對數的加法）

(4) $\log_a \left(\dfrac{r}{s} \right) = \log_a r - \log_a s$　（實數的除法可以變成對數的減法）

(5) $\log_a r^n = n \log_a r$

(6) $\log_a \dfrac{1}{r} = \log_a 1 - \log_a r = -\log_a r$

(7) $\log_a b = \dfrac{\log_c b}{\log_c a}$（換底公式，其中 $c > 0$ 且 $c \neq 1$）

(8) $\log_a b = \dfrac{1}{\log_b a}$

(9) $\log_a a^b = b \log_a a = b$

(10) $\log_{a^m} b^n = \dfrac{\log b^n}{\log a^m} = \dfrac{n \log b}{m \log a} = \dfrac{n}{m} \log_a b$

(11) $\log_a b \cdot \log_b c \cdot \log_c d = \dfrac{\log b}{\log a} \times \dfrac{\log c}{\log b} \times \dfrac{\log d}{\log c} = \dfrac{\log d}{\log a} = \log_a d$

(12) $a^{\log_a x} = x$.

(13) 若 log 以 10 為底，則 10 可以省略，例如：$\log 5 = \log_{10} 5$

(14) $\log 2 = 0.301$，$\log 3 = 0.4771$，$\log 4 = 2\log 2$，$\log 5 = \log \dfrac{10}{2} = 1 - \log 2 = 0.699$.

☝重要觀念：$\log_a x^2$ 不一定等於 $2\log_a x$，除非 $x > 0$，否則 $\log_a x^2 = 2\log_a |x|$；

　　　　　　同理，$\log_a xy = \log_a |x| + \log_a |y|$.

例 10　已知 $\log 2 = 0.301$，$\log 3 = 0.4771$，求 (1) $\log 4$，(2) $\log 5$，(3) $\log 6$，(4) $\log 8$，(5) $\log 9$，

　　　　(6) $\log 10$，(7) $\log 1$，(8) $\log_2 5$，(9) $\log_{\sqrt{2}} 6$，(10) $\log_{\frac{1}{3}} \dfrac{1}{4}$.

　　解：

例 11　已知 $\log 2 = 0.3$，求 $(\log 2)^2 + (\log 5)^2 + (\log 2)^3 + (\log 5)^3$ 之值。

　　　☝作法：看到有 $(\log 2)^a + (\log 5)^a$，可想辦法化成 $(\log 2 + \log 5)^a$ 來做，因 $\log 2 + \log 5 = 1$.

　　解：

例 12 設 $\log_2 3 = a, \log_3 11 = b$，求 $\log_{22} 66$ 以 a，b 表之。

👆作法：若底數不同時，將它們改成以 10 為底數再做運算。

解：

例 13 $a,b,c \in R$，且 $5^a = 2^b = 10^c$，求 $\dfrac{c}{a} + \dfrac{c}{b}$ 之值。

👆作法：底數是數值，指數是變數 x 時，通常可取 log（以 10 為底）來解之。
可先令 $5^a = 2^b = 10^c = k$，再取 log 值。

解：

例 14 設 $17^x = 25$，$85^y = 125$，求 $\dfrac{3}{y} - \dfrac{2}{x}$ 之值。

👆作法：底數是數值，指數是變數 x 時，通常可取 log，再化成最簡整數來解之。

解：

例 15 若 $8^x = 9^y = 6^z$，則 $\dfrac{2}{x} + \dfrac{3}{y} = \dfrac{a}{z}$，求 a 之值。

解：

9.【對數的結果】

若 $0 < a < 1$，則 $\log a < 0$；

若 $a = 1$，$\log 1 = \log 10^0 = 0$；

若 $1 < a$，則 $\log a > 0$；

也就是：

a之值	$\log a$的範圍
$0.01 < a < 0.1$	$-2 < \log a < -1$
$0.1 < a < 1$	$-1 < \log a < 0$
$1 < a < 10$	$0 < \log a < 1$
$10 < a < 100$	$1 < \log a < 2$

$\log 0 = $ 無意義；$\log 10^{-2} = -2$；$\log 10^{-1} = -1$；$\log 1 = 0$；$\log 10 = 1$；$\log 100 = 2$.

例 16　求下列 k 之值：

(1) 若 $0.01 < a < 0.1$，則 $k < \log a < k + 1$；

(2) 若 $1 < a < 10$，則 $k < \log a < k + 1$；

(3) 若 $10 < a < 100$，則 $k < \log a < k + 1$.

解：

10.【對數函數圖形】設 $a > 0$ 且 $a \neq 1$，$x > 0$，則對數函數 $y = f(x) = \log_a x$ 的圖形為：

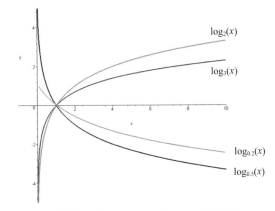

圖 3-2　對數函數 $y - f(x) = \log_a x$ 的圖形

11. 【對數函數的定義域、值域】對數函數 $y = f(x) = \log_a x$ ，(1) 其定義域為 $\{x \mid x > 0, x \in R\}$（見上圖）；(2) 其值域為 $R.$

12. 【對數函數的單調性】對數函數 $y = f(x) = \log_a x$ 的單調性為（見上圖）：

    (1) 若 $a > 1$ 且 $x > y$ ，則 $\log_a x > \log_a y$ ，表示在 $a > 1$ 的情況，函數 $y = f(x) = \log_a x$ 為「嚴格遞增」。

    (2) 若 $0 < a < 1$ 且 $x > y$ ，則 $\log_a x < \log_a y$ ，表示在 $0 < a < 1$ 的情況，函數 $y = f(x) = \log_a x$ 為「嚴格遞減」。

13. 【對數函數的凹凸性】對數函數 $y = f(x) = \log_a x$ （見上圖）：

    (1) 若 $a > 1$ ，則對數函數 $y = f(x) = \log_a x$ 是（向上）凸的；

    (2) 若 $0 < a < 1$ ，則對數函數 $y = f(x) = \log_a x$ 是（向上）凹的。

例 17 下列敘述何者正確？

    (1) 對數函數 $y = f(x) = \log_a x$ 的定義域為 $\{x \mid x > 0, x \in R\}$

    (2) 對數函數 $y = f(x) = \log_a x$ 的值域為 $R.$

    (3) 在 $a > 1$ 的情況，函數 $y = f(x) = \log_a x$ 為「嚴格遞增」。

    (4) 在 $0 < a < 1$ 的情況，函數 $y = f(x) = \log_a x$ 為「嚴格遞減」。

    (5) 對數函數 $y = f(x) = \log_a x$ 是（向上）凸的。

    解：

14. 【算數平均數大於幾何平均數】以前算數平均數大於幾何平均數為：

    $\sqrt{ab} \leq \dfrac{a+b}{2}$ ，當 $a = b$ 時，等號成立。

    （兩邊取 $\log$ 亦成立）$\Rightarrow \dfrac{\log a + \log b}{2} \leq \log\left(\dfrac{a+b}{2}\right)$ ，當 $a = b$ 時，等號成立。

例 18 已知 x、y 均大於 0，且 $x + 3y = 10$，求 $\log x + \log y$ 的最大值，及此時的 x、y 值。

    ☞作法：因 $\log x + \log y = \log(xy)$，也就是已知相加，要求相乘（加 $\log$）的極值，就要想到用：算術平均數大於幾何平均數來解。

    解：

15.【指數、對數方程式的解題方法】在求指數方程式的題目時，經常的作法有：

    (1)「化成底數相同，則指數相同來解」，或「化成指數相同，則底數相同來解」。（見例 19、例 20）

    (2) 兩邊取對數。（見例 21）

    (3) 化成 a^x 的二次式，即化成 $A(a^x)^2 + Ba^x + C = 0$ 的形式。（見見例 22、例 23）

    (4) 若方程式內有 $a^x + a^{-x}$，則可令 $t = a^x + a^{-x}$ 來解。（見例 24）

例 19 $(x + 1)^2 = (2x + 1)^4$，求 $x.$

    解：

例 20 $(\, 2\sqrt{2}\,)^{x+2} = \dfrac{\left(8\sqrt{2}\right)^{2x+1}}{4^2}$，求 $x.$

    解：

例 21 若 $10^{x^2+2x} = 9^x$，求 x 之值。

    解：

例 22 解 $4^x - 5 \times 2^{x+1} + 16 = 0$ 的二個根。

作法：有類似 4^x，2^{x+1} 的題目，通常是將 4^x 改成 $(2^2)^x = (2^x)^2$，而 2^{x+1} 改成 2×2^x，也就是全部改成 2^x 的多項式。

解：

例 23 求 $8^x - 4^{x+2} - 2^{x+2} + 64 = 0$ 的 x 值。

解：

例 24 求 $(4^x + 4^{-x}) - 3(2^x + 2^{-x}) + 4 = 0$ 之 x 值。

解：

第三單元　指數與對數不等式

16.【指數不等式】在求指數不等式的題目時，經常的作法有：由圖 3-1（函數 $y = f(x) = a^x$ 的圖形）的觀察得到下列的結果：

(1) a 相同（同一條曲線）的結論為：

(a) $a > 1 \Rightarrow$ 若 $x > y$，則 $a^x > a^y$；

(b) $0 < a < 1 \Rightarrow$ 若 $x > y$，則 $a^x < a^y$.

結論：$a > 1$ 的結果和 $0 < a < 1$ 相反

(2) x 相同（不同曲線，比相同 x 的 a^x 值）的結論為：

(a) $x > 0 \Rightarrow$ 若 $a > b$，則 $a^x > b^x$；（a、$b > 1$ 或 $0 < a$、$b < 1$ 均同）。

(b) $x < 0 \Rightarrow$ 若 $a > b$，則 $a^x < b^x$；（a、$b > 1$ 或 $0 < a$、$b < 1$ 均同）。

結論：a、$b > 1$ 的結果和 $0 < a$、$b < 1$ 相同；$x > 0$ 的結果和 $x < 0$ 相反

（註：只要代數字進去即知大小。）

例如：a 相同，則 (a) $2^3 > 2^2 \Rightarrow 3 > 2$；

(b) $(0.1)^3 = 0.001 < (0.1)^2 = 0.01$

例如：x 相同，則 (a) $3^2 > 2^2$；(b) $3^{-2} = \dfrac{1}{9} < 2^{-2} = \dfrac{1}{4}$；

(c) $0.2^2 = 0.04 > 0.1^2 = 0.01$；(d) $0.2^{-2} = \dfrac{1}{0.04} < 0.1^{-2} = \dfrac{1}{0.01}$

例 25 求下列不等式的 x 的範圍：

(1) $4^x > 2^{x^2-3}$；

(2) $(0.04)^x > (0.2)^{x+3}$；

(3) $(2x+3)^2 > (x+2)^2$；

解：

例 26 求 $2^{2x+2} - 17 \times 2^x + 2^2 < 0$ 的 x 的範圍：

解：

例 27 設 $x > 0$ 且 $x^{2x^2-3x} > x^{2x-2}$，求 x 之範圍。

解：

17. 【對數不等式】在求對數不等式的題目時，經常的作法有：

(1) 對數 $\log_a x$ 有意義，必須要 $a > 0$ 且 $a \neq 1$ 且 $x > 0$；

(2) 由圖 3-2（函數 $y = f(x) = \log_a x$ 的圖形）的觀察得到：

    (A) a 相同（同一條曲線）的結論為：

        (a) $a > 1 \Rightarrow$ 若 $x > y > 0$，則 $\log_a x > \log_a y$；

        (b) $0 < a < 1 \Rightarrow$ 若 $x > y > 0$，則 $\log_a x < \log_a y$.

    （註：只要代數字進去即知大小。）

例如：(a) $a > 1 \Rightarrow \left(\log_2 3 = \dfrac{\log 3}{\log 2} = \dfrac{0.4771}{0.301} = 1.58 \right) > (\log_2 2 = 1)$；

        (b) $a < 1 \Rightarrow \left(\log_{0.5} 3 = \dfrac{\log 3}{\log 0.5} = \dfrac{0.4771}{\log \frac{1}{2}} = -\dfrac{0.4771}{0.301} \right) < \left(\log_{0.5} 2 = \dfrac{\log 2}{\log 0.5} = \dfrac{\log 2}{-\log 2} = -1 \right)$.

    (B) x 相同（不同曲線，比相同 x 的 $\log_a x$ 值），可全部轉換成以 10 為底來解，會比較簡單。其結論為：

        (a) $x > 1 \Rightarrow$ 若 $a > b$，則 $\log_a x < \log_b x$；（a、$b > 1$ 或 $0 < a$、$b < 1$ 均同）

        (b) $x < 1 \Rightarrow$ 若 $a > b$，則 $\log_a x > \log_b x$；（a、$b > 1$ 或 $0 < a$、$b < 1$ 均同）

    註：只要代數字進去即知大小

例如：(a1) $x > 1 \Rightarrow \left(\log_3 2 = \dfrac{\log 2}{\log 3} = \dfrac{0.301}{0.4771} = 0.63 \right) < (\log_2 2 = 1)$

      (a2) $x > 1 \Rightarrow \left(\log_{0.3} 2 = \dfrac{\log 2}{\log 0.3} = \dfrac{0.301}{0.4771 - 1} = -0.57 \right) < \left(\log_{0.2} 2 = \dfrac{\log 2}{\log 0.2} = -0.42 \right)$

      (b1) $x < 1 \Rightarrow \left(\log_3 0.5 = \dfrac{\log 0.5}{\log 3} = \dfrac{-\log 2}{\log 3} = -\dfrac{0.301}{0.4771} = -0.63 \right) > \left(\log_2 0.5 = \dfrac{\log 0.5}{\log 2} = -1 \right)$

      (b2) $x < 1 \Rightarrow \left(\log_{0.3} 0.5 = \dfrac{\log 0.5}{\log 0.3} = \dfrac{-\log 2}{\log 0.3} = \dfrac{0.301}{1 - 0.4771} = 0.57 \right) > \left(\log_{0.2} 0.5 = \dfrac{\log 0.5}{\log 0.2} = 0.42 \right)$

例 28 若 $\log_{2x+1}(4-x)$ 有意義，求 x 的範圍。

    ☝作法：對數 $\log_a x$ 有意義，必須要 $a > 0$ 且 $a \neq 1$ 且 $x > 0$.

    解：

例 29 若 $\log_2[\log_{\frac{1}{2}} x] > 1$，求 x 的範圍。

    解：

例 30 求下列不等式的 x 的範圍：

(1) $\log_2 x > \log_4(2x^2 - 4)$；

(2) $\log_{0.04} x > \log_{0.2}(x + 3)$；

(3) $\log_{(2x+3)}2 > \log_{2x+3} 4$；

    ☝作法：全部轉換成以 10 為底來解，會比較簡單。

    解：

例 31 $\log_{2x+1}(x^2 + 4x + 1) > \log_{2x+1}(x - 1)$，求 x 的範圍。

    ☝作法：對數 $\log_a x$ 有意義，必須要 $a > 0$ 且 $a \neq 1$ 且 $x > 0$.

    解：

18.【指數整數位數】若 $x = a \times 10^n$，$1 \le a < 10$，$a \in R$，$n \in Z$，此時 x 有 $(n+1)$ 位數

$\Rightarrow \log x = \log(a \times 10^n) = \log(a) + \log(10^n) = n + \log a$

因 $0 \le \log a < 1 \Rightarrow n \le \log x (= n + \log a) < n + 1$

$\Rightarrow x$ 有 $n+1$ 整數位數，可由 $\log x$ 小數無條件進位的整數值得知。

註：若公式忘了，可用 200 和 0.02 來做。如：

(1) $\log 200 = \log 2 \cdot 10^2 = 2.301$，因 200 為三進位，所以 2.301 要「無條件進位」。

(2) $\log 0.02 = \log 2 \cdot 10^{-2} = -1.699$，因 0.02 為小數點後第二位才不為 0，所以 -1.699，去掉負號後，要「無條件進位」。

例 32 若 $2 < \log x < 3$，表示 x 的整數有幾位？

解：

例 33 若 $-3 < \log x < -2$，表示 x 小數後第幾位才有數值？

解：

例 34 （99 課綱範例）2^{100} 為幾位數？

解：

例 35 $\left(\dfrac{1}{2}\right)^{10}$ 在小數點後第幾位會出現不為 0 的數字？（$\log 2 = 0.3010$）

解：

例 36 若 18^{50} 為 63 位數，則 18^{30} 為幾位數？

解：

19.【指數首位數】

(1) 234 的首位數為 2，底下的方法可以算出整數值的首位數：

令 $k = a \cdot 10^n$，其中 $1 \le a < 10 \Rightarrow \log k = n + \log a$，其中 $0 \le \log a < 1$，

(a) 若 $\log 1(= 0) \le \log a < \log 2(= 0.301)$，則 k 的首位數為 1；

(b) 若 $\log 2(= 0.301) \le \log a < \log 3(= 0.4771)$，則 k 的首位數為 2；

(c) 依此類推。

(2) 0.0234 的首位數為 2，底下的方法可以算出小數值的首位數：

令 $k = a \cdot 10^{-n}$，其中 $1 \le a < 10 \Rightarrow \log k = -n + \log a$，其中 $0 \le \log a < 1$，

(a) 若 $\log 1(= 0) \le \log a < \log 2(= 0.301)$，則 k 的首位數為 1；

(b) 若 $\log 2(= 0.301) \le \log a < \log 3(= 0.4771)$，則 k 的首位數為 2；

(c) 依此類推。

例 37 20^{30} 是的首位數為幾？

解：

例 38 已知 $\log 2 = 0.301$、$\log 3 = 0.477$，求下列二數的首位數？有幾位數（或小數點後幾位不為 0）？

(1) 5^{30} ？ (2) 5^{-40} ？

解：

20.【對數查表法】

(1) 對數的值可以用查表法來找，但對數表並沒有將所有的值列出來，此時可以用內插法來求其近似值。

(2) 作法：若要求 $\log x$，而對數表沒有 x 的對應 $\log x$ 值，我們可以找出最近的 a、b，其中 $a < x < b$，而 $\log a$ 和 $\log b$ 可以找的到，（用直線等比例方式來近似）

則 $\dfrac{\log x - \log a}{x - a} \approx \dfrac{\log b - \log a}{b - a} \Rightarrow \log x \approx \log a + \dfrac{x - a}{b - a}(\log b - \log a)$

註：因對數的圖形為一曲線，而本題是以直線等比例方式來做，所以所得到的結果為一近似值。

(3) 表 3-1 為對數表 $y = \log x$，其中 x 表示 $a.bc$（一位整數，二位小數），其中：

  (a) 第一直列表示：$x = a.bc$ 的 $a.b$（如：第一直列的 10 代表 1.0、11 代表 1.1…）；

  (b) 第一橫行表示：$x = a.bc$ 的 c（如：第一橫行的 0、1…）；

  (c) 中間的數值表示 $\log x$（$= y$）小數部分的結果，整數部分為 0.

    例如：$\log 1.10 = 0.0414$、$\log 1.11 = 0.0453$

表 3-1　對數表 $y = \log x$，其中 $x = a.bc$

x	0	1	2	3	4	5	6	7	8	9
10	0000	0043	0086	0128	0170	0212	0253	0294	0334	0374
11	**0414**	**0453**	0492	0531	0569	0607	0645	0682	0719	0755
12	0792	0828	0864	0899	0934	0969	1004	1038	1072	1106
13	1139	1173	1206	1239	1271	1303	1335	1367	1399	1430
14	1461	1492	1523	1553	1584	1614	1644	1673	1703	1732
…	…	…	…	…	…	…	…	…	…	…
51	7076	7084	7093	7101	7110	7118	7126	7135	7143	7152
52	7160	7168	7177	7185	7193	7202	7210	7218	7226	7234

例 39 $\log 2 = 0.301$、$\log 3 = 0.4771$，求 $\log 2.3$？

解：

例 40 利用表 3-1 的對數表，求 $\log x = 0.095$ 的 x 值？

解：

21. 【求 k^m 值】求 k^m 約為多少（有效數字小數點以下兩位），其做法為：

    (1) 令 $x = k^m$（要求出 x 值）。

    (2) 取 $\log \Rightarrow \log x = m \log k.$

    (3) 利用查表法查出 $\log k$ 值，再乘以 m，即可算出 $\log x(= m \log k).$

    (4) 利用查表法查出 $\log x$ 所對應的 x 值。

例 41　（99 課綱範例）$(1.18)^{10}$ 約為多少（有效數字小數點以下兩位）？

　　　解：

22. 【指數的應用】下面介紹一些使用對數來定義的名詞，讓讀者能在考試時，因為名詞已看，而更有信心將它解出來（不用背）。

    (一) 【細胞分裂】

    (1) 若細菌的數量有 A 隻，每日「增加」a 倍（不含原來得細菌），則經過 n 日後的細菌數為 $A(1 + a)^n$（即增加 a 倍和本身的一倍 $\Rightarrow$ 增為 $(1 + a)$ 倍）；

    (2) 若細菌的數量有 A 隻，每日「增為」a 倍（含原來得細菌），則經過 n 日後的細菌數量為 $Aa^n.$

    (二) 【複利】

    (1) 本金為 P，年利率為 r，每年複利 n 次（若沒寫表示每年複利 1 次），t 年後的本利和為 A，則 $A = P \cdot \left(1 + \dfrac{r}{n}\right)^{n \cdot t}.$

    (2) 若每年複利 1 次，則 $A = P \cdot (1 + r)^t$，即本利和 ＝ 本金 $\cdot$ $(1 + 利率)^{期數}$。

    (三) 【放射元素衰變】

    某放射性元素的半衰期為 n 年（也就是經過 n 年後，該放射性元素含量會減半），

    則經過 k 年後，該元素剩下原來的 $\left(\dfrac{1}{2}\right)^{\frac{k}{n}}.$

    (四) 【分貝】

    分貝是量度兩個相同單位之數量比例的單位，主要用於量度聲音強度，常用 dB 表示。計算方法為：以「密度」或者壓力強度來計算，其公式分別為：

$L = 10\log\left(\dfrac{I}{I_0}\right) = 10\log\left(\dfrac{P^2}{P_0^2}\right)$，其中：

L 是分貝數值；

I 為量度的「密度」，I_0 為「特定參考密度」，人耳的起始可聽「密度」為 $10^{-12}W/m^2$；

P 為量度的壓力，P_0 為「特定參考壓力」，人耳的始聽壓力為 $10^{-5}N/m^2$.

㈤【pH 值的計算】

pH 值的計算公式如下：$pH = \log\left(\dfrac{1}{[H^+]}\right) = -\log\left([H^+]\right)$。

其中 $[H^+]$ 指的是溶液中氫離子的活度，單位為摩爾／升，在稀溶液中，氫離子活度約等於氫離子的濃度，可以用氫離子濃度來進行近似計算。

例 42 一個細菌每 10 分鐘會分裂成 2 隻，若有 10 隻細菌，經過幾分鐘後，會超過 10 萬隻？（$\log 2 = 0.301$）

解：

例 43 某種細菌每天在於 100 隻中，會有生出 80 隻，死去 30 隻。請問幾天後細菌數量會超過原來的 10 倍？（$\log 2 = 0.301$，$\log 3 = 0.4771.$）

解：

例 44 有一放射性物體 20 公克，半衰期為 10 年，求經過 30 年，其剩下幾公克？

解：

例 45 有一放射性物體 20 公克，半衰期為 10 年，要經過幾年，重量才會剩下 5 公克？

解：

例 46 本金為 10000 元，年利率為 3%，每年複利 1 次，求 10 年後的本利和。

解：

例 47 分貝是量度聲音強度的單位，其公式分別為：$L = 10\log\left(\dfrac{I}{I_0}\right) = 10\log\left(\dfrac{P^2}{P_0^2}\right)$，其中：

L 是分貝數值；I 為量度的「密度」，I_0 為「特定參考密度」，人耳的起始可聽「密度」為 $10^{-12}W/m^2$；P 為量度的壓力，P_0 為「特定參考壓力」，人耳的始聽壓力為 $10^{-5}N/m^2$.

(1) 若測量到的密度為 $10^{-5}W/m^2$，求其分貝數；

(2) 若測量到的壓力為 $10^{-3}N/m^2$，求其分貝數。

解：

83 年 到 102 年 學 測 題 目

1. （83 學測）若 $x = \dfrac{\sqrt[3]{88.3}}{\sqrt{2.56}}$ 則下列那一個敘述是正確的？（本題需查表，此處請自行使用計算器計算）

(A) $2.8 < x < 2.9$ (B) $2.7 < x < 2.8$ (C) $2.6 < x < 2.7$

(D) $2.5 < x < 2.6$　　　(E) $2.4 < x < 2.5$

2. （83 學測）下列那些方程式的部分圖形「不可能」出現在圖 4 中？

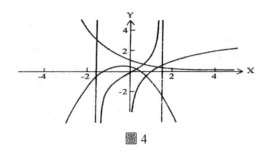

圖 4

(A) $y = \left(\dfrac{1}{2}\right)^x$

(B) $y = \log_2 x$

(C) $y = \cot x$（舊課綱內容）

(D) $5x^2 + 4x - 6y - 3 = 0$

(E) $x^2 - y^2 + 4x - 6y - 10 = 0$

3. （83 學測）函數 $y = 4^x$ 與 $y = 2^{3x+2}$ 的圖形之交點坐標為_____。

4. （84 學測）設 n 為自然數，則滿足 $10^{n-1} > 9^n$ 的 n 值中最小的為何？

5. （85 學測）設 $a > b > 1000$；令 $p = \sqrt{\log_7 a \cdot \log_7 b}$，$q = \dfrac{1}{2}\left(\log_7 a + \log_7 b\right)$，$r = \log_7\left(\dfrac{a+b}{2}\right)$，則下列敘述何者正確？

(A) $q = \log_7 \sqrt{ab}$　　　(B) $q > r$　　　(C) $r < p < q$

(D) $p < q < r$　　　(E) $q < p < r$

6. （86 學測）將 3^{100} 以科學記號表示：$3^{100} = a \times 10^m$，其中 $1 \le a < 10$，m 為整數，則 a 的整數部分為何？

7. （87 學測）圖（二）為某池塘中布袋蓮蔓延的面積與時間的關係圖。假設其關係為指數函數，試問下列敘述何者為真？

(A) 此指數函數的底數為 2.

(B) 在第 5 個月時，布袋蓮的面積就會超過 30m^2.

(C) 布袋蓮從 4m^2 蔓延到 12m^2，只需 1.5 個月。

(D) 設布袋蓮蔓延到 2m^2、3m^2、6m^2 所需的時間分別為 t_1、t_2、t_3，則 $t_1 + t_2 = t_3$.

(E) 布袋蓮在第 1 到第 3 個月之間的蔓延平均速度等於在第 2 到第 4 個月之間的蔓延平均速度。

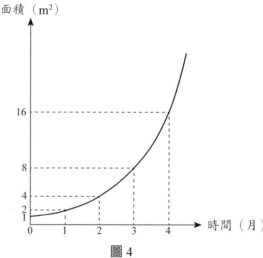

面積（m^2）

時間（月）

圖 4

8. （88 學測）下列五個數中，何者為最小？

(A) $2^{\frac{1}{3}}$ (B) $\left(\dfrac{1}{8}\right)^{-2}$ (C) $2^{-\frac{1}{4}}$

(D) $\left(\dfrac{1}{2}\right)^{\frac{1}{2}}$ (E) $8^{-\frac{1}{3}}$

9. （88 學測）本金 100 元，年利率 6%，每半年複利一次，五年期滿，共得本利和為幾元。（元以下四捨五入）（本題需查表，此處請自行使用計算器計算）

10. （89 學測）在 1999 年 6 月 1 日數學家利用超級電腦驗證出 $2^{6972593}-1$ 是一個質數。若想要列印出此質數至少需要多少張 A4 紙？假定每張 A4 紙，可列印出 3000 個數字。在下列選項中，選出最接近的張數。〔$\log_{10} 2 \approx 0.3010$〕

(A) 50 (B) 100 (C) 200

(D) 500 (E) 700

11. （90 學測）設 $a=\left(\dfrac{1}{2}\right)^{\frac{1}{2}}$, $b=\left(\dfrac{1}{3}\right)^{\frac{1}{3}}$, $c=\left(\dfrac{1}{4}\right)^{\frac{1}{4}}$，下列選項何者為真？

(A) $a>b>c$ (B) $a<b<c$ (C) $a=c>b$

(D) $a=c<b$ (E) $a=b=c$

12. （91 學測）觀察相關的函數圖形，判斷下列選項何者為真？

(A) $10^x=x$ 有實數解 (B) $10^x=x^2$ 有實數解 (C) x 為實數時，$10^x>x$ 恆成立
(D) $x>0$ 時，$10^x>x^2$ 恆成立 (E) $10^x=-x$ 有實數解

13. （91 學測）某甲自 89 年 7 月起，每月 1 日均存入銀行 1000 元，言明以月利率 0.5% 按月複利計息，到 90 年 7 月 1 日提出。某乙則於 89 年 7 月起，每單月(一月、三月、五月……) 1 日均存入銀行 2000 元，亦以月利率 0.5% 按月複利計息，到 90 年 7 月 1 日提出。一整年中，兩人都存入本金 12000 元。提出時，甲得本利和 A 元，乙得本利和 B 元。問下列選項何者為真？

(A) $B>A$ (B) $A=1000\left[\sum\limits_{k=1}^{12}\left(\dfrac{1005}{1000}\right)^k\right]$ (C) $B=2000\left[\sum\limits_{k=1}^{6}\left(\dfrac{1005}{1000}\right)^{2k}\right]$

(D) $A<12000\left(\dfrac{1005}{1000}\right)^{12}$ (E) $B<12000\left(\dfrac{1005}{1000}\right)^{12}$

14. （91 學測）某公司民國 85 年營業額為 4 億元，民國 86 年營業額為 6 億元，該年的成長率為 50%. 87、88、89 三年的成長率皆相同，且民國 89 年的營業額為 48 億元。則該公司 89 年的成長率為百分之幾？

15. （91 補考）某人存入銀行 10000 元，言明年利率 4%，以半年複利計息，滿一年本利和為 Q 元。則 $Q = ?$

16. （92 學測）根據統計資料，在 A 小鎮當某件訊息發布後，t 小時之內聽到該訊息的人口是全鎮人口的 $100(1 - 2^{-kt})\%$，其中 k 是某個大於 0 的常數。今有某訊息，假設在發布後 3 小時之內已經有 70% 的人口聽到該訊息。又設最快要 T 小時後，有 99% 的人口已聽到該訊息，則 T 最接近下列哪一個選項？

    (A) 5 小時　　　　　　(B) $7\frac{1}{2}$ 小時　　　　　　(C) 9 小時

    (D) $11\frac{1}{2}$ 小時　　　(E) 13 小時

17. （92 學測）以下各數何者為正？

    (A) $\sqrt{2} - \sqrt[3]{2}$　　　(B) $\log_2 3 - 1$　　　(C) $\log_3 2 - 1$

    (D) $\log_{\frac{1}{2}} 3$　　　　(E) $\log_{\frac{1}{3}} \frac{1}{2}$

18. （92 補考）試問有多少個正整數 n 滿足 $100 \leq (1.5)n \leq 500$？

    (A) 3 個　　　　　　(B) 4 個　　　　　　(C) 5 個

    (D) 6 個　　　　　　(E) 7 個

19. （92 補考）解方程式 $\log_3 x^7 + \log_{\frac{1}{3}} x = 24$，得 $x = ?$

20. （93 薦甄）下列選項中的數，何者最大？〔其中 $n! = n \times (n-1) \times \cdots \times 2 \times 1$〕

    (A) 100^{10}　　　　　(B) 10^{100}　　　　　(C) 50^{50}

    (D) $50!$　　　　　　(E) $\dfrac{100!}{50!}$

21. （93 薦甄）台灣證券交易市場規定股票成交價格只能在前一個交易日的收盤價（即最後一筆的成交價）的漲、跌 7% 範圍內變動。例如：某支股票前一個交易日的收盤價是每股 100 元，則今天該支股票每股的買賣價格必須在 93 元至 107 元之間。假設有某支股票的價格起伏很大，某一天的收盤價是每股 40 元，次日起連續五個交易日以跌停板收盤（也就是每天跌 7%），緊接著卻連續五個交易日以漲停板收盤（也就是每天漲 7%）。請問經過這十個交易日後，該支股票每股的收盤價最接近下列哪一個選項中的價格？（本題需查表，此處請自行使用計算器計算）

    (A) 39 元　　　　　　(B) 39.5 元　　　　　　(C) 40 元

    (D) 40.5 元　　　　　(E) 41 元

22. （93 薦甄）設 a, b, c 為正整數，若 $a\log_{520} 2 + b\log_{520} 5 + c\log_{520} 13 = 3$，則 $a + b + c = ?$

23. （94 學測）設 a, b 為正實數，已知 $\log_7 a = 11$，$\log_7 b = 13$；試問 $\log_7(a + b)$ 之值最接近下列哪個選項？

    (A) 12　　　　　　　(B) 13　　　　　　　(C) 14

    (D) 23　　　　　　　(E) 24

24. （94 學測）設 x 為一正實數且滿足 $x \cdot 3^x = 3^{18}$；若 x 落在連續正整數 k 與 $k + 1$ 之間，則 $k = ?$

25. （96 學測）設 a 為大於 1 的實數，考慮函數 $f(x) = a^x$ 與 $g(x) = \log_a x$，試問下列哪些選項是正確的？

    (A) 若 $f(3) = 6$，則 $g(36) = 6$.

    (B) $\dfrac{f(238)}{f(219)} = \dfrac{f(38)}{f(19)}$.

    (C) $g(238) - g(219) = g(38) - g(19)$.

    (D) 若 P, Q 為 $y = g(x)$ 的圖形上兩相異點，則直線 PQ 之斜率必為正數。

    (E) 若直線 $y = 5x$ 與 $y = f(x)$ 的圖形有兩個交點，則直線 $y = \dfrac{1}{5}x$ 與 $y = g(x)$ 的圖形也有兩個交點。

26. （96 學測）設實數 x 滿足 $0 < x < 1$，且 $\log_x 4 - \log_2 x = 1$，則 $x = ?$（化成最簡分數）

27. （97 學測）對任意實數 x 而言，$27^{(x^2 + \frac{2}{3})}$ 的最小值為：

    (A) 3　　　　　　　(B) $3\sqrt{3}$　　　　　　　(C) 9

    (D) 27　　　　　　　(E) $81\sqrt{3}$

28. （97 學測）已知在一容器中有 A, B 兩種菌，且在任何時刻 A, B 兩種菌的個數乘積為定值 10^{10}. 為了簡單起見，科學家用 $P_a = \log(n_a)$ 來記錄 A 菌個數的資料，其中 n_a 為 A 菌的個數。試問下列哪些選項是正確的？

    (A) $1 \le P_a \le 10$.

    (B) 當 $P_a = 5$ 時，B 菌的個數與 A 菌的個數相同。

    (C) 如果上週一測得 P_a 值為 4 而上週五測得 P_a 值為 8，表示上週五 A 菌的個數是上週一 A 菌個數的 2 倍。

    (D) 若今天的 P_a 值比昨天增加 1，則今天的 A 菌比昨天多了 10 個。

    (E) 假設科學家將 B 菌的個數控制為 5 萬個，則此時 $5 < P_a < 5.5$.

29. （98 學測）某公司為了響應節能減碳政策，決定在五年後將公司該年二氧化碳排放量降為目前排放量的 75%. 公司希望每年依固定的比率 (當年和前一年排放量的比) 逐年

減少二氧化碳的排放量。若要達到這項目標，則該公司每年至少要比前一年減少百分之幾的二氧化碳的排放量（使用下二題的表）。（計算到小數點後第一位，以下四捨五入。）

30. （**100 學測**）請問下面哪一個選項是正確的？（使用下一題的表）

(A) $3^7 < 7^3$ (B) $5^{10} < 10^5$ (C) $2^{100} < 10^{30}$

(D) $\log_2 3 = 1.5$ (E) $\log_2 11 < 3.5$

31. （**101 學測**）下表為常用對數表 $\log_{10} N$ 的一部分：

N	0	1	2	3	4	5	6	7	8	9
10	0000	0043	0086	0128	0170	0212	0253	0294	0334	0374
11	0414	0453	0492	0531	0569	0607	0645	0682	0719	0755
⋮	⋮	⋮	⋮	⋮	⋮	⋮	⋮	⋮	⋮	⋮
20	3010	3032	3054	3075	3096	3118	3139	3160	3181	3201
⋮	⋮	⋮	⋮	⋮	⋮	⋮	⋮	⋮	⋮	⋮
30	4771	4786	4800	4814	4829	4843	4857	4871	4886	4900

請問 $10^{3.023}$ 最接近下列哪一個選項？

(A) 101   (B) 201   (C) 1007

(D) 1076   (E) 2012

32. （**101 學測**）若正實數 x, y 滿足 $\log_{10} x = 2.8$，$\log_{10} y = 5.6$，則 $\log_{10}(x^2 + y)$ 最接近下列哪一個選項的值？

(A) 2.8   (B) 5.6   (C) 5.9

(D) 8.4   (E) 11.2

33. （**102 學測**）令 $a = 2.6^{10} - 2.6^9$，$b = 2.6^{11} - 2.6^{10}$，$c = \dfrac{2.6^{11} - 2.6^9}{2}$。請選出正確的大小關係。

(A) $a > b > c$ (B) $a > c > b$ (C) $b > a > c$

(D) $b > c > a$ (E) $c > b > a$

34. （**102 學測**）設 $a > 1 > b > 0$，關於下列不等式，請選出正確的選項。

(A) $(-a)^7 > (-a)^9$ (B) $b^{-9} > b^{-7}$ (C) $\log_{10} \dfrac{1}{a} > \log_{10} \dfrac{1}{b}$

(D) $\log_a 1 > \log_b 1$ (E) $\log_a b \geq \log_b a$

解答：1.B   2.CDE   3.$\left(-2, \dfrac{1}{16}\right)$ 4.22   5.AD   6.5   7.ABD   8.E   9.134   10.E

11.C   12.BCDE   13.ABCDE   14.100%   15.10404   16.D   17.ABE   18.B   19.81   20.B

21.A   22.15   23.B   24.15   25.ABDE   26.$\dfrac{1}{4}$ 27.C   28.BE   29.5.6%

30.E   31.D   32.C   33.D   34.AB

Chapter 4 數列與級數

99 年 課 程 綱 要

1. 數列

1.1 發現數列的規律性：（只談實數數列、不含二階遞迴關係）。

1.2 數學歸納法：（不等式型式的數學歸納法置於數學甲／乙 I 數列與極限中討論）。

2. 級數

2.1 介紹 Σ 符號及其基本操作

99 年 課 程 綱 要 細 部 說 明

本章節作為有限數學的先備知識，主要是讓學生發現數列的規律性，歸納成公式，並用數學歸納法加以證明。核心的公式為一階線性遞迴關係。至於一階遞迴不等式是屬於分析方面題材，留待數學甲／乙 II 的極限章節中處理。級數部分包括基本的求和公式與 Σ 符號的操作。

1. 數列

1.1 發現數列的規律性

(1) 一階遞迴關係：由具體實例讓學生由前數項推測下一項，並歸納出遞迴關係，如 $a_{n+1} = a_n + d$，$a_{n+1} = ra_n$，$a_{n+1} = a_n + n$，$a_{n+1} = a_n + n^2$，$a_{n+1} = (n+1)a_n$.

1.2 數學歸納法：以驗證前述所發現的數列規律為主，含不等式的數學歸納法將在數學甲／乙 II 的「數列及其極限」章節中討論。

2. 級數

2.1 介紹 Σ 符號及其基本操作

(1) 展開式與 Σ 型式的互換。

(2) Σ 的性質：$\displaystyle\sum_{k=1}^{n}(a_k+b_k)=\sum_{k=1}^{n}a_k+\sum_{k=1}^{n}b_k$，$\displaystyle\sum_{k=1}^{n}ca_k=c\sum_{k=1}^{n}a_k$．

(3) 換指標 $\displaystyle\sum_{k=1}^{n}a_k=\sum_{k=2}^{n+1}a_{k-1}$，以一個 Σ 為限。

(4) 歸納出基本求和公式：$\displaystyle\sum_{k=1}^{n}k$，$\displaystyle\sum_{k=1}^{n}k^2$，$\displaystyle\sum_{k=1}^{n}\frac{1}{k(k+1)}$ 的公式，並用數學歸納法證明。

本 章 內 容

第一單元　數列

1.【數列、有限數列、無窮數列】

(1) 數列是一系列的數，依序排成一列；

(2) 若數列的項數是有限個，稱為有限數列；

(3) 若是無限多個，稱為無窮（或無限）數列，例如：1、2、3、4……為無窮數列。

2.【等差數列】若 a_1、a_2、……a_n 為等差數列，其中 a_1 為首項，d 為公差，則

(1) 其公差 d 值為：$d=a_{i+1}-a_i$；

(2) 第 n 項 a_n，$a_n=a_1+(n-1)d$；

(3) 前 n 項的和 $s_n=\dfrac{n(a_1+a_n)}{2}$ 或 $s_n=\dfrac{n[2a_1+(n-1)d]}{2}$．

（註：第一個為梯形公式：〔上底（a_1）＋下底（a_n）〕×高（n）除以 2；又因

$a_n=a_1+(n-1)d$，所以可以得到第二個 $s_n=\dfrac{n[2a_1+(n-1)d]}{2}$）．

(4) 第 k 項 $a_k=s_k-s_{k-1}(k>1)$．

(5) 若 x、y、z 為等差數列，則 $2y=x+z$，或令 $x=a-d$、$y=a$、$z=a+d$．

例 1　若一等差數列為 2, 5, $\cdots$，求 a_{10}，S_{20}。

作法：此種題目可先令首項為 a_1，公差為 d，列式子求 a_1、d 即可。

解：

例2 若一等差數列的第 5 項為 20，第 10 項為 30，求 (1) 首項和公差；(2)a_{20} 項；(3) 前 20 的總和。

✍**作法**：此種作法大多先令首項 $= a_1$，公差 $= d$，再利用已知列出方程式。

解：

例3 在 1 和 100 之間，插入 15 個數值，使其成為等差數列，求其公差 d 和全部和？

解：

例4 已知數列前 n 項的和 $s_n = n^2 + 2n$，求 a_n，a_1，d。

解：

例5 (1) 若三數成等差數列，且其和為 100，求其中間項之值。

(2) 若三數成等差數列，且其和為 27，其乘積為 693，求此三數。

解：

例 6　在一個由小到大排列所組成的正整數等差數列中，其總和為 96，最大數為 26，求
　　　此數列。

　　　作法：若題目是由「正整數」所組成的數，且能列出的方程式（如本題為 2 個）
　　　　　　比未知數（如本題為 3 個，有首項 a_1，公差為 d，項數為 n）少一個時，通
　　　　　　常的做法是要用正整數代入來找解答。

　　　解：

例 7　有一多邊形的內角為一等差數列，且其公差為 $5°$，最小角度為 $120°$，求此多邊形
　　　的邊數？

　　　解：

例 8　有一等差數列，其首項為 100，第 10 項為 37，求 (1) 此數列的第幾項開始變成負值；
　　　(2) S_n 的最大值。

　　　解：

例 9　有一等差數列為 $a-b$、$2a-3b$、$3a-5b$、$4a-7b$……，求 a_n 和 S_n

　　　解：

3.【等比數列】若 a_1 , a_2 , $\cdots$, a_n 為等比數列，則：

(1) 公比為 $r\left(r = \dfrac{a_i}{a_{i-1}}\right)$；

(2) 第 n 項 $a_n = a_1 \times r^{n-1}$；

(3) 前 n 項和 $s_n = \dfrac{a_1(r^n - 1)}{r - 1}$ （若 $r \neq 1$）；或 $s_n = na_1$ （若 $r = 1$）。

(4) 第 k 項 $a_k = s_k - s_{k-1}$.

(5) 若 x、y、z 為等比數列，則 $y^2 = xz$ 或可令成 $x = \dfrac{a}{r}$、$y = a$、$z = ar$.

例 10 有一等比數列為 $2, 4, \cdots$ ，求 a_{10} , S_{10}.

解：

例 11 有一等比數列的第 2 項為 10，第 5 項為 80，求其首項、公比和前 10 項和。

解：

例 12 有三數為等比數列，且其乘積為 1000，求其中間項之值。

解：

例 13 在 5 和 80 間插入 3 數，使這 5 數成等比數列，求此 3 數。

解：

例 14 設 a、x、y、b 為等差數列，x、y、u、v、w 為等比數列，請用 a、b 來表示 w.

作法：題目要求以 a、b 來表示 w，其中 x、y 為二者共有的內容，所以我們用第一式先將 x、y 表示成 a、b，再用第二式將 w 表示成 x、y.

解：

4.【遞迴定義】

(1) 「遞迴定義」是利用自己的前項內容來定義自己的一種方法。

例如：$a_n = a_{n-1} + 1$（是用 a_{n-1}（前一項）來定義 a_n（自己））。

(2) 使用遞迴定義法，必須符合下列二個條件：

(a) 要有起始條件：也就是要有開始的時候；

(b) 每做完一次，就可以得到下一個值。

例如：遞迴定義：$a_1 = 10$，$a_{n+1} = a_n + 2$，$(n \geq 1)$，

其中：(1) $a_1 = 10$ 為起始條件，要從 a_1 開始算起；

(2) $a_{n+1} = a_n + 2$ 表示每做完一次，就可以得到下一個值。

即由 a_1 可得到 a_2；由 a_2 可得到 a_3；由 a_3 可得到 a_4；依此類推。

5.【遞迴定義初始條件】

(1) 若遞迴定義的等號右邊只有一個 a_n（如 $a_{n+1} = a_n + 2$），則要有一個起始條件（即 $a_1 = 10$）；

(2) 若等號右邊有二個 a_n 和 a_{n-1}（例如：$a_{n+1} = a_n + a_{n-1} + 2$），則需要有二個起始條件（即 $a_1 = 2$、$a_2 = 3$），如此才能由 a_1 和 a_2 推出 a_3 及其後之值。

6.【遞迴定義類型】遞迴定義常見的有下面三種類型，其均可將第 n 項的值求出，作法分別如下：

題型 1：

等號左右各只有一個 a_{n+1} 和 a_n 和常數項，且 a_{n+1} 和 a_n 的係數相同：

例如：$a_{n+1} = a_n + 2n + 1$（$n \geq 1$）．

🖐作法：列出多項後，再將它們的結果「相加」起來。

見下列例 15(1).

🖐題型 2：

等號左右各只有一個 a_{n+1} 和 a_n，且其係數不相同，且不能有常數項：

例如：$a_{n+1} = 3a_n$（$n \geq 1$）.

🖐作法：列出多項後，再將它們的結果「相乘」起來。

見下列例 15(2).

🖐題型 3：

等號左右各只有一個 a_{n+1} 和 a_n，且係數不同，且有常數項：

例如：$a_{n+1} = 2a_n + 3$（$n \geq 1$）.

🖐作法：(1) 將常數項（上例為 3）分配到等號左右二邊，且要滿足下列特性，即分解成

$a_{n+1} + k = 2(a_n + k)$（k 未知），再將它展開來，可求出 k.

(2) 再用「題型 2」的方法來解

見下列例 15(3)

例 15 求下列遞迴定義的 a_n.

(1) $a_1 = 2$，$a_{n+1} = a_n + 2n + 1$（$n \geq 1$）

(2) $a_1 = 2$，$a_{n+1} = 3a_n$（$n \geq 1$）

(3) $a_1 = 2$，$a_{n+1} = 2a_n + 3$（$n \geq 1$）

解：

7.【用遞迴定義解題】有些題目可以將原意以遞迴定義表示再來解，會比較容易。

例 16 數手指頭，由拇指數 1、食指數 2、中指數 3、無名指數 4、小指數 5；再回頭數，無名指數 6、⋯、拇指數 9；再回頭數，食指數 10、⋯，以此類推。若 a_n 表示第 n 次數到中指的數字，即 $a_1 = 3$，$a_2 = 7$，求第 100 次數到中指的數字。

解：

例 17 有 A、B 和 C 三根柱子，A 柱子內放有 n 個由小到大堆好的圓環（越上面越小），現要將此 n 個圓環移到 C 柱子內，且 (1) 一次只能移一個；(2) 在移動過程中，小圓環必須在大圓環上，問要移動幾次？

解：

8. 【數學歸納法】用「數學歸納法」證明一個問題的方法如下：

(1) 設 $n = 1$. 看原命題是否正確：

(a) 若不正確，表示要證明的題目是錯的；

(b) 若正確，才做步驟 (2).

(2) 假設 $n = k$ 成立，看 $n = k+1$ 是否成立：

(a) 若不成立，表示要證明的題目是錯的；

(b) 若正確，表示要證明的題目是成立的。

例 18 用數學歸納法證明：對所有的正整數 n，$1 + 2 + \cdots + n = \dfrac{n(n+1)}{2}$.

解：

例 19 用數學歸納法證明：對所有的正整數 n，$1^2 + 2^2 + \cdots + n^2 = \dfrac{n(n+1)(2n+1)}{6}$.

解：

例 20 用數學歸納法證明：對所有的正整數 n，$7^n + 5$ 恆為 6 的倍數。

解：

第二單元 級數

9.【級數】級數是將數列內的各項相加起來。

例如：數列 $a_1, a_2, a_3, \cdots, a_n$，

其級數為 $a_1 + a_2 + a_3 + \cdots + a_n$

或表示成 $\displaystyle\sum_{k=1}^{n} a_k$（其中 Σ 是「總和」的意思）。

10.【級數的求法 (I)】$\displaystyle\sum_{k=1}^{n} f(k)$ 表示：（$k=1$ 的值）＋（$k=2$ 的值）＋ $\cdots$ ＋（$k=n$ 的值），

也就是 $\displaystyle\sum_{k=1}^{n} f(k) = f(1) + f(2) + \cdots + f(n)$

11.【級數的求法 (II)】$\displaystyle\sum_{k=1}^{n}(a_k + b_k) = \sum_{k=1}^{n} a_k + \sum_{k=1}^{n} b_k$；

$\displaystyle\sum_{k=1}^{n} ca_k = c\sum_{k=1}^{n} a_k$（其中 c 為一常數）

$\displaystyle\sum_{k=1}^{n}(ca_k + db_k) = c\sum_{k=1}^{n} a_k + d\sum_{k=1}^{n} b_k$（其中 c、d 為一常數）

12.【級數的求法 (III)】若 $\displaystyle\sum_{k=1}^{n}(\ )$ 內的（）沒有 k 的內容，則表示（）要加 n 次。

例如：$\displaystyle\sum_{k=1}^{4}(6) = 6 + 6 + 6 + 6 = 24$

☆☆ 13.【二個 Σ】若有二個 Σ，例如：$\displaystyle\sum_{i=1}^{5}\sum_{j=1}^{3} 2(i+j)$，則先做內部的 Σ，再做外面的 Σ，

上例要先做 $\displaystyle\sum_{j=1}^{3} 2(i+j)$，再做 $\displaystyle\sum_{i=1}^{5}(\ )$．

例 21 求：(1) $\displaystyle\sum_{k=1}^{4}\left(2k^2\right)$；(2) $\displaystyle\sum_{k=1}^{3}\left(k+k^2\right)$；(3) $\displaystyle\sum_{k=1}^{5}\left(a+b\right)$；(4) $\displaystyle\sum_{k=1}^{5}\left(k+2\right)$.

解：

☆☆例 22 求 (1) $\displaystyle\sum_{i=1}^{5}\sum_{j=1}^{3}\left(2j\right)$ 之值；(2) $\displaystyle\sum_{i=1}^{5}\sum_{j=1}^{3}\left(2i\right)$ 之值；(3) $\displaystyle\sum_{i=1}^{5}\sum_{j=1}^{3}\left(2\right)$ 之值；(4) $\displaystyle\sum_{i=1}^{5}\sum_{j=1}^{3}2\left(i+j\right)$ 之值；

(5) $\displaystyle\sum_{i=1}^{5}\sum_{j=1}^{3}2\left(i\times j\right)$ 之值。

作法：先做內部的 Σ，再做外面的 Σ。

解：

14. 【級數的公式】常見的公式（要記起來）：

(1) $\displaystyle\sum_{k=1}^{n}k=1+2+\cdots\cdots+n=\dfrac{n(n+1)}{2}$

(2) $\displaystyle\sum_{k=1}^{n}k^2=1^2+2^2+\cdots\cdots+n^2=\dfrac{1}{6}n(n+1)(2n+1)$

(3) $\displaystyle\sum_{k=1}^{n}k^3=1^3+2^3+\cdots\cdots+n^3=\left[\dfrac{1}{2}n(n+1)\right]^2$

(4) 若是由 k、k^2、k^3 的組合，則要分開來求，

例如：$\displaystyle\sum_{k=1}^{n}\left(2+3k+4k^2\right)=\sum_{k=1}^{n}2+\sum_{k=1}^{n}3k+\sum_{k=1}^{n}4k^2$.

例 23 求 $\displaystyle\sum_{k=1}^{n}k(k+1)=$

例 24 求 $1 \times 2 + 2 \times 3 + 3 \times 4 + \cdots\cdots + n(n+1)$.

解：

例 25 求 $1^2 \times 1 + 2^2 \times 3 + 3^2 \times 5 + 4^2 \times 7 + \cdots$（共加 n 項）。

解：

例 26 $S_n = 9 + 99 + 999 + \cdots$（共加 n 項），求 S_n 之值。

解：

例 27 求 $S_n = 0.7 + 0.77 + 0.777 + \cdots$（共加 n 項），求 S_n 之值。

解：

15.【解 Σ】欲求 $\displaystyle\sum_{k=1}^{n}(\ )$ 的值且 k 在分母時，其做法大多是將式子分成二數相減。

例 28 (1) $\displaystyle\sum_{k=1}^{n}\frac{1}{k(k+1)}$ （變成 $\dfrac{1}{k}-\dfrac{1}{k+1}=\dfrac{1}{k(k+1)}$ ）；

(2) $\displaystyle\sum_{k=1}^{n}\frac{1}{(k+2)(k+5)}$ （變成 $\left(\dfrac{1}{k+2}-\dfrac{1}{k+5}\right)=\dfrac{3}{(k+2)(k+5)}$ ）；

(3) $\displaystyle\sum_{k=1}^{n}\frac{1}{k(k+1)(k+2)}$ （變成 $\left(\dfrac{1}{k(k+1)}-\dfrac{1}{(k+1)(k+2)}\right)=\dfrac{2}{k(k+1)(k+2)}$ ）；

(4) 求 $\dfrac{1}{1\times2}+\dfrac{1}{2\times3}+\dfrac{1}{3\times4}+\cdots\cdots+\dfrac{1}{n(n+1)}$ （它等同 $\displaystyle\sum_{k=1}^{n}\frac{1}{k(k+1)}$ ）；

(5) $1+\dfrac{1}{1+2}+\dfrac{1}{1+2+3}+\dfrac{1}{1+2+3+4}+\cdots$ （共加 n 項）。

(6) $\dfrac{1}{1+\sqrt{2}}+\dfrac{1}{\sqrt{2}+\sqrt{3}}+\dfrac{1}{\sqrt{3}+\sqrt{4}}+\cdots$ （共加 n 項）。

解：

例 29 求 $s=1+2x+3x^2+\cdots\cdots+nx^{n-1}$ 之和。

☞作法：這種題目二項間有等差數列（1、2、3……）和等比數列（x、x^2……）的作法均是將原式（s）乘以等比數列的公比（x）後，再相減。

解：

16.【換指標】$\displaystyle\sum_{k=1}^{n}(\ )$ 內的 k 值是可以更改的。例如：換指標 $\displaystyle\sum_{k=1}^{n}a_k=\sum_{k=2}^{n+1}a_{k-1}=\sum_{p=1}^{n}a_p$ ，

其作法為：若 $\displaystyle\sum_{k=1}^{n}(a_k)$ 的 $k=1$ 改成 $k=b$ （即增加 $b-1$），則：

(a) $\displaystyle\sum_{k=1}^{n}(a_k)$ 上面的 n 要改成 $n+(b-1)$ ；

(b) $\displaystyle\sum_{k=1}^{n}(a_k)$ 裏面的 a_k 要改成 $a_{k-(b-1)}=a_{k-b+1}$ ；

最後結果為：$\displaystyle\sum_{k=1}^{n}(a_k)=\sum_{k=b}^{n+(b-1)}a_{k-b+1}$ 。

例 **30** 下列算式何者與 $\sum_{k=2}^{n}(a_k)$ 同：

(1) $\sum_{k=1}^{n-1}(a_{k-1})$；(2) $\sum_{k=1}^{n-1}(a_{k+1})$；(3) $\sum_{k=3}^{n+2}(a_{k-2})$；(4) $\sum_{k=4}^{n+3}(a_{k-3})$；(5) $\sum_{k=10}^{n+9}(a_{k-8})$；

☞作法：此題的 $\sum_{k=2}^{n}(a_k)$ 共有 $(n-1)$ 項，首項為 a_2（也可用 $n=3$ 代，即有 a_2, a_3 二項）。

解：

17.【求 a_n 項】給一數列為 $a_1, a_2, a_3, a_4, \cdots$，找出 a_n 項，其常見的方法有：

(1) 後一項減前一項 $(a_i - a_{i-1})$ = 常數，表示該數列為等差數列。

例如：數列為 $1, 4, 7, 10, \cdots$，則

$$a_n = a_1 + (n-1)d = 1 + (n-1)3 = 3n - 2 \text{（公差為 3）}$$

(2) $\dfrac{a_i}{a_{i-1}}$ = 常數，表示該數列為一等比數列。

例如：數列為 $1, 3, 9, 27, \cdots$，則

$$a_n = a_1 r^{(n-1)} = 1 \times 3^{(n-1)} = 3^{(n-1)} \text{（公比為 3）}$$

(3) 將幾項合在一起，成為一個規律，例如：

$$1 \cdot \frac{1}{2} \cdot \frac{1}{3} \cdot \frac{2}{3} \cdot \frac{1}{4} \cdot \frac{2}{4} \cdot \frac{3}{4} \cdot \frac{1}{5} \cdot \frac{2}{5} \cdot \frac{3}{5} \cdot \frac{4}{5}, \cdots$$

將相關的項合在一起，變成

$$(1) \cdot (\frac{1}{2}) \cdot (\frac{1}{3}, \frac{2}{3}) \cdot (\frac{1}{4}, \frac{2}{4}, \frac{3}{4}) \cdot (\frac{1}{5}, \frac{2}{5}, \frac{3}{5}, \frac{4}{5}) \cdots$$

例 **31** 若數列為 $1 \cdot 3 \cdot 7 \cdot 15 \cdot 31 \cdots$，求 a_n 和 S_n.

解：

例 32　已知數列 $1, \frac{1}{2}, \frac{2}{1}, \frac{1}{3}, \frac{2}{2}, \frac{3}{1}, \frac{1}{4}, \frac{2}{3}, \frac{3}{2}, \frac{4}{1}, \frac{1}{5}, \cdots$ ，求 (1) $\frac{3}{10}$ 為第幾項？

　　(2) 第 200 項為何？

　　解：

☆☆ 18.【求二數列共有項】若數列 a_n 以 3 除餘 1（即 1、4、7...），數列 b_n 以 5 除餘 2（即 2、7、12...），求此二數列的共有項的一般式（即 7, 22, $\cdots$）。其作法為：

(1) 先求出 3 和 5 的最小公倍數（= 15）。

(2) 在 15 以內的數中，找出一個同時「被 3 除餘 1 且被 5 除餘 2」的數，其值 = 7。（較快的找法是先由較大的除數來找 (即被 5 除餘 2，有 2、7、12......)，再將這些找到的數中，找出被 3 除，餘 1 的數為何，其值 = 7）。

(3) 將 (1)、(2) 相加起來，即 $15k + 7$ 為其所求。

例 33　若數列 a_n 以 5 除餘 1，數列 b_n 以 9 除餘 2，求此二數列的共有項的一般式。

　　解：

☆☆ 19.【求三數列共有項】若數列 a_n 以 3 除餘 1，數列 b_n 以 5 除餘 2（同上），數列 c_n 以 7 除餘 3（3、10、17.......），求此三數列共有的項的一般式。其作法為：

(1) 此作法與上同，但先做大的（5、7）會比較好解，即先找「以 5 除餘 2，以 7 除餘 3」的一般式。

　　(a) 5 和 7 的最小公倍數 = 35

　　(b) 先找以 7 除餘 3 的數（3、10、17、$\cdots$），且要滿足以 5 除餘 2，其值為 17.

　　(c) 由上知「以 5 除餘 2，以 7 除餘 3」的一般式為 $35k + 17$.

(2) 再求以 3 除餘 1，以 35 除餘 17 的數。

　　(a) 3 和 35 的最小公倍數 = 105；(b) 先找以 35 除餘 17 的數（17，52，$\cdots$），且要滿足以 3 除餘 1，為 52.

(3) 最後答案為 $105k + 52$.

例 34 若數列 a_n 以 5 除餘 2，數列 b_n 以 9 除餘 4，數列 c_n 以 11 除餘 6，求此三數列共有的項的一般式。

解：

1. （84 學測）下圖表示長方形垛的疊法：

某水果販將橘子堆成長方形垛。若最底層長邊有 10 個橘子，短邊有 5 個，則此長方形垛最多有幾個橘子？

(A) 110   (B) 120   (C) 130

(D) 140   (E) 150

2. （84 學測）假設某鎮每年的人口數逐年成長，且成一等比數列。已知此鎮十年前有 25 萬人，現在有 30 萬人，那麼二十年後，此鎮人口應有＿＿＿＿幾萬人。（求到小數點後一位。）

3. （85 學測）有一個 101 項的等差數列 $a_1, a_2, a_3, \cdots, a_{101}$，其和為 0，且 $a_{71} = 71$. 問下列選項那些正確？

(A) $a_1 + a_{101} > 0$ (B) $a_2 + a_{100} < 0$ (C) $a_3 + a_{99} = 0$

(D) $a_{51} = 51$ (E) $a_1 < 0$

4. （86 學測）設 $f(x) = \sum_{n=1}^{3} (x-n)^2 + \sum_{n=8}^{10} (x-n)^2$. 若 $f(x)$ 在 $x = a$ 處有最小值，則：

(A) a 為整數   (B) $a < 5.9$ (C) $a > 5.1$

(D) $|a - 4| < 0.5$ (E) $|a - 6| < 0.5$

5. （89 學測）今年（公元 2000 年是閏年）的 1 月 1 日是星期六。試問下一個 1 月 1 日也是星期六，發生在公元哪一年？

6. （89 學測）將自然數按下列規律排列，每一列比前一列多一個數，如下表所示：

第1列 | 1
第2列 | 2, 3
第3列 | 4, 5, 6
第4列 | 7, 8, 9, 10
第5列 | 11, 12, 13, 14, 15
… | …

試問第 100 列第 3 個數是多少？

7. （89 學測）假設世界人口自 1980 年起，50 年內每年增長率均固定。已知 1987 年世界人口達 50 億，1999 年第 60 億人誕生在賽拉佛耶。根據這些資料推測 2023 年世界人口數最接近下列哪一個數？

(A) 75 億　　　　　　(B) 80 億　　　　　　(C) 86 億
(D) 92 億　　　　　　(E) 100 億

8. （91 學測）一機器狗每秒鐘前進或者後退一步，程式設計師讓機器狗以前進 3 步，然後再後退 2 步的規律移動。如果將此機器狗放在數線的原點，面向正的方向，以 1 步的距離為 1 單位長。令 $P(n)$ 表示第 n 秒時機器狗所在位置的坐標，且 $P(0) = 0$. 那麼下列選項何者為真？

(A) $P(3) = 3$　　　　(B) $P(5) = 1$　　　　(C) $P(10) = 2$
(D) $P(101) = 21$　　(E) $P(103) < P(104)$

9. （92 學測）設 $a_1, a_2, \cdots, a_{50}$ 是從 $-1, 0, 1$ 這三個整數中取值的數列。若 $a_1 + a_2 + \cdots + a_{50} = 9$ 且 $(a_1 + 1)^2 + (a_2 + 1)^2 + \cdots + (a_{50} + 1)^2 = 107$，則 $a_1, a_2, \cdots, a_{50}$ 當中有幾項是 0？

10. （93 薦甄）已知一等差數列共有十項，且知其奇數項之和為 15，偶數項之和為 30，則下列哪一選項為此數列之公差？

(A) 1　　　　　　　　(B) 2　　　　　　　　(C) 3
(D) 4　　　　　　　　(E) 5

11. （93 薦甄）設 $f(x)$ 為三次實係數多項式，且知複數 $1 + i$ 為 $f(x) = 0$ 之一解。試問下列哪些敘述是正確的？

(A) $f(1 - i) = 0$　　　(B) $f(2 + i) \neq 0$　　　(C) 沒有實數 x 滿足 $f(x) = x$
(D) 沒有實數 x 滿足 $f(x^3) = 0$　(E) 若 $f(0) > 0$ 且 $f(2) < 0$，則 $f(4) < 0$

12. （**95 學測**）在養分充足的情況下，細菌的數量會以指數函數的方式成長，假設細菌 A 的數量每兩個小時可以成長為兩倍，細菌 B 的數量每三個小時可以成長為三倍。若養分充足且一開始兩種細菌的數量相等，則大約幾小時後細菌 B 的數量除以細菌 A 的數量最接近 10？

    (A) 24 小時　　　　(B) 48 小時　　　　(C) 69 小時

    (D) 96 時　　　　(E) 117 小時

13. （**95 學測**）假設實數 a_1, a_2, a_3, a_4 是一個等差數列，且滿足 $0 < a_1 < 2$ 及 $a_3 = 4$. 若定義 $b_n = 2^{a_n}$，則以下哪些選項是對的？

    (A) b_1, b_2, b_3, b_4 是等比數列　　(B) $b_1 < b_2$　　(C) $b_2 > 4$

    (D) $b_4 > 32$　　　　(E) $b_2 \times b_4 = 256$

14. （**95 學測**）用黑、白兩種顏色的正方形地磚依照如下的規律拼成若干圖形：

 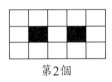 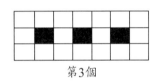

    第1個　　　　　　第2個　　　　　　　第3個

    拼第 95 個圖需用到幾塊白色地磚？

15. （**96 學測**）某巨蛋球場 E 區共有 25 排座位，此區每一排都比其前一排多 2 個座位。小明坐在正中間那一排 (即第 13 排)，發現此排共有 64 個座位，則此球場 E 區共有幾個座位。

16. （**97 學測**）已知 a_1, a_2, a_3 為一等差數列，而 b_1, b_2, b_3 為一等比數列，且此六數皆為實數。試問下列哪些選項是正確的？

    (A) $a_1 < a_2$ 與 $a_2 > a_3$ 可能同時成立　　(B) $b_1 < b_2$ 與 $b_2 > b_3$ 可能同時成立

    (C) 若 $a_1 + a_2 < 0$，則 $a_2 + a_3 < 0$　　(D) 若 $b_1 b_2 < 0$，則 $b_2 b_3 < 0$

    (E) 若 b_1, b_2, b_3 皆為正整數且 $b_1 < b_2$，則 b_1 整除 b_2.

17. （**98 學測**）數列 $a_1 + 2$, $\cdots$, $a_k + 2k$, $\cdots$, $a_{10} + 20$ 共有十項，且其和為 240，則 $a_1 + \cdots + a_k + \cdots + a_{10}$ 之值為：

    (A) 31　　　　　　(B) 120　　　　　　(C) 130

    (D) 185　　　　　　(E) 218

18. （**99 學測**）若數列 a_1, a_2, $\cdots$, a_k, $\cdots$, a_{10} 中每一項皆為 1 或 -1，則 $a_1 + a_2 + \cdots + a_k + \cdots + a_{10}$ 之值有多少種可能？

    (A) 10　　　　　　(B) 11　　　　　　(C) P_2^{10}

(D) C_2^{10} (E) 2^{10}

19. （99 學測）在密閉的實驗室中，開始時有某種細菌 1 千隻，並且以每小時增加 8% 的速率繁殖。如果依此速率持續繁殖，則 100 小時後細菌的數量最接近下列哪一個選項？（本題需查表，此處請直接用計算器計算）

(A) 9 千隻   (B) 108 千隻   (C) 2200 千隻

(D) 3200 千隻   (E) 32000 千隻

20. （99 學測）設 $a_1, a_2, \cdots, a_n, \cdots$ 為一實數數列，且對所有的正整數 n 滿足 $a_{n+1} = \dfrac{n(n+1)}{2} - a_n$．請問下列哪些選項是正確的？

(A) 如果 $a_1 = 1$，則 $a_2 = 1$。

(B) 如果 a_1 是整數，則此數列的每一項都是整數

(C) 如果 a_1 是無理數，則此數列的每一項都是無理數

(D) $a_2 \le a_4 \le \cdots a_{2n} \le \cdots$（$n$ 為正整數）

(E) 如果 a_k 是奇數，則 $a_{k+2}, a_{k+4}, \cdots, a_{k+2n}, \cdots$ 都是奇數（n 為正整數）

21. （100 學測）設 $(a_{n+1})^2 = \dfrac{1}{\sqrt{10}}(a_n)^2$，$n$ 為正整數，且知 a_n 皆為正。令 $b_n = \log a_n$，則數列 $b_1, b_2, b_3, \cdots$ 為：

(A) 公差為正的等差數列   (B) 公差為負的等差數列   (C) 公比為正的等比數列

(D) 公比為負的等比數列   (E) 既非等差亦非等比數列

22. （100 學測）已知首項為 a、公比為 r 的無窮等比級數和等於 5；首項為 a、公比為 $3r$ 的無窮等比級數和等於 7，則首項為 a、公比為 $2r$ 的無窮等比級數和等於？

23. （100 學測）一礦物內含 A、B、C 三種放射性物質，放射出同一種輻射。已知 A、B、C 每公克分別會釋放出 1 單位、2 單位、1 單位的輻射強度，又知 A、B、C 每過半年其質量分別變為原來質量的 $\dfrac{1}{2}$、$\dfrac{1}{3}$、$\dfrac{1}{4}$ 倍。於一年前測得此礦物的輻射強度為 66 單位，而半年前測得此礦物的輻射強度為 22 單位，且目前此礦物的輻射強度為 8 單位，則目前此礦物中 A、B、C 物質之質量分別為多少公克。

24. （101 學測）將邊長為 1 公分的正立方體堆疊成一階
    梯形立體，如下圖所示，其中第 1 層（最下層）有 10
    塊，第 2 層有 9 塊 …，依此類推。當堆疊完 10 層時，
    該階梯形立體的表面積（即該立體的前、後、上、下、
    左、右各表面的面積總和）為多少？

    (A) 75 平方公分　　　　　　(B) 90 平方公分

    (C) 110 平方公分　　　　　　(D) 130 平方公分

    (E) 150 平方公分

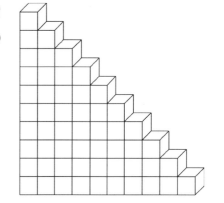

25. （102 學測）設實數組成的數列〈a_n〉是公比為 -0.8 的等比數列，實數組成的數列〈b_n〉
    是首項為 10 的等差數列。已知 $a_9 > b_9$ 且 $a_{10} > b_{10}$。請選出正確的選項。

    (A) $a_9 \times a_{10} < 0$　　　　　(B) $b_{10} > 0$

    (C) $b_9 > b_{10}$　　　　　　　(D) $a_9 > a_{10}$

    (E) $a_8 > b_8$

解答：1.C　　　　2.43.2　　　3.CE　　　4.BC　　　5. 2005　　　6. 4953

　　　7.C　　　　8.ABCD　　9. 11　　　10.C　　　11.ABE　　12.E

　　　13.ABCDE　14.478　　　15.1600　　16.BD　　　17.C　　　18.B

　　　19.C　　　20.BCD　　　21.B　　　22.$\frac{35}{6}$　　23.4、1、2　24.E

　　　25.AC

Chapter 5 排列、組合

1. 邏輯、集合與計數原理

　1.1 簡單的邏輯概念：介紹「或」、「且」、「否定」及笛摩根定律

　1.2 集合的定義、集合的表示法與操作

　1.3 基本計數原理（含窮舉法、樹狀圖、一一對應原理）

　1.4 加法原理、乘法原理、取捨原理

2. 排列與組合

　2.1 直線排列、重複排列（不含環狀排列）

　2.2 組合、重複組合（要避免情境不合常理、過深、或同時涉及太多觀念的題型）

3. 二項式定理：（不含超過二項的展開式）

1. 邏輯、集合與計數原理

　1.1 簡單的邏輯概念：介紹「或」、「且」、「否定」及笛摩根定律。

　1.2 集合的定義、集合的表示法：聯集、交集、補集、差集、乘積集合與文氏圖。

　1.3 基本計數原理（含窮舉法、樹狀圖、一一對應原理）：集合元素的計數（$|S|$，表示一個集合 S 的元素個數）、樹狀圖。

　　一一對應原理：在兩集合之間如果能建立一一對應，則兩集合的元素個數相等。例如有 51 個人參加網球單淘汰賽，就是說任何一位選手只要輸一場，就被淘汰出局。並且每　場比賽都一定有一位得勝，不允許有和局，最後就曾有

一位冠軍出現。請問總共要比賽幾場，才能產生冠軍？因為每一場比賽會產生唯一的失敗者，而且每位選手如果會失敗，也只會失敗一次，所以比賽的場次與失敗者之間有一個一一對應。因為最後只有冠軍一個人從來不曾失敗，所以一共剛好比賽 50 場。

1.4 加法原理、乘法原理、取捨原理

(1) 加法原理：假設 A 與 B 是不相交的有限集合，則 $|A \cup B|=|A|+|B|$.

(2) 介紹 A、B 為兩集合時，乘積集合 $A \times B$ 的定義和乘法原理：$|A \times B|=|A| \cdot |B|$.

(3) 取捨原理只考慮最多三個集合間的取捨，令 A, B, C 為三個有限集合，則

　① $|A \cup B|=|A|+|B|-|A \cap B|$.

　② $|A \cup B \cup C|=|A|+|B|+|C|-|A \cap B|-|B \cap C|-|C \cap A|+|A \cap B \cap C|$.

2. 排列與組合

2.1 直線排列、重複排列

(1) 直線排列：

　① n 個相異物件的排列數為階乘數 $n!$。

　② 從 n 個元素中，每次取出 k 個相異元素做排列，則總數為排列數

　　 $P_k^n = \dfrac{n!}{(n-k)!}$.

　③ 班上有 50 人，要選正、副班長各 1 人，共有多少種選法？

(2) 重複排列：重複排列可看做是乘法原理的推廣。

　① 從 n 個元素中，每次取出 k 個元素做排列，允許重複取出同樣的元素，則總數為 n^k.

　　（球與籃子模式：把編號是 1 到 k 的球，放入編號是 1 到 n 的籃子裡，每個籃子裡的球數沒有限制，放法總數為 n^k.）

　② 三排組合號碼鎖，每排有 10 個數字，共有 10^3 種組合。

　③ 投銅板，出現正面記為 1，出現反面記為 0. 若令集合 $A = \{0, 1\}$，則投 n 次所有可能結果的集合為 $A_n = A \times A \times ... \times A$（共乘 n 次），其元素個數為 2^n.

2.2 組合、重複組合

(1) 組合：由組合數的基本公式 $C_k^n = \dfrac{n!}{k! \cdot (n-k)!}$.

　① 從 n 個元素中每次取出 k 個相異元素，不同取法的總數是組合數

　　 $C_k^n = \dfrac{n!}{k! \cdot (n-k)!}$.

　② 球與籃子模式：把 k 個沒有編號且不可分辨差異的球，放入編號是 1 到 n 的籃子裡，每個籃子最多放一個球，放法總數為組合數 C_k^n.

(2) 重複組合：

①從 n 個元素中每次取出 k 個元素，允許重複取出同樣的元素，則不同取法的總數為重複組合數 C_k^{n+k-1}.

②球與籃子模式：把 k 個沒有編號且不可分辨差異的球，放入編號是 1 到 n 的籃子裡，每個籃子裡的球數沒有限制，放法總數為重複組合數 C_k^{n+k-1}.

③給定的 n 與 k，方程 $x_1 + x_2 + \cdots + x_n = k$ 的非負整數解總數也是重複組合數 C_k^{n+k-1}.

3.二項式定理

3.1 以組合概念導出二項式定理、巴斯卡三角形

(1) 二項式定理：利用組合的概念推導出 $(x+y)^n$ 展開式中一般項的形式，不宜延伸做人工化的例題，如：求 $\left(x^2 + \dfrac{1}{x} + 1\right)^5$ 中 x 的係數。

(2) 巴斯卡三角形：利用二項式定理所推導的各種公式，儘量賦予「有幾種不同選法」或「有幾種不同走法」的解釋，以增加學生對於組合的直觀認識。

第一單元　邏輯與集合

1.【敘述】敘述是可以判斷正確或不正確的一句話。

例如：「台北市在美國」為一敘述（不正確的一句話）。

「請問您幾歲？」不是一敘述。

2.【敘述的否定】若 p 為一敘述，其否定表示成 $\sim p$（唸成「非 p」），是和原敘述相反意思的敘述。

例如：「台北市在美國」的否定為「台北市不在美國」

3.【複合敘述】複合敘述是二個（或以上）的敘述，以連接詞組合成一個敘述。

常見的連接詞有：或（$\vee$）、且（$\wedge$）等。

例 1：「（台北市在美國）或（$1+2<5$）」，它是以連接詞「或」連起來的敘述。

例 2：「$1+1=2$ 且 2 為奇數」為一複合敘述（不正確的一句話）。

4.【且與或真值表】二個敘述（p 和 q）以且（∧）、或（∨）連接起來的複合敘述，其真值表如下：

p	q	$p \land q$	$p \lor q$	$\sim p$
假	假	假	假	真
假	真	假	真	真
真	假	假	真	假
真	真	真	真	假

也就是 (1) ～（真）＝假；～（假）＝真。

(2)「且」的組合是二個同時為「真」時，其結果才為「真」；當有一個為「假」時，「且」的組合結果就為「假」。

(3)「或」的組合是二個同時為「假」時，其結果才為「假」；當有一個為「真」時，「或」的組合結果就為「真」。

例1 求下列敘述的真假：(1)「$1 + 1 = 2$ 或 2 為奇數」；(2)「$1 + 1 = 2$ 且 2 為奇數」。

解：

例2 「$x + y = 5$ 且 $x - y = 3$」為真，求 x、y 之值？

作法：「$p \land q$」為真，表示 p 為真且 q 為真。

解：

例3 「$x + y \neq 5$ 或 $x - y \neq 3$」為假，求 x、y 之值？

作法：「$p \lor q$」為假，表示 p 為假且 q 為假。

解：

5.【笛摩根定律】(1) $\sim(p \wedge q) = \sim p \vee \sim q$；

(2) $\sim(p \vee q) = \sim p \wedge \sim q$；

例 4 求「$x = 0$ 或 $y = 0$」的否定？

解：

例 5 求「$x > 5$ 且 $y \leq 0$」的否定？

解：

6.【元素、集合】集合是由一些有相關的元素組成的群體。

(1) 「集合」通常以大寫的英文字母表示。例如：集合 A、B、C 等。

(2) 「元素」通常以小寫的英文字母表示。例如：元素 a、b、c 等。

7.【元素屬於集合】

(1) 若元素 a 是集合 A 內的一個元素，我們稱為 a 屬於 A，記成 $a \in A$，

(2) 若元素 a 不是集合 A 內的元素，則稱為 a 不屬於 A，記成 $a \notin A.$

8.【集合表示法】集合內的元素要用大括號 $\{\ \}$ 括起來，其表示的方式有二種：

(1) 列舉法：將所有的元素一一的列出來。

例如：$A = \{1 \cdot 2 \cdot 3 \cdot 4 \cdot 5\}$，$B = \{x \cdot y \cdot z\}$，$C = \{1 \cdot 2 \cdot 3 \cdot \cdots\}$。

(2) 描述法：用 $\{x \mid x$ 具有的特性$\}$ 表示之，其中「$\mid$」是「說明」的意思。

例如：$A = \{x \mid 1 \leq x \leq 5\}$，$B = \{x \mid x = 2k + 1 , k \in N\}$，

(a) 其中的 x 也可以用 y、z、a..... 取代，它只是一個符號；

(b) x 符號的特性在「 | 」後面說明之。

例如：$A = \{x \mid 1 \le x \le 5\}$，$A = \{y \mid 1 \le y \le 5\}$，$A = \{a \mid 1 \le a \le 5\}$ 表相同的意思。

9.【部分集合、包含於】

(1) 若集合 A 的所有元素均存在於另一個集合 B 內，則稱集合 A 是集合 B 的「部分集合」（或「子集」），記做 $A \subset B$（A 包含於 B）或 $B \supset A$（B 包含 A）．

例如：$A = \{1 \cdot 2 \cdot 3\}$，$B = \{1 \cdot 2 \cdot 3 \cdot 4 \cdot 5\}$，則 $A \subset B$ 或 $B \supset A$．

(2) 任何一個集合是自己的一個部分集合，即 $A \subset A$．

10.【空集合】

(1) 若集合內不含有任何的元素，則稱此集合為「空集合」，記成 $\{ \ \}$ 或 Φ. 也就是空集合內的元素個數為 0 個。

(2) 空集合是任何集合的部分集合，即 $\Phi \subset A$．

11.【有限集合、無限集合】

(1)「有限集合」是集合內所含的元素個數為有限個。

(2)「無限集合」是集合內所含的元素個數為無限個。

例如：$A = \{1 \cdot 2 \cdot 3\}$ 為有限集合。

$B = \{1 \cdot 2 \cdot 3 \cdot \cdots\}$ 為無限集合。

例 6 寫出下列敘述的「p 或 q」和「p 且 q」的真假？

(1) p：2 是偶數，q：2 不是質數。

(2) p：$1 \in \{1, 2\}$，q：$\{1\} \subset \{1, 2\}$.

(3) p：Φ(空集合) $= \{0\}$，q：$\Phi \subset \{0\}$.

(4) p：$2 > 3$，q：$8 + 5 = 12$.

解：

例 7 令集合 $A = \{0, 1, 2\}$，則下列何者正確？ $(1)\, 0 \in A$; $(2)\, 1 \subset A$; $(3)\, \{2\} \in A$; $(4)\, \{2\} \subset A$; $(5)\, \{0,1\} \subset A$; $(6)\, \{0,1,2\} \subset A$; $(7)\, \Phi \subset A$; $(8)\, \{3\} \subset A$

　　解：

12.【元素的特性】集合內的元素有下列的特性：

(1) 確定性：對於任何一個集合，其內的元素是確定的。例如：

$A = \{0, 1, 2\}$ 很明確。

(2) 同名性：對於任何一個集合，其內若有二個相同名稱的元素，則只能算做一個。

例如：$\{1 \cdot 2 \cdot 3\}$ 和 $\{1 \cdot 2 \cdot 2 \cdot 3\}$ 是一樣的。

(3) 無序性：集合內的元素是沒有順序的，也就是 $\{1 \cdot 2 \cdot 3\}$ 和 $\{2 \cdot 3 \cdot 1\}$ 是一樣的。

13.【集合相等】

(1) 若集合 A 內的所有元素和集合 B 內的元素完全相同，稱為集合 A 等於集合 B，表示為 $A = B$.

(2) $A = B$，也就是 $A \subset B$ 且 $A \supset B$.

例 8 $A = \{x, y, z\}$，$B = \{x+1, 1, 2\}$ 滿足 $A = B$ 且 $A \cdot B$ 均有 3 個元素，求 (x, y, z) 有幾組？

　　解：

14.【交集】

(1) 將集合 A 和集合 B 的所有「相同元素」組成的集合，稱為集合 A 和集合 B 的「交集」，以 $A \cap B$ 表之，即 $A \cap B = \{x \mid x \in A \text{ 且 } x \in B\}$。

(2) $A \cap A = A$，$A \cap \Phi = \Phi$.

15.【聯集】

(1) 將集合 A 和集合 B 的所有元素「合併起來」成一集合，稱為集合 A 和集合 B 的「聯集」，以 $A \cup B$ 表之，即 $A \cup B = \{x \mid x \in A \text{ 或 } x \in B\}$。

(2) $A \cup A = A$，$A \cup \Phi = A.$

例 9 $A = \{1 \cdot 2 \cdot 3 \cdot 4 \cdot 5\}$，$B = \{2 \cdot 4 \cdot 6 \cdot 8 \cdot 10\}$，求 (1) $A \cap B$；(2) $A \cup B.$

解：

例 10 設集合 $A = \{a - 3, a^2 + 1, 2a - 1\}$，$B = \{-3, a^2, a + 1\}$，若 $A \cap B = \{-3\}$，求 a 之值。

☞作法：由集合 A 的 $a - 3 = -3$ 或 $2a - 1 = -3$（$a^2 + 1$ 不會等於 -3）解出 a，再找出滿足 $A \cap B = \{-3\}$ 的 a 值。

解：

例 11 若 $A = \{(t \cdot t + 5) \mid t \in R\}$，$B = \{(t + 1 \cdot t^2) \mid t \in R\}$，求 $A \cap B$ 之值？

解：

16.【差集】 A、B 二集合中，所有屬於 A 但不屬於 B 的元素所組成的集合，稱為 A 與 B 的「差集」，以 $A - B$ 表示，即 $A - B = \{x \mid x \in A \text{ 且 } x \notin B\}$。

例 12 $A = \{1 \cdot 2 \cdot 3 \cdot 4 \cdot 5\}$，$B = \{2 \cdot 4 \cdot 6 \cdot 8 \cdot 10\}$，求 (1) $A - B$；(2) $B - A.$

解：

例 13 令 $A = \{1 , 2 , 3 , 4\}$，$B = \{3 , 4 , 5 , 6\}$，求 (1)$A - B$，(2)$A \cap B$，(3)$A \cup B$？

解：

17.【宇集】做某一個研究時，我們將該研究中的所有元素所成的集合，稱為「宇集」，以 U 表之。

例如：在做人類學的研究，「宇集」表示全世界上的人，又如：要研究台大同學的社團活動，則所有台大同學所成的集合，稱為宇集。

18.【補集或餘集】

(1) 集合 A 以外的所有元素所成的集合稱為集合 A 的「補集」（或「餘集」），以 $\overline{A}$、A' 或 A^c 表之，即 $\overline{A} = U - A$．

例如：$A = \{x \mid x = 2k - 1 , k \in N\}$，此集合的宇集為 N（自然數），而集合 A 為正奇數所成的集合，所以集合 A 的補集 $\overline{A}$ 為正偶數所成的集合。

(2) 補集有下列的特性：

(a) $A \cap \overline{A} = \Phi$

(b) $A \cup \overline{A} = U$

19.【集合的特性】集合具有下列的特性：

(1) 交換律：$A \cup B = B \cup A$；$A \cap B = B \cap A$．

(2) 結合律：$A \cup (B \cup C) = (A \cup B) \cup C$；

$A \cap (B \cap C) = (A \cap B) \cap C$．

(3) 分配律：$A \cap (B \cup C) = (A \cap B) \cup (A \cap C)$；

$A \cup (B \cap C) = (A \cup B) \cap (A \cup C)$．

(4) 吸收律：$(A \cap B) \subset A \subset (A \cup B)$

例 14　令 U $= \{1,2,3,4,5,6\}$，$A = \{1,2,3,4\}$，$B = \{3,4,5,6\}$，求 (1) $\overline{A} \cap B$，

(2) $\overline{A} \cup B$？

解：

例 15　已知 A, B, C 為三集合，問下列何者正確？

(1) 若 $A \cap B = A \cup B$ 則 $A = B$

(2) 若 $A \cap B = A \cap C$ 且 $A \cup B = A \cup C$ 則 $B = C$

(3) $(A \cup B) \cap (B \cup C) \cap (A \cup C) = (A \cap B) \cup (B \cap C) \cup (A \cap C)$

(4) 若 $A \cup B = $ U, $A \cap B = \Phi$，則 $A' = B$ 且 $B' = A$

(5) $(A \cup B') \cap (A' \cup B) = (A \cap B) \cup (A' \cap B')$

解：

例 16　下列敘述何者正確？

(1) 對同一個宇集而言，若 $A' \subset B$，則 $B' \subset A$.

(2) $(A')' = A$.

(3) 若 $A \subset B$ 且 $B \subset A$，則 $A \neq B$.

(4) 若 $0 \in A$，則 $\{0\} \subset A$.

(5) 若 A 的每一個元素均為 B 的元素，則 $B \subset A$.

(6) 若 U 為一個宇集，則 $U' = \Phi$ 且 $\Phi' = $ U.

(7) 若 A 為 Φ 的一個子集合，則 $A = \Phi$.

解：

20.【乘積集合】

(1) 若 A、B 為二集合，則 A、B 的乘積集合定義為：$A \times B = \{(a, b) \mid a \in A \text{ 且 } b \in B\}$，其中 a, b 的位置不可對調。

(2) 若集合 A 有 m 個元素、集合 B 有 n 個元素，則 $A \times B$ 有 $m \times n$ 個元素。

例 17 $A = \{1, 2\}$，$B = \{a, b, c\}$，則 $A \times B = $ ？

解：

21.【笛摩根定理】笛摩根定理：

(1) $\overline{(A \cup B)} = \overline{A} \cap \overline{B}$
(2) $\overline{(A \cap B)} = \overline{A} \cup \overline{B}$
(3) $A - (B \cup C) = (A - B) \cap (A - C)$
(4) $A - (B \cap C) = (A - B) \cup (A - C)$

例 18 若宇集為 1 到 7 的整數，且 $A = \{2, 3, 4\}$，$B = \{3, 4, 5\}$，$C = \{5, 6, 7\}$ 求

(1)$\overline{A} \cap B$, (2)$\overline{A} \cup B$, (3)$\overline{\overline{A} \cap \overline{B}}$, (4)$\overline{A \cap (\overline{B \cap C})}$, (5)$\overline{A \cap (B \cup C)}$

解：

例 19 下列關係何者為真：

(1) $(A \cup B) \cap (A \cup C) = A \cup (B \cap C)$

(2) $(A \cup B) = (A \cap \overline{B}) \cup B$

(3) $\overline{A} \cap B = A \cup B$

(4) $\overline{(A \cup B)} \cap C = \overline{A} \cap \overline{B}$

(5) $(A \cap B) \cap (\overline{B} \cap C) = \Phi$

解：

22.【元素個數】

(1) 若 A 為一有限集合，我們以 $n(A)$ 或 $|A|$ 表示集合 A 的「元素個數」。

例如：$A = \{1 \cdot 2 \cdot 3 \cdot 4 \cdot 5\}$，則 $|A| = 5$ 或 $n(A) = 5$

(2) 聯集和差集的「元素個數」：

(a) $|A \cup B| = |A| + |B| - |A \cap B|$

或 $n(A \cup B) = n(A) + n(B) - n(A \cap B)$

(b) $|A \cup B \cup C| = |A| + |B| + |C| - |A \cap B| - |B \cap C| - |C \cap A| + |A \cap B \cap C|$

或 $n(A \cup B \cup C) = n(A) + n(B) + n(C) - n(A \cap B) - n(B \cap C) - n(C \cap A) + n(A \cap B \cap C)$

(c) $|A - B| = |A| - |A \cap B|$ 或 $n(A - B) = n(A) - n(A \cap B)$

例 20　有一班同學的成績如下：國文及格人數 15 人，數學及格人數 13 人，兩科至少一科及格人數 18 人，問只有國文及格人數有幾人。

解：

例 21　求 $n(A) = 20$，$n(B) = 25$，$n(A - B) = 15$，求 (1) $n(A \cap B)$，(2) $n(A \cup B)$ ？

解：

例 22　設 $1 \leq x \leq 1000$，$x \in N$，求 (1) 2 的倍數有幾個；(2) 3 的倍數有幾個；(3) 5 的倍數有幾個；(4) 2 或 3 的倍數有幾個；(5) 2 或 3 或 5 的倍數有幾個？

解：

例 **23** 有 50 位同學參加國文、英文和數學考試，其及格人數分別為 28、25 和 30 人，而
國英、英數、數國兩科均及格的人數分別為 16、18、20 人，三科及格的人數為 12
人，問三科均不及格的人數有幾人？

解：

23. 【樹狀圖】電腦裡的檔案或公司的組織架構圖通常會依照樹狀結構組織起來（見下圖），
    樹狀結構是由一個或多個節點（下圖的圓圈）所組成的有限集合，它具有下列二個性
    質：

    (1) 它有一個（恰有一個）特殊的節點（通常畫在最上面或最左邊），稱為樹根（Root），
        如下圖的 A 節點；

    (2) 其下（或其右）可以依需求再長出 n（≥ 0）個「不相連」的節點。這些「不相連」
        的節點也可以繼續往下（或往右）長，直到資料記錄完畢為止。

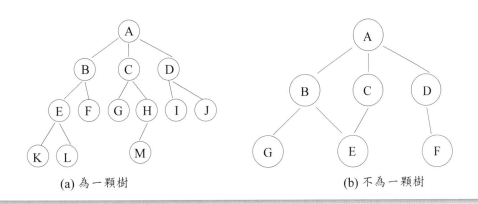

    (a) 為一顆樹   (b) 不為一顆樹

24. 【樹狀圖應用】若要計算的數量不大，可以使用窮舉法來做，而窮舉法可使用樹狀圖
    來幫助組織資料，以達到計數的目的。

例 **24** 有關樹狀結構，下列何者正確：
    (1) 樹狀結構的節點可以是有限個，也可以是無限多個；
    (2) 樹狀結構的節點個數，是依實際情況而定，而不是固定個數；
    (3) 樹狀結構的樹根個數，是依實際情況而定，而不是固定個數；

(4) 樹狀結構若樹根畫在上面，則上層的節點可以連接到多個下一層的節點；

(5) 樹狀結構若樹根畫在上面，則下層的節點可以連接到多個上一層的節點。

解：

例 25 有甲、乙兩隊比賽棒球，採五戰三勝制。已知第一場由甲隊獲勝，則 (1) 最後甲獲勝的情況有幾種？ (2) 最後乙隊獲勝的情況有幾種？ (3) 全部輸贏的情況有幾種？

作法：若要計算的數量不大，可以使用窮舉法來做。

解：

25.【一一對應原理】（99 課綱說明內容）

在兩集合之間如果能建立一一對應，則此兩集合的元素個數相等。

例如：有 51 個人參加網球單淘汰賽，也就是說任何一位選手只要輸一場，就被淘汰出局。並且每一場比賽都一定有一位得勝，不允許有和局。請問總共要比賽幾場，才能產生冠軍？

作法：它是下面的一一對應。因為每一場比賽會產生唯一的失敗者，而且每位選手如果會失敗，也只會失敗一次，所以比賽的場次與失敗者之間有一個一一對應，也就是說比賽場數等於失敗者人數。因為最後只有冠軍一個人從來不曾失敗，所以一共剛好比賽 50 場。

解：共剛好比賽 50 場。

第二單元 排列

26.【加法原理】完成一件事要「1 個步驟」，此步驟有「n 種方法」，其中第一種方法有 m_1 種不同的作法；第二種方法有 m_2 種不同的作法；…；第 n 種方法有 m_n 種不同的作法，如此完成此件事的方法有 $m_1 + m_2 + \cdots + m_n$ 種（相加）。

例 26 從台北到高雄有三種交通工具可坐（飛機，火車，客運），飛機有三種航空公司，火車有四種車種（自強，莒光，復興，電聯車），有五家客運公司，則選擇從台北到高雄的方法有幾種？

解：

例 27 △ABC中，在$\overline{AB}$，$\overline{BC}$，$\overline{CA}$邊上任意取 3, 4, 5 點，將這些點與對邊的點連接起來，問可連接成幾條線段。

☞作法：因二點連線只要「1 個步驟」，就可以得到一條線。

解：

27.【乘法原理】完成一件事要「n 個步驟」，第一個步驟可以有 m_1 個作法；第二個步驟有 m_2 個作法；…；第 n 個步驟有 m_n 個作法，如此，完成此事件的方法有 $m_1 \times m_2 \times \cdots \times m_n$ 種（相乘）。

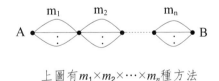

上圖有 $m_1 \times m_2 \times \cdots \times m_n$ 種方法

例 28 畢業旅行要去台北、新竹、台中、台南、高雄玩，其中：台北到新竹有五種方式到達；新竹到台中有三種方式到達；台中到台南有四種方式到達；台南到高雄有六種方式到達，則從台北到高雄的路線有幾種？

解：

例 29 某人有 5 頂帽子，3 幅眼鏡，4 條領帶，5 件衣服，4 件褲子，5 雙鞋子，若他可以選擇不戴帽子和打領帶（其他均要穿），問他有幾種穿法？

解：

28.【加法、乘法原理差異】加法原理和乘法原理最大的差別在於：

(1) 加法原理從頭到尾算一個階段；

(2) 乘法原理是從頭到尾分割成很多階段，必須完成第一階段後，才能繼續第二階段。

29.【階乘】若 $n \in N$ ，則 n 階乘 $(n!) = n \cdot (n-1) \cdot (n-2) \cdots \cdots 1$ ，而規定 $0! = 1$

例 30 求 (1) $5! = ?$ (2) $0! = ?$

解：

30.【排列】有 n 個不同的東西，取出其中的 m 個 $(m \leq n)$，依取出的順序排成一列，其排列的方法有：

$$P(n, m) = n \cdot (n-1) \cdots \cdots [n-(m-1)] = \frac{n!}{(n-m)!} \quad （即：乘 m 次）$$

說明：第一次有 n 個選擇，第二次有 $(n-1)$ 個選擇（已取出一個），…，第 m 次有 $n-(m-1)$ 個選擇，依乘法原理，其總共有 $n \cdot (n-1) \cdots \cdots [n-(m-1)]$ 種。

例 31 求下列的 n 之值：(a) $P(2n, 3) = 2P(n, 4)$ ；(b) $2P(8, n-2) = P(8, n)$.

解：

31.【排列的題型】底下是排列的常見題型：

(1)【全部排列】有 n 個不同的東西，取出 n 個，排成一列，則為

$$P(n,n) = \frac{n!}{(n-n)!} = \frac{n!}{0!} = \frac{n!}{1} = n!$$

(2)【重覆排列 (I)】有 n 個不同的東西，取出 m 個排成一列，每取出一個知道結果後，「要再放回去」，則此種排列的方式為 n^m 種。（見下面補充說明）

(3)【重覆排列 (II)】若有 n 類不同的東西，每類的個數均大於 m 個，若要任取 m 個排成一列（不放回去），其排列的方式有 n^m 種。（見下面補充說明）

(4)【不盡相異物之直線排列】若有 k 類不同的東西，其中第一類有 m_1 個，第二類有 m_2 個，…，第 k 類有 m_k 個，且 $m_1 + m_2 + \cdots + m_k = n$，若將此 n 個東西排成一列，其排列的方式有 $\dfrac{n!}{m_1! m_2! \cdots \cdots m_k!}$ 種。（見下面補充說明）

(5)【走捷徑問題】走捷徑問題有下列幾種題型：

(a)【沒有障礙物和限制】南北街道有 $n+1$ 條（即有 n 段），東西街道有 $m+1$ 條（即有 m 段），則從 A 點到 B 點，走捷徑的方法有 $\dfrac{(m+n)!}{m! n!}$ 種。（見下面補充說明）

(b)【有限制】由 A 點經過 C 點到達 B 點，走捷徑時可將它改成 A 點到 C 點的捷徑走法乘以 C 點到 B 點的捷徑走法。（見下面補充說明）

(c)【有障礙物】從 A 點到 B 點走捷徑，但不可經過 C 點，其作法是由 A 點出發，以交點為計算的基礎，起點為 1，其餘交點的值為「此交點的左邊和下邊的和」。（見下面補充說明）

補充上面說明一：排列的題型詳細說明：

(1)【重覆排列 (I)】說明：第一次有 n 個選擇，第二次也有 n 個選擇（因第一次的東西要放回去），…，第 m 次有 n 個選擇，由乘法原理知為 n^m。

(2)【重覆排列 (II)】說明：此公式與上一項說明相同。也就是每個位置均可以有 n 種不同的選擇（因每類個數均大於 m），共有 m 個位置，所以為 n^m 種。

(3)【不盡相異物之直線排列】說明：我們先將每一類有 m_i 個東西看成是不一樣的，其全部排列方式有 $n!$ 個。但其同一類的東西是相同的，以 m_1 為例，其為相同東西，排成一列，只有一種排法；但若其為不同的東西，排成一列，有 $m_1!$ 種排法，也就是多算了 $m_1!$ 種，所以第一類東西多算 $m_1!$ 種，第二類東西多算 $m_2!$ 種，…，第 k 類多算 $m_k!$ 種，所以真正排列種類為 $\dfrac{n!}{m_1! m_2! \ldots m_k!}$ 種。

(4)【走捷徑問題】

(a)【有限制】如下圖 (b)，由 A 點經過 C 點到達 B 點，走捷徑時可將它改成 A 點到 C 點的捷徑走法乘以 C 點到 B 點的捷徑走法。

即 $A-C$ 有 $\dfrac{5!}{2!3!}=10$ 種，$C-B$ 有 $\dfrac{4!}{2!2!}=6$ 種，所以 $A-C-B$ 捷徑有 $10\times6=60$ 種。

(b)【有障礙物】如下圖 (b) 圖，從 A 點到 B 點走捷徑，但不可經過 C 點，其作法是由 A 點出發，以交點為計算的基礎，起點為 1，其餘交點的值為「此交點的左邊和下邊的和」，以 (b) 圖為例，D 點的值為 E 點值加 F 點值，其結果在 (c) 圖，共有 66 種。

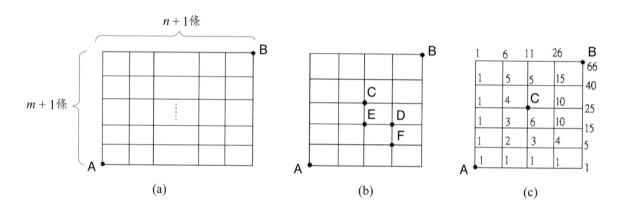

| | (a) | | (b) | | (c) |

32.【排列常用技巧】

(1) 若要求「不在…」、「不相鄰」等否定句時，其做法常用：『全部減（肯定句）』。

　　例如：欲將 $aaabbbccd$ 做排列，要求「a 不在首位的排列次數」

　　　　　＝（全部排列）－（a 在首位）（詳見例題）

(2) 若要求「至少有一個」時，其做法常用：『全部減（沒有半個）』。

　　例如：要計算「全班同學有生日在同一天者」

　　　　　＝全部組合－沒有生日在同一天者（詳見例題）

【排列的應用】排列的應用

(1)【一般排列】有 n 個人排成一列 $\Rightarrow P(n, n) = n!$ 種。

　(a) 甲在首位 $\Rightarrow P(n-1, n-1)$（即扣除甲，剩下的 $n-1$ 個人排成一列）

　(b) 甲不在首位或乙不在第二位 $\Rightarrow$（全部排法）－（甲在首位）－（乙在第二位）＋（甲在首位且乙在第二位）$= n! - 2\cdot(n-1)! + (n-2)!$

　(c) 甲不在首位且乙不在第二位 $\Rightarrow$（全部排法）－（甲在首位且乙在第二位）

$$= n! - (n-2)!$$

(d) 甲，乙不相鄰 ⟹（全部排法）－〔甲，乙相鄰（甲，乙可調換位置）〕

$$= n! - 2 \cdot (n-1)!$$

(e) 甲、乙、丙三人相鄰 ⟹ 甲、乙、丙看成一體，但甲、乙、丙可互換位置

$$\Rightarrow (n-2)! \cdot 3!$$

(2) 【數字排列】有多個阿拉伯數字排成一個數值，例如 0～7 排成一四位數，則

   (a) 排成一四位數 ⟹ 0 不在首位，$7 \times 7 \times 6 \times 5$

   (b) 偶數 ⟹（個位數為 0）＋（0 不在千位數且 0 不在個位數）

$$= 7 \times 6 \times 5 + 6 \times 6 \times 5 \times 3$$

   (c) 大於 2300 ⟹（千位數為 3、4、5、6、7）＋（千位數為 2，百位數為 3、4、5、6、7）$= 5 \times 7 \times 6 \times 5 + 1 \times 5 \times 6 \times 5$

(3) 【不盡相異物排列】例如：欲將 $aaabbbccd$ 做不同方式排列：

   (a) 排成一列 $\Rightarrow \dfrac{9!}{3!3!2!}$

   (b) a 不在首位 ⟹（全部排列）－（a 在首位）$= \dfrac{9!}{3!3!2!} - \dfrac{8!}{2!3!2!}$

   (c) 三個 a 相連 ⟹ 把 3 個成看成一個 $= \dfrac{7!}{3!2!}$

(4) 【多項式展開係數】$(a+b+c+d+e)^{10}$ 展開中的 $ab^2c^3d^3e$ 係數（可視為 $a\ bb\ ccc\ ddd\ e$ 排成一列，作法就與上題同）$= \dfrac{10!}{1!2!3!3!1!}$。

例 32　（99 課綱範例）

(1) 球與籃子模式：把編號是 1 到 n 的球，放入編號是 1 到 n 的籃子裡，每個籃子恰放一個球，放法總數有幾種？

(2) 從 n 個元素的集合中，每次取出 k 個相異元素做排列，則總數為排列數有幾種？

(3) 班上有 50 人，要選正、副班長各 1 人，共有多少種選法？

解：

例 33 （99 課綱範例）

(1) 從 n 個元素的集合中，每次取出 k 個元素做排列，允許重複取出同樣的元素，則總數有幾種？

(2) 三排組合號碼鎖，每排有 10 個數字，共有幾種組合方式？

(3) 投銅板，出現正面記為 1，出現反面記為 0. 若令集合 $A = \{0, 1\}$，則投 n 次所有可能結果的集合為 $A_n = A \times A \times \cdots \times A$（共乘 n 次），其元素個數有幾種？

解：

例 34 有 A、B、C、D、E 五人，要排隊，求下列情況有幾種情況：

(1) 此五人排成一列；(2) A 不在第一位和最後一位；(3) A 不在第一位，或 B 不在最後一位；(4) A, B 不相鄰；(5) A, B 中間恰有其它三人中的一人；(6) A, B, C 不完全在一起；(7) A, B, C 必須分開；(8) A, B, C 的前後順序不變；(9) A, B 相鄰而 C, D 不相鄰；(10) A, B 皆不在首尾。

☞作法：若要求「不在…」或「不相鄰」等否定句時，其做法常用：『全部減（肯定句）』。

解：

例 35 用 0, 1, 2, 3, 4, 5 等 6 個數字組合成下列條件的四位數，數字不可重覆，可以有幾種情況：(1) 四位數；(2) 偶數；(3) 4 的倍數；(4) 5 的倍數。

解：

例 36 有 6 人排成 2 列，前面 2 人，後面 4 人，問 (1) 有幾種排法；(2) 若甲要在前面，乙要在後面，又有幾種排法？

解：

例 37　有 6 人排成一列，但甲要在乙的右邊（不一定要相鄰），問有幾種排法？

解：

例 38　$(a+b+c+d)^{10}$ 展開式中，下列項的係數為何？ $(1)a^3b^2cd^4$；$(2)a^5b^5$；$(3)a^2b^3c^4d^2$

解：

例 39　將 *attention* 的字母重新排列，求下列排列方式可組成多少種情形：
(1) 任意排列；(2) 母音保持原有的順序；(3) 子音和母音均保持原有順序；(4) 以 *t* 為首，*n* 為尾；(5) 以子音為首；(6) 首、尾均用子音；(7) 三個 *t* 完全相鄰；(8) 三個 *t* 不完全相鄰；(9) 三個 *t* 完全不相鄰；(10) 二個 *n* 相鄰、三個 *t* 不相鄰。

解：

例 40　有 5 位男生，5 位女生，此 10 人要配成 5 對，(1) 若每對男女各一；(2) 每對可同性，問分別有幾種配法？

解：

例 **41** 將五封信（不同信），投入 A、B、C、D 等 4 個郵筒內，

(1) 可以不投入某個郵筒，其投遞方式有幾種？

(2) 不想投入 A 郵筒，其投遞方式有幾種？

(3) A 郵筒只投一封信，其投遞方式有幾種？

(4) A 郵筒至少投一封信，其投遞方式有幾種？

(5) A 郵筒至少投二封信，其投遞方式有幾種？

解：

例 **42** 將 3 枝相同鉛筆，2 枝相同原子筆分給學生，每人最多一枝，則 (1) 若有 5 個學生，有幾種分法；(2) 若有 6 個學生，有幾種分法；(3) 若有 7 個學生，有幾種分法？

解：

第三單元　組合

33.【組合】有 n 個不同的東西，取出 m 個為一堆 $(m \leq n)$，不考慮此 m 個東西的先後順序，此稱為從 n 個中取 m 個，其結果為 $C(n,m) = \dfrac{n!}{m!(n-m)!}$。

☞作法：由前一段知，若其為排列，則有 $P(n,m) = \dfrac{n!}{(n-m)!}$ 種，此時有先後順序，我們若不考慮先後順序，則還要除以 $m!$（同本章第 31 點的第 (4) 項〔不盡相異物之直線排列〕說明），即 $\dfrac{n!}{(n-m)!m!}$ 種 $= C(n,m)$ 種。

34.【組合的性質】底下為一些組合的性質

(1) $C(n, n) = 1$, $C(n, 0) = 1$

(2) 若 $0 \leq m \leq n$，則 $C(n, m) = C(n, n-m)$；

☞說明：從 n 件不同的東西中取出 m 件（剩下 $n-m$ 件）的結果，和取出 $n-m$ 件（剩下 m 件）的結果是相同的，例如：$C(5, 2) = C(5, 3)$

(3) 巴斯卡定理：若 $1 \leq m \leq n - 1$，則 $C(n, m) = C(n - 1, m) + C(n - 1, m - 1)$

　　⤷證明：從 n 個不同的東西中，取出 m 個的結果是下列二項的組合（設 n 個中，有

　　　　　　一個東西為 A）：

　　　　(a) m 個中有取到 A，所以剩下 $(n - 1)$ 個中取 $(m - 1)$ 個 $\Rightarrow C(n - 1, m - 1)$

　　　　(b) m 個中沒取到 A，所以剩下 $(n - 1)$ 個中要取 m 個 $\Rightarrow C(n - 1, m)$

　　　　(c) 其結果為 $C(n, m) = C(n - 1, m) + C(n - 1, m - 1)$

　　　　　例如：$C(5, 3) = C(4, 3) + C(4, 2)$

例 43 設 $n \in N$，求下列的 n 和 r 值。

(1) $C(n, 4) = C(n, 6)$；

(2) $C(15, 2r + 1) = C(15, r + 5)$；

(3) $C(n - 1, r) : C(n, r) : C(n + 1, r) = 6 : 9 : 13$

解：

35. 【重覆組合】重覆組合的意義：若有 n 類不同的東西，每類的個數均大於 m 個，從中
取出 m 個東西做成一堆，此種組合方式有 $H(n, m) = C(m + n - 1, m)$ 種。

　　⤷說明：假設有 $n = 3$ 類東西，每類均超過 $m = 5$ 個，要從這些東西中，取出 $m = 5$ 個
　　　　　的方式有幾種？

　　⤷證明

(1) 我們可以用 2 塊 $= (n - 1)$ 板子將 3 類 5 個東西隔成三組，例如：$AA \mid B \mid CC$（其中
　　$\mid$ 為板子），最前面表第一類東西；中間表第二類東西；最後表第三類東西；

(2) 下列的情況均有可能：$\mid\mid CCCCC$（只有第三類有 5 件），或 $A \mid BB \mid CC$ 等；

(3) 也就是有 m 個相同的東西和 $(n - 1)$ 個板子來排列，（東西被板子隔在不同的區域，
　　就表示不同東西），其結果有 $(m + n - 1)!$ 種，但有 m 和 $(n - 1)$ 的相同東西，所以
　　最後結果的為 $\dfrac{(m + n - 1)!}{m!(n - 1)!}$．

(4) 我們將它設為 $H(n, m)$，$H(n, m) = \dfrac{(m + n - 1)!}{m!(n - 1)!} = C(m + n - 1, m)$

36.【重覆組合的變形】

(1) 由上可知：「由 n 類不同的東西（每類個數大於 m 個），取出 m 個的組合方式」與「m 個相同的東西放入 n 個不同盒子（盒子可以沒有東西）的組合方式」相同，均是 $H(n, m)$ 種。

【口訣】相同的東西分給不同的人；不同的東西放成堆。

(2) 若是要求「m 個相同的東西放入 n 個不同盒子，每盒至少有一件東西的組合方式」，是先將 m 個東西中，拿出 n 個，每盒先放一個，剩下的 $(m-n)$ 個再以上述的方法分給 n 盒，其有 $H(n, m-n)$ 種。

【結論】上述二種題型的結果都是：H（不同的東西 ，XXXX），即：不同的放前面。

37.【重覆組合的題型】重覆組合可分成二類，它們有不同的應用，如：

(1) n 類不同的東西，每類個數均超過 m 個，從中取出 m 個的組合個數為：

    (a) 有 n 種不同的硬幣，每種的個數均大於 m 個，從其內取出 m 個的組合個數
        $\Rightarrow H(n, m)$；

    (b) 投擲 k 個公正且相同的骰子，其出現點數的組合數 $\Rightarrow$ 可將之看成「有 1, 2, 3, 4, 5, 6 類不同的東西，每類均有 k 個，從其內取出 k 個的組合個數」$\Rightarrow H(6, k)$. 例如：2 個骰子有：$(1, 1), (1, 2), ..., (1, 6), (2, 2), ..., (2, 6), (3, 3), ..., (6, 6)$ 種組合。

    (c) 0 到 10^m 的整數中，此整數內的數字，在前面的數字不會大於在後面的數字（如：1223, 22356 等）的個數 $\Rightarrow$ 可視為「有 0, 1, 2, ..., 9 等 10 類不同數字中取出 m 個的組合個數（取出後，再由小而大排出數值）$\Rightarrow H(10, m)$.

(2) m 個相同的東西，分成 n 個不同地方（如 m 枝相同筆，放入 n 個不同鉛筆盒內），每個地方可以沒分到，其組合個數有 $H(n, m)$：

    (a) 有 n 個立委候選人，有 m 個選舉人，每人一票，採無記名方式投票，且

        (i) 不能有廢票，其組合的個數 $\Rightarrow$ 可視為「m 張相同選票，分給 n 個候選人，可能有人沒分到」$\Rightarrow H(n, m)$.

        (ii) 可能有廢票，其組合的個數 $\Rightarrow$ 將廢票視為另一個候選人的得票，也就是有 $(n+1)$ 個候選人 $\Rightarrow H(n+1, m)$.

    (b) 若 $x_1 + x_2 + \cdots\cdots + x_n = m$，求下列條件的組合個數。

        (i) x_i 為非負整數 $\Rightarrow$ 可視為「m 個相同的 1，分給 n 個 x_i，每個 x_i 可能為 0」$\Rightarrow H(n, m)$.

        (ii) x_i 為正整數 $\Rightarrow$ 將 n 個 1 分別給 $x_1, x_2 \cdots x_n$，剩下 $(m-n)$ 分給 $x_1, x_2 \cdots x_n$ $\Rightarrow H(n, m-n)$.

    (c) 1 到 10^n 的整數中，每個數字的和剛好為 m（如 123 為 $1 + 2 + 3 = 6, m = 6$）

⇒其與上題同可視為 $x_1 + x_2 + \cdots + x_n = m$，即 $H(n, m)$.

(d) $(a + b + c + d + e)^{10}$ 的展開式有幾項，

⇒可將它看成將 10 個相同東西分給 5 人，其方法有：$H(5, 10)$.

38.【分組、分堆問題（一）】將 n 個東西（相同或相異），放入 m 個箱子（相同或相異），
每箱「可放 0 個」東西，其有四種組合：

(a) 東西相同、箱子相同（不知道每箱有幾個）：作法：用手分一分。

(b) 東西相同、箱子不同（不知道每箱有幾個）：作法：其為重覆組合 $H(m, n)$.

(c) 東西不同、箱子相同：

(i) 知道每箱有幾個：作法：直接用組合公式解題。

(ii) 不知道每箱有幾個：

☝作法：先用手分一分，再用組合公式解題。

(d) 東西不同、箱子不同（不知道每箱有幾個）：

☝作法：其為重覆排列，有 m^n 種。

39.【分組、分堆問題（二）】將 n 個東西（相同或相異），放入 m 個箱子（相同或相異），
每箱「至少分 1 個東西」，其有四種組合：

(a) 東西相同、箱子相同（不知道每箱有幾個）：作法：用手分一分。

(b) 東西相同、箱子不同：

☝作法：每個箱子先放一個，共 m 個，剩下 $(n - m)$ 個東西再以「重覆組合」方式，
放入 m 個箱子內，其為重覆組合 $H(m, n - m)$。

(c) 東西不同、箱子相同：

(i) 知道每箱有幾個：作法：直接用組合公式解題。

(ii) 不知道每箱有幾個：

☝作法：先用手分一分，再用組合公式解題。

(d) 東西不同、箱子不同（不知道每箱有幾個）：

☝作法：可用「取捨原理（略）」或資料量不大可用手分。

補充說明一：【組合的應用】組合的應用：

(1) 分組、分堆問題（一）：「允許分 0 個東西」。

(a)東西同、箱子同：例如：有 6 個相同球要放入三個相同箱子，有 6, 0, 0；5, 1,

0；4, 2, 0；4, 1, 1；3, 3, 0；3, 2, 1；2, 2, 2 等 7 種。

(b)東西同、箱子不同（不知道每箱有幾個）：6 東西同、3 箱子不同，其為重覆組合 $H(3, 6)$。

(c)東西不同、箱子同：

(i) 知道每箱有幾個：作法：直接用組合公式解題。

例如：將 12 個相異東西分成 4 堆，每堆個數為 4, 3, 3, 2 個，其方式有

$$\frac{C(12,4) \cdot C(8,3) \cdot C(5,3) \cdot C(2,2)}{2!}$$ （除以 2! 是有二堆個數相同，誰先分，誰後分，都是一樣的；若有 3 堆相同，則除以 3!；若每堆為 4, 4, 2, 2，則除以 2!2!）（見 (2) 例子）

(ii) 不知道每箱有幾個：

作法：先用手分每堆有幾個，再用 (i) 解題（見下面 (2) 之說明）。

(d) 東西不同、箱子不同：6 東西不同、3 箱子不同其為重覆排列，有 3^6 種。

(2) 上題 (c)(ii)（東西不同，箱子同）的例子：有 6 個相異東西，分成四堆，某堆允許不放東西，則（先用手分一分（下面左邊資料），再算（下面右邊算式））：

(a) 6 − 0 − 0 − 0：1

(b) 5 − 1 − 0 − 0：$C_5^6 \cdot C_1^1 = 6$

(c) 4 − 2 − 0 − 0：$C_4^6 \cdot C_2^2 = 15$

(d) 4 − 1 − 1 − 0：$C_4^6 \cdot C_1^2 \cdot C_1^1 \cdot \frac{1}{2!} = 15$

(e) 3 − 3 − 0 − 0：$C_3^6 \cdot C_3^3 \cdot \frac{1}{2!} = 10$

(f) 3 − 2 − 1 − 0：$C_3^6 \cdot C_2^3 \cdot C_1^1 = 60$

(g) 3 − 1 − 1 − 1：$C_3^6 \cdot C_1^3 \cdot C_1^2 \cdot C_1^1 \cdot \frac{1}{3!} = 20$

(h) 2 − 2 − 2 − 0：$C_2^6 \cdot C_2^4 \cdot C_2^2 \cdot \frac{1}{3!} = 15$

(i) 2 − 2 − 1 − 1：$C_2^6 \cdot C_2^4 \cdot C_1^2 \cdot C_1^1 \cdot \frac{1}{2!} \cdot \frac{1}{2!} = 45$

再將上面相加起來：1 + 6 + 15 + 15 + 10 + 60 + 20 + 15 + 45 = 187 種。

(3) 分組、分堆問題（二）：「至少分 1 個東西」：

(a) 東西同、箱子同：例如：有 6 個相同球要放入三個相同箱子，有：

4, 1, 1；3, 2, 1；2, 2, 2 等 3 種。

(b) 東西同、箱子不同：每個箱子先放一個，共 3 個，剩下 3 個東西再以「重覆組合」方式，放入 m 個箱子內，其為重覆組合 $H(3, 3).$

(c) 東西不同、箱子同：不知道每箱有幾個

作法：先用手分每箱有幾個，再解題

  (i) $3-1-1-1$：$C_3^6 \cdot C_1^3 \cdot C_1^2 \cdot C_1^1 \cdot \dfrac{1}{3!} = 20$

  (ii) $2-2-1-1$：$C_2^6 \cdot C_2^4 \cdot C_1^2 \cdot C_1^1 \cdot \dfrac{1}{2!} \cdot \dfrac{1}{2!} = 45$

共 66 種。

(4) 有梅花 $A \sim K$ 共 13 張不同的撲克牌。

 (a) 任取 5 張 $\Rightarrow C(13, 5)$

 (b) 任取 5 張，有一張 $K \Rightarrow C(12, 4)$（先取出 K，剩下 12 取 4）

 (c) 任取 5 張，恰有一張 K 或 $Q \Rightarrow$（11 張任取 4 張，再選一張 K 或 Q）

  $\Rightarrow C(11, 4) \times 2$

 (d) 任取 5 張，至少有一張 K, Q 或 $J \Rightarrow$（任意選取）－（沒含 K, Q, J）

  $= C(13, 5) - C(10, 5)$

  另解（只有一張 K, Q, J）+（有二張 K, Q, J）+（有三張 K, Q, J）

  $= C(10, 4) \times 3 + C(10, 3) \times C(3, 2) + C(10, 2) \times C(3, 3)$

 (e) 其餘見習題。

(5) 有 n 件東西（有些東西有重覆），選出 m 個的組合：例如：在 *aaaabbbbccd* 字母中。

 (a) 任意「排列」：$\dfrac{11!}{4!4!2!}$

 (b) 任意取出 4 個字母「組合」：此時要分組討論：

  (i) 四同 $\Rightarrow C(2, 1) = 2$（a 或 b 取一個）。

  (ii) 三同一異 $\Rightarrow C(2, 1) \cdot C(3, 1) = 6$（$a$ 或 b 取一個，剩下三個取一個）。

  (iii) 二同二異 $\Rightarrow C(3, 1) \cdot C(3, 2) = 9$

  (iv) 二同二同 $\Rightarrow C(3, 2) = 3$

  (v) 四異 $\Rightarrow C(4, 4) = 1$

  共 $2 + 6 + 3 + 9 + 1 = 21$ 種。

 (c) 任選出四種「排列」：此時要由 (b) 的結果來算：

  (i) 四同：$C(2,1) \cdot \dfrac{4!}{4!} = 2$

  (ii) 三同一異：$C(2,1) \cdot C(3,1) \cdot \dfrac{4!}{3!} = 24$

  (iii) 二同二異：$C(3,1) \cdot C(3,2) \cdot \dfrac{4!}{2!} = 108$

  (iv) 二同二同：$C(3,2) \cdot \dfrac{4!}{2!2!} = 18$

  (v) 四異：$C(4, 4) \cdot 4! = 24$

  共 $2 + 24 + 108 + 18 + 24 = 176$ 種。

例 44 （99 課綱範例）

(1) 從 n 個元素的集合中每次取出 k 個相異元素，不同取法的總數有幾種？

(2) 球與籃子模式：把 k 個沒有編號且不可分辨差異的球，放入編號是 1 到 n 的籃子裡（$k \leq n$），每個籃子最多放一個球，放法總數有幾種？

(3) 從 n 個元素的集合中每次取出 k 個元素，允許重複取出同樣的元素，則不同取法的總數有幾種？

(4) 球與籃子模式：把 k 個沒有編號且不可分辨差異的球，放入編號是 1 到 n 的籃子裡，每個籃子裡的球數沒有限制，放法總數有幾種？

(5) 對於給定的 n 與 k，方程 $x_1 + x_2 + \cdots + x_n = k$ 的非負整數解總數有幾種？

解：

例 45 將 12 枝相同鉛筆分給甲、乙、丙、丁、戊、己等六個人，其中 2 人得 4 枝，2 人得 2 枝，另 2 人沒分到，則 (1) 有幾種分法；(2) 在此分法下，若甲得 4 枝的分法有幾種；(3) 在此分法下，甲得 4 枝，乙得 4 枝，丙沒分到的分法有幾種。

解：

例 46 有 10 對夫妻，任選 4 人，問下列的組合有幾種，(1) 此 4 人彼此均不是夫妻；(2) 此 4 人是二對夫妻；(3) 此 4 人一對是夫妻，一對不是夫妻？

解：

例 47 有 13 張 1 ~ 13 的撲克牌，(1) 任取 6 張；(2) 取 6 張，其內有一張為 A 者；(3) 取 6 張，其內有 A 和 2 者；(4) 取 6 張，其內恰有一張 A 或 2 者；(5) 取出 6 張，其內不含 A 或 2 者；(6) 取出 6 張，其內至少含有 A、2、3 或 4 者；(7) 取出 6 張分給 6 人，每人一張，問各有幾種方法？

解：

例 48 有 9 顆不同顏色的珠子，分成下列的情況，其分法有幾種？

(1) 分成三堆，其中一堆 2 個，一堆 3 個，一堆 4 個。

(2) 分成三堆，其中一堆 2 個，一堆 2 個，一堆 5 個。

(3) 分成三堆，每堆 3 個。

(4) 分到 3 個不同的箱子，甲箱 2 個，乙箱 3 個，丙箱 4 個。

(5) 分到 3 個不同的箱子，甲箱 2 個，乙箱 2 個，丙箱 5 個。

(6) 分到 3 個不同的箱子，甲，乙，丙箱各為 3 個。

(7) 分到 3 個不同的箱子，其中一箱 2 個，一箱 3 個，一箱 4 個。

(8) 分到 3 個不同的箱子，其中一箱 2 個，一箱 2 個，一箱 5 個。

解：

例 49 要從 6 人中選出 4 人參加國、英、數、物理的測驗（每人考一科），但其中有 2 人不能考國文，問有幾種不同的組合？

解：

例 50 將 4 枝不同的筆，放入 A, B, C 三個鉛筆盒，其中 A 最多可放 3 個，B 最多可放 2 個，C 最多可放 1 個，問有幾種放法？

解：

例 51 某鄉鎮選民有 2000 人，而有 3 位鄉長候選人，問 (1) 若沒人投廢票，其投票結果有幾種情況？(2) 若有人投廢票，又有幾種情況？

解：

例 52 投擲五個相同且公正的骰子，其出現點數的組合有幾種？

解：

例 53 有一元、五元、十元和 50 元的硬幣各 100 個，取出 8 個，問有幾種情況？

解：

例 54 若 $x_1 + x_2 + x_3 + x_4 = 10$，求 (1) x_1, x_2, x_3, x_4 的非負數組合有幾種；(2) 正數組合有幾種？

解：

例 55 1 到 10000 中，每個數字和為 10 的數值有幾種（例如：$19 = 1 + 9$）？

解：

例 56 全班有 50 個同學，有三位同學出來競選班長，每個人均只選一人，不能多選也不能沒選，若 (1) 採記名投票；(2) 採不記名投票，問有幾種情況。

解：

例 57 $(a+b+c+d+e)^{10}$ 的展開式有幾項？

解：

---

40. 【重覆排列、重複組合的差異】重覆排列與重複組合的差異為：

(1) 重覆排列：有 m 個「不同」的東西，分給 n 個不同的目標（人，鉛筆盒…等），每個目標可能沒分到，其分法有 n^m 種。

(2) 重覆組合：有 m 個「相同」的東西，分給 n 個不同的目標，每個目標可能沒分到，其分法有 $H(n, m)$ 種。

第四單元　二項式定理

41. 【二項式定理】二項式定理常見的公式有：

(1) $(x+y)^n = \sum_{r=0}^{n} (n,r)x^{n-r} \cdot y^r = C(n,0)x^n + C(n,1)x^{n-1} \cdot y + \cdots + C(n,n)y^n$，

其共有 $n+1$ 項，其中第 $r+1$ 項為 $C(n,r)x^{n-r}y^r$

(2) 令 $x = y = 1$，則 $C(n, 0) + C(n, 1) + \cdots + C(n, n) = 2^n$

(3) 令 $x = 1, y = -1$，則 $C(n, 0) + C(n, 2) + C(n, 4) + \cdots = C(n, 1) + C(n, 3) + \cdots = 2^{n-1}$

(4) $(x+y)^n$ 展開後，有 $(n+1)$ 個項次。

(a) 當 n 為奇數時，第 $\frac{n-1}{2}+1$ 項和 $\frac{n+1}{2}+1$ 項的係數相同，且為最大係數者。

(b) 當 n 為偶數時，第 $\frac{n}{2}+1$ 項為中間數項，且其為最大係數者。

(5) 特例：$(1+x)^n = C(n, 0) + C(n, 1) \cdot x + C(n, 2) \cdot x^2 + \cdots + C(n, n) \cdot x^n$

---

42. 【巴斯卡三角形】二項式定理的公式有：

(1) $(x+y)^0 = 1.$

(2) $(x+y)^1 = x+y.$

(3) $(x+y)^2 = x^2 + 2xy + y^2.$

(4) $(x+y)^3 = x^3 + 3x^2y + 3xy^2 + y^3.$

(5) $(x+y)^4 = x^4 + 4x^3y + 6x^2y^2 + 4xy^3 + y^4.$

若將它們的係數拿出來，可以表示一個三角形，且下面的值等於上面二個值的和，此稱為巴斯卡三角形。即：

$$\begin{array}{ccccccccc} & & & & 1 & & & & \\ & & & 1 & & 1 & & & \\ & & 1 & & 2 & & 1 & & \\ & 1 & & 3 & & 3 & & 1 & \\ 1 & & 4 & & 6 & & 4 & & 1 \end{array}$$

例 58 求下列條件下的多項式係數：(1)$(x+y)^{10}$ 的 x^3y^7；(2)$(3x-2y^2)^6$ 的 x^4y^4 係數。

解：

例 59 求 $(1+x)+(1+x)^2+\cdots\cdots+(1+x)^n$ 展開式中，x 項的係數。

解：

例 60 求 99^{20} 除以 100 的餘數？

答：

83 年 到 102 年 學 測 題 目

1. （83 學測）設右圖 1 中，A、B、C 三點共線，D、E、F 三點共線。利用這六點的 3 個點作頂點所形成的三角形共有多少個？（單選）

   (A) 9   (B) 14

   (C) 16   (D) 18

   (E) 20

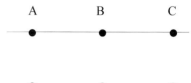

圖 1

2. （84 學測）我國自用小汽車的牌照號碼，前兩位為大寫英文字母，後四位為數字，例如 $AB - 0950$. 若最後一位數字不用 4，且後四位數字沒有 0000 這個號碼，那麼我國可能有的自用小汽車牌照號碼有多少個？

   (A) $26 \times 25 \times (4320 - 1)$ (B) $26 \times 25 \times 4620 - 1$ (C) $26 \times 25 \times (5040 - 1)$

   (D) $26 \times 26 \times (9000 - 1)$ (E) $26 \times 26 \times 9000 - 1$

3. （84 學測）已知二多項式 $P(x) = 1 + 2x + 3x^2 + \cdots + 10x^9 + 11x^{10} = \sum_{i=0}^{10}(i+1)x^i$，與

   $Q(x) = 1 + 3x^2 + 5x^4 + \cdots + 9x^8 + 11x^{10} = \sum_{i=0}^{5}(2i+1)x^{2i}$。

   則 $P(x)$ 和 $Q(x)$ 的乘積中，x^9 的係數為多少？

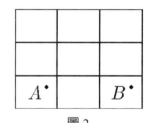

4. （85 學測）右圖 2 中，至少包含 A 或 B 兩點之一的長方形（含正方形）共有幾個。

圖 2

5. （87 學測）在三位數中，百位數與個位數之差的絕對值為 2 的數，共有幾個。

6. （87 學測）某公司有甲、乙、丙三條生產線，現欲生產三萬個產品，如果甲、乙、丙三條生產線同時開動，則需 10 小時；如果只開動乙、丙兩條生產線，則需 15 小時；如果只開動甲生產線 15 小時，則需再開動丙生產線 30 小時，才能完成所有產品。問如果只開動乙生產線，則需幾小時才能生產三萬個產品。

7. （89 學測）體操委員會由 10 位女性委員與 5 位男性委員組成。委員會要由 6 位委員組團出國考察，如以性別做分層，並在各層依比例隨機抽樣，試問此考察團共有多少種組成方式？（此題表示女性 4 人，男性 2 人）

8. （90 學測）籃球 3 人鬥牛賽，共有甲、乙、丙、丁、戊、己、庚、辛、壬 9 人參加，組成 3 隊，且甲、乙兩人不在同一隊的組隊方法有多少種？

9. （91 補考）如右圖各小方格為 1cm² 的正方形。試問圖中大大小小的正方形共有多少個？

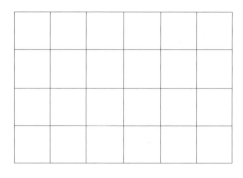

10. （93 薦甄）中山高速公路重慶北路交流道南下入口匝道分成內、外兩線車道，路旁立有標誌「外側車道大客車專用」。請選出不違反此規定的選項：

(A) 小型車行駛內側車道　　(B) 小型車行駛外側車道　　(C) 大客車行駛內側車道

(D) 大客車行駛外側車道　　(E) 大貨車行駛外側車道

11. （94 學測）在數線上有一個運動物體從原點出發，在此數線上跳動，每次向正方向或負方向跳 1 個單位，跳動過程可重複經過任何一點。若經過 6 次跳動後運動物體落在點 +4 處，則此運動物體共有幾種不同的跳動方法。

12. （95 學測）在右圖的棋盤方格中，隨機任意取兩個格子。選出的兩個格子不在同行（有無同列無所謂）的機率為

(A) $\dfrac{1}{20}$ 　　　　　(B) $\dfrac{1}{4}$ 　　　　　(C) $\dfrac{3}{4}$

(D) $\dfrac{3}{5}$ 　　　　　(E) $\dfrac{4}{5}$

13. （95 學測）新新鞋店為與同業進行促銷戰，推出「第二雙不用錢——買一送一」的活動。該鞋店共有八款鞋可供選擇，其價格如下：

款式	甲	乙	丙	丁	戊	己	庚	辛
價格	670	670	700	700	700	800	800	800

規定所送的鞋之價格一定少於所買的價格（例如：買一個「丁」款鞋，可送甲、乙兩款鞋之一）。若有一位新新鞋店的顧客買一送一，則該顧客所帶走的兩雙鞋，其搭配方法一共有幾種？

14. （95 學測）某地共有 9 個電視頻道，將其分配給 3 個新聞台、4 個綜藝台及 2 個體育台共三種類型。若同類型電視台的頻道要相鄰，而且前兩個頻道保留給體育台，則頻道的分配方式共有幾種？

15. （96 學測）某公司生產多種款式的「阿民」公仔，各種款式只是球帽、球衣或球鞋顏色不同。其中球帽共有黑、灰、紅、藍四種顏色，球衣有白、綠、藍三種顏色，而球鞋有黑、白、灰三種顏色。公司決定紅色的球帽不搭配灰色的鞋子，而白色的球衣則必須搭配藍色的帽子，至於其他顏色間的搭配就沒有限制。在這些配色的要求之下，最多可有幾種不同款式的「阿民」公仔。

16. （**97 學測**）某地區的車牌號碼共六碼，其中前兩碼為 O 以外的英文大寫字母，後四碼為 0 到 9 的阿拉伯數字，但規定不能連續出現三個 4。例如：AA1234, AB4434 為可出現的車牌號碼；而 AO1234, AB3444 為不可出現的車牌號碼。則所有第一碼為 A 且最後一碼為 4 的車牌號碼個數為

(A) 25×9^3 (B) $25 \times 9^2 \times 10$ (C) 25×900

(D) 25×990 (E) 25×999

17. （**99 學測**）有一個兩列三行的表格如右下圖。在六個空格中分別填入數字 1、2、3、4、5、6（不得重複），則 1、2 這兩個數字在同一行或同一列的方法有幾種。

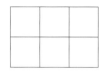

18. （**102 學測**）學校規定上學期成績需同時滿足以下兩項要求，才有資格參選模範生。

一、國文成績或英文成績 70 分（含）以上；

二、數學成績及格。

已知<u>小文</u>上學期國文 65 分而且他不符合參選模範生資格。請問下列哪一個選項的推論是正確的？

(A) <u>小文</u>的英文成績未達 70 分

(B) <u>小文</u>的數學成績不及格

(C) <u>小文</u>的英文成績 70 分以上但數學成績不及格

(D) <u>小文</u>的英文成績未達 70 分且數學成績不及格

(E) <u>小文</u>的英文成績未達 70 分或數學成績不及格

19. （**102 學測**）將 24 顆雞蛋分裝到紅、黃、綠的三個籃子。每個籃子都要有雞蛋，且黃、綠兩個籃子裡都裝奇數顆。請選出分裝的方法數。

(A) 55   (B) 66

(C) 132   (D) 198

(E) 253

解答：	1.D	2.D	3.110	4.15	5.150	6.20
	7.2100	8.210	9.50	10.ACD	11.6	12.E
	13.21	14.576	15.25	16.D	17.432	18.E
	19.B					

Chapter 6 機率

99 年 課 程 綱 要 細 部 說 明

1. 樣本空間與事件

   1.1 樣本空間與事件：藉由集合來說明幾個事件的同時發生、至少有一件發生、某事件未發生等狀況。

   範例：樣本空間為投銅板五次的所有可能，事件為「正面出現的次數為 3」。

2. 機率的定義與性質

   2.1 古典機率的定義：藉由生活中的實例，以說明機率函數要滿足的基本條件。並證明機率函數的基本性質。

   範例：班上有 50 人，同學間有人生日相同的機率為何？

3. 條件機率與貝氏定理

3.1 條件機率、貝氏定理

(1) 某公司的產品分別由 A、B、C 工廠所提供，其中 A 工廠提供 40%，B 工廠提供 30%，C 工廠提供 30%，而 A 工廠的所生產的產品中有 5% 的瑕疵品，B 工廠的所生產的產品中有 10% 的瑕疵品、C 工廠的所生產的產品中有 8% 的瑕疵品，若從該公司的產品中發現一個瑕疵品，則此瑕疵品為 A 工廠所製造的機率為何？

(2) 某一檢查方法對檢驗某一疾病有 90% 的準確率，也就是說，如果患有該疾病的人做檢查，那麼有 90% 的機會會呈現陽性反應；如果沒有該疾病的人做檢查，也有 90% 的機會會呈現陰性反應。假設已知全國人口中有 2% 的人得患有該疾病，如果有一人以此檢查方法的檢查結果為陽性，那麼他罹患該病的機率為何？

本 章 內 容

第一單元　機率

---

1. 【隨機試驗】求機率的試驗均是隨機試驗。隨機試驗是：

(1) 在不改變試驗的條件下，它可以一直重複地試驗下去。

(2) 在試驗前，我們無法知道它的結果，但我們可以知道所有可能的結果。

(3) 若重複非常多次的試驗時，它會有一個明確的規則出現。

　　例如：投擲骰子就是一個隨機試驗。

　　　　(1) 它可以一直地投擲下去。

　　　　(2) 投擲之前，我們無法知道它會出現幾點，但我們知道它一定是 1、2、3、4、5 或 6 中的一個數。

　　　　(3) 若此骰子是一個公正的骰子，則每個數點出現的機會為 $\frac{1}{6}$．

---

2. 【樣本空間、事件】底下為「樣本空間」和「事件」的定義

(1) 樣本空間：在每一個實驗中，樣本空間是所有可能的結果所成的集合，通常以大寫 S 表之。

(2) 事件：樣本空間 S 下的一個事件是一組可能出現的結果。

例 1：投擲一個骰子，其樣本空間為 $S = \{1 , 2 , 3 , 4 , 5 , 6\}$.

例 2：投擲一個骰子，事件 A 表示其值大於 2 的結果，即

樣本空間 $S = \{1 , 2 , 3 , 4 , 5 , 6\}$，事件 $A = \{3 , 4 , 5 , 6\}$；若事件 B 表示其值為偶數的結果，則事件 $B = \{2 , 4 , 6\}$.

例 1 （99 課綱範例） 樣本空間為投銅板五次的所有可能，事件 A 為「正面出現的次數為 3」，問 (1) 有幾個樣本空間？ (2) 事件 A 有哪些？

解：

例 2 若一個硬幣有正反二面，共投擲三次，問其出現的樣本空間有幾個？

解：

例 3 (1) 投擲一個公正骰子三次，求其樣本空間內有幾個元素？

(2) 投擲三個相同的骰子，求其樣本空間內有幾個元素？

(3) 投擲三個不同顏色的骰子，求其樣本空間內有幾個元素？

解：

例 4 投擲三個不同顏色的骰子，其點數和為 7 的事件有幾個？

解：

例 5 投擲三個相同顏色的骰子，其點數和為 7 的情況有幾種？

解：

3.【事件的特性】若 A、B 為二事件，則：

(1) $A \cup B$ 表示發生事件 A 或發生事件 B 的事件，也稱為 A、B 的「和事件」。

(2) $A \cap B$ 表示發生事件 A 且發生事件 B 的事件，也稱為 A、B 的「積事件」。

(3) $A - B$ 表示發生事件 A 但不發生事件 B 的事件，也稱為事件 A、B 的「差事件」。

(4) $A \cap B = \Phi$，表示 A、B 為互斥事件。

(5) 若 A 為一事件，則 $\overline{A}$ 是不會發生 A 的事件，也稱為 A 的「餘事件」，即 $\overline{A} = S - A$。

例 6 生產線生產出來的物品，好的標為 G，壞掉的標為 B，檢查這些物品的方式為：「連續檢查出二個壞掉的物品，或連續檢查四個物品」就停止，則此實驗的樣本空間有幾個？

解：

例 7 一電子公司測試其電子元件，若其樣本空間為 $S = \left\{ t \mid t \geq 0 \right\}$，而三個事件分別為 $A = \left\{ t \mid t < 100 \right\}$，$B = \left\{ t \mid 50 \leq t \leq 200 \right\}$，$C = \left\{ t \mid t > 150 \right\}$

求：(1)$A \cup B$; (2)$A \cap B$; (3)$B \cup C$; (4)$B \cap C$; (5)$A \cap C$; (6)$A \cup C$; (7) $\overline{A}$; (8) $\overline{B}$.

解：

4.【機率定義】

(1) 機率是每一次進行隨機試驗時，事件發生的可能性；

(2) 在樣本空間 S 下，若一事件 A 的機率為 $P(A)$，則 $P(A)$ 等於 A 元素的個數（$n(A)$）除以 S 的全部元素個數（$n(S)$），即 $P(A) = \dfrac{n(A)}{n(S)}$．

(3) 機率為 0 表示事件不會發生；

(4) 機率為 1 表示事件一定會發生。

例 8　（99 課綱範例）班上有 50 人，同學間有人生日相同的機率為何？（假設一年有 365 天）

🖐作法：要解「至少有人生日相同的機率」，常要利用「1 −（沒有人生日相同的機率）」。

解：

例 9　一盒子內有標上 1 到 10 的 10 顆球，隨機從盒子內取出一球，此球為 3, 5 或 7 號的機率為何？

解：

例 10　有一半徑為 1 的圓盤，圓心上放一指針，而圓盤以圓心為中點往外相等分割成 37 個區域，每個區域分別標為 1, 2……37，求：此指針停在偶數區域的機率。

解：

例 11 有 30 個水果,其中 10 個是壞的,20 個是好的,任意選取二個,請問:下列情況下的機率為何? (1) 二個均是好的;(2) 二個均是壞的;(3) 有一個是好的,另一個是壞的?

解:

例 12 某一電腦,其損壞原因有三:(1) 主機板壞掉;(2) 螢幕壞掉;(3) 鍵盤壞掉。而主機板壞掉的機率是螢幕壞掉的兩倍,而螢幕壞掉的機率是鍵盤壞掉的四倍,請問每一種損壞的機率為何?

解:

例 13 一由四直線 $x=0$,$y=0$,$x=1$,$y=1$ 圍成的四邊形中,隨機取一點,若此點落在三直線 $x=0$,$y=0$,$x+y=1$ 所圍成的範圍內的機率圍何?

解:

例 14 從半徑為 5 的圓盤中,在圓周上隨機取一點,求:此點落在 0 到 $\frac{\pi}{4}$ 弧度的圓周區域機率為何?

解:

例 15 投擲骰子 12 次，求：(1) 有 2 次六；(2) 最少 2 次六的機率。

解：

例 16 房間內有 10 人，穿著 1 到 10 號的衣服，任意選出 3 個人，(1) 若此三人最小的衣服號碼為 5 的機率為何？(2) 最大為 5 的機率又為何？

解：

例 17 袋子內有編號 1 到 10 的紙牌，再 (1) 同時取出二張，(2) 分別取出 2 張，取出後不放回去，問其點數和為 10 的機率分別為多少？

（重要觀念：分子用排列做，分母也要用排列做；分子用組合做，分母也要用組合做。）

解：

例 18 大樂透的玩法如下：有 1 到 49 等 49 個號碼，買家一次選取 6 個不同的號碼，莊家開獎時，開 6 個不同的號碼和一個特別號（共 7 個不同的號碼），若 (1) 買家的 6 個號碼和莊家的 6 個號碼完全相同（不含特別號），則中頭彩；(2) 若買家的 6 個號碼和莊家的 6 個號碼中的 5 個相同，而買家的第 6 個（沒中的）號碼和莊家特別號相同，則二頭彩；(3) 若買家的 6 個號碼和莊家的 6 個號碼中的 3 個相同（不含特別號），且買家沒中的 3 個號碼也和特別號不同，則中普獎。問：(1) 中頭彩的機率為何；(2) 中二彩的機率為何；(3) 中普獎的機率為何。

（註：中獎機率很低吧，所以能不玩，儘量不要玩。）

解：

5.【機率的性質 (I)】在樣本空間 S 下，若一事件 A 的機率為 $P(A)$，其有下列的性質：

(1) $0 \le P(A) \le 1$.

(2) $P(S) = 1$（必然事件），$P(\Phi) = 0$（不可能事件）。

(3) 若 A、B 為二互斥事件（一點關係也沒有），表示 $A \cap B = \phi$，則 $P(A \cap B) = 0$ 且 $P(A \cup B) = P(A) + P(B)$.

(4) 若 $\overline{A}$ 為事件 A 的餘事件，則 $P(A) + P(\overline{A}) = 1 \Rightarrow P(\overline{A}) = 1 - P(A)$.

(5) 若 A、B、C 為樣本空間 S 下的任意三事件，則：

    (a) $P(A \cup B) = P(A) + P(B) - P(A \cap B)$

    (b) $P(A \cup B \cup C) = P(A) + P(B) + P(C) - P(A \cap B) - P(B \cap C) - P(C \cap A) + P(A \cap B \cap C)$

(6) 若 $A \cup B = U$（宇集），則 $P(A) = P(A \cap B) + P(A \cap \overline{B})$.

(7) 若 $A \subset B$，則 $P(A) \le P(B)$.

例 19 一樣本空間有 A, B 二事件，若 $P(A) = \dfrac{3}{5}$，$P(B) = \dfrac{2}{3}$，$P(A \cap B) = \dfrac{1}{3}$，求

(1) $P(\overline{A}) = ?$；(2) $P(A \cup B) = ?$；(3) $P(A \cap \overline{B}) = ?$；(4) $P(A \cup \overline{B}) = ?$

解：

例 20 有 A, B 二事件，且 $P(A) = x, P(B) = y, P(A \cap B) = z$，試以 x、y、z 表示下列事件機率，(1) $P(\overline{A} \cup \overline{B})$,(2) $P(\overline{A} \cap B)$,(3) $P(\overline{A} \cup B)$,(4) $P(\overline{A} \cap \overline{B})$

解：

例 21 教室內男生有 5 人超過（含）16 歲，4 人小於 16 歲，女生有 6 人超過 16 歲，3 人小於 16 歲。定義：事件 $A = \{$ 超過 16 歲的人 $\}$，事件 $B = \{$ 小於 16 歲的人 $\}$，事件 $C = \{$ 男生 $\}$，事件 $D = \{$ 女生 $\}$，從教室內走出一人，則此人 (1) $P(B \cup D)$，(2) $P(\overline{A} \cap \overline{C})$ 為何？

解：

例 22 1 到 100 之間，任選一數，可以被 6 或 8 整除的機率為何？

解：

例 23 一實驗中有 A, B, C 三種事件，將下列敘述以集合符號表之：(1) 至少有一事件發生；(2) 僅有一事件發生；(3) 僅有二事件發生。

解：

例 24 有 A, B, C 三事件，且 $P(A) = P(B) = P(C) = \dfrac{1}{4}$，$P(A \cap B) = P(B \cap C) = 0$，$P(A \cap C) = \dfrac{1}{8}$，求 (1) 這三事件中，至少有一事件發生的機率為何？(2) 三事件均不發生的機率？

解：

例 25 1, 2, 3 三數任意寫，則至少有一數字寫在正確位置（即 1, 2, 3 分別在第一、二、三個位置）的機率為何？

解：

6.【機率的性質 (II)】設某一樣本空間 $S = \left\{ a_1, a_2 \cdots, a_k \right\}$，且事件 a_i 發生的機率為 P_i，則

(1) $P_i \geq 0, i = 1, 2, \cdots\cdots, k$

(2) $P_1 + P_2 + \cdots\cdots + P_k = 1$

(3) 若一事件 A 包含 r 的結果（$1 \leq r \leq k$），即 $A = \left\{ P_1, P_2, \cdots P_r \right\}$，且它們彼此間互斥，則 A 的機率 $P(A) = P_1 + P_2 + \cdots\cdots + P_r$.

(4) 若每個 a_i 發生的機率均相同，則 $P_i = \dfrac{1}{k}$（k 為個數）。

例 26 投擲一骰子，其樣本空間 $S = \{1, 2, 3, 4, 5, 6\}$，若此骰子為公正骰子，且每個點數出現機率均相同，求：(1) 每個點數出現的機率？ (2) 出現偶數點數的機率？

解：

例 27 袋子內有 10 件好的物品，4 件有點瑕疵的物品，2 件有嚴重瑕疵的物品，任取一物，求下列條件下的機率：(1) 好的物品；(2) 不是嚴重瑕疵的物品；(3) 可能是好的或嚴重瑕疵的物品。

解：

例 28 1500 台洗衣機中，其中 400 台有瑕疵，若任選 200 台（選出後不再放回去），求 (1) 剛好 90 台有瑕疵的機率為何？ (2) 至少 2 台有瑕疵的機率為何？

解：

例 29 某人對一目標發射 12 發子彈，若他每發的命中率為 0.9，求其至少中一發的機率。

解：

例 30 一部機器是由 4 個開關並聯而成，因此要 4 個同時關掉，此機器才會關掉，若每個開關關起來的機率分別為 0.1，0.2，0.3 和 0.4，求此機器打開的機率為何？

解：

7. 【樹狀圖表示法】若要計算的資料量不多時，採用「樹狀圖表示法」來解，也是很好的方法。它是將所有的情況，以樹狀圖表示出來，再找出欲解的那條路徑。

例 31 彩票公司每天開獎一次，從 1, 2, 3 三個號碼中隨機開出一個，如果開出的號碼與前一天相同，就要重開。如果第一天開出的號碼為 3，求第 5 天那個號碼開出的機率最大？

解：

第二單元　條件機率

8. 【條件機率】條件機率是「在某事件發生的情況下，另一事件發生的機率」。

9. 【條件機率公式】條件機率 $P(B \mid A)$ 表示在事件 A 發生的條件下，事件 B 發生的機率，

其為 $P(B \mid A) = \dfrac{P(A \cap B)}{P(A)}$，

10. 【條件機率性質】若事件 A、B、C 為樣本空間 S 下的三個事件，則條件機率有下列的性質：

(1) $P(A \cap B) = P(A) \cdot P(B \mid A)$，〔重要公式〕

　　證明：$P(B \mid A) = \dfrac{P(A \cap B)}{P(A)} \Rightarrow P(A \cap B) = P(A) \cdot P(B \mid A)$

(2) $P(A \cap B \cap C) = P(A) \cdot P(B \mid A) \cdot P(C \mid A \cap B)$

　　證明：$P(A) \cdot P(B \mid A) \cdot P(C \mid A \cap B) = P(A) \cdot \dfrac{P(A \cap B)}{P(A)} \cdot \dfrac{P(A \cap B \cap C)}{P(A \cap B)} = P(A \cap B \cap C)$

(3) $0 \le P(B \mid A) \le 1$（最大為 $P(S \mid A) = 1$，最小為 $P(A \cap B) = 0$）

(4) $P(S \mid A) = 1$（即 $P(S \mid A) = \dfrac{P(S \cap A)}{P(A)} = \dfrac{P(A)}{P(A)} = 1$）

(5) $P(A \mid A) = 1$（即 $P(A \mid A) = \dfrac{P(A \cap A)}{P(A)} = \dfrac{P(A)}{P(A)} = 1$）

(6) $P(\Phi \mid A) = 0$ （即 $P(\Phi \mid A) = \dfrac{P(\Phi \cap A)}{P(A)} = \dfrac{P(\Phi)}{P(A)} = \dfrac{0}{P(A)} = 0$）

11. 【條件機率與一般機率之區別】某工廠生產的產品，定義：事件 $A = \{$ 第一次拿到的為不良品 $\}$，事件 $B = \{$ 第二次拿到的為不良品 $\}$，則：

(1) 「若第一次拿到的為不良品的條件下，第二次亦拿到不良品」的機率即為條件機率，以 $P(B \mid A)$ 表之。

(2) 它與「抽二次均為不良品」不同，抽二次均為不良品的機率為 $P(A \cap B)$。

例 32 已知 $P(A) = 0.6$，$P(B) = 0.45$，$P(A \cap B) = 0.3$，求 (1) $P(B \mid A) = $？ (2) $P(A \mid B) = $？

解：

例 33 某工廠生產的產品，100 個中有 20 個是良品，80 個是不良品，依序拿出二個（拿出後不放回去），則定義：事件 $A = \{$ 第一次拿到的為不良品 $\}$，事件 $B = \{$ 第二次拿到的為不良品 $\}$，求 (1)$P(A)$；(2)「抽二次均為不良品的機率」；(3)「若第一次拿到的為不良品的條件下，第二次亦拿到不良品的機率」。

解：

例 34 統計去年購買新車的人中，40% 的人已結婚且已有了一部車，50% 的人已有了一部車，60% 已結婚。請問：(a) 現已知購買新車的人中已有了一部車，他已結婚的機率？ (b) 現已知購買新車的人中他已結婚，他已有了一部車的機率？ (c) 現已知購買新車的人中他還沒結婚，他已有了一部車的機率？

☞作法：解這種題目通常要先將已知和問題列出來。

解：

(1) 已知：設購買新車的人中，「已結婚」的事件為 M，「已有了一部車」的事件為 C，則 $P(M \cap C) = 0.4, P(C) = 0.5, P(M) = 0.6$.

(2) 題目要求：(a) $P(M \mid C) = ?$ (b) $P(C \mid M) = ?$ (c) $P(C \mid \overline{M}) = ?$

(3) 解法：

(a) $P(M \mid C) = \dfrac{P(M \cap C)}{P(C)} = \dfrac{0.4}{0.5} = 0.8$

(b) $P(C \mid M) = \dfrac{P(M \cap C)}{P(M)} = \dfrac{0.4}{0.6} = 0.667$

(c) $P(C \mid \overline{M}) = \dfrac{P(\overline{M} \cap C)}{P(\overline{M})}$

因 $P(M \cap C) + P(\overline{M} \cap C) = P(C) \Rightarrow P(\overline{M} \cap C) = 0.5 - 0.4 = 0.1$

所以 $P(C \mid \overline{M}) = \dfrac{P(\overline{M} \cap C)}{P(\overline{M})} = \dfrac{0.1}{1 - 0.6} = \dfrac{0.1}{0.4} = 0.25$

例 35 統計去年年齡 ≥ 20 歲以上的成人中，有 60% 的年齡在：20 歲 $\leq$ 年齡 < 60 歲；有 40% 的年齡 ≥ 60 歲；而年齡在 20 歲 $\leq$ 年齡 < 60 歲的人中，去年有 70% 的人有出過國，請問年齡在 20 歲 $\leq$ 年齡 < 60 歲的人且去年有出過國的機率為何？

✐ 作法：解這種題目通常要先將已知和問題列出來。

解：

(1) 已知：

(a) 設「年齡在 20 歲 $\leq$ 年齡 < 60 歲的人」的事件為 A，則「年齡 ≥ 60 歲」的事件為 $\overline{A}$，

(b) 「去年有出過國」的事件為 B，則 $P(A) = 0.6, P(\overline{A}) = 0.4, P(B \mid A) = 0.7$

(2) 題目要求：$P(A \cap B)$

(3) 解法：$P(B \mid A) = \dfrac{P(A \cap B)}{P(A)} \Rightarrow P(A \cap B) = P(A) \times P(B \mid A) = 0.6 \times 0.7 = 0.42$

12.【貝氏定理】

(1) 以 2 個事件為例：設 A_1、A_2（即 $A_2 = \overline{A_1}$）為樣本空間 S 內的一種分割（即 $A_1 \cup A_2 = S$），事件 B 為任意一事件，若 $P(A_i) > 0$，$i = 1, 2$，且 $P(B) > 0$，則

$$P(A_i \mid B) = \frac{P(A_i \cap B)}{P(B)} = \frac{P(A_i)P(B \mid A_i)}{P(A_1)P(B \mid A_1) + P(A_2)P(B \mid A_2)} , \quad i = 1, 2 。$$

(2) 證明：要求 $P(A_i \mid B)$ 也就是要求 $\dfrac{P(A_i \cap B)}{P(B)}$，其中

(a) 分子：$P(A_i)P(B \mid A_i) = P(A_i) \dfrac{P(A_i \cap B)}{P(A_i)} = P(A_i \cap B)$

(b) 分母：因 $P(A_1)P(B \mid A_1) + P(A_2)P(B \mid A_2) = P(A_1 \cap B) + P(A_2 \cap B)$

又 $A_1 \cup A_2 = $ 樣本空間 S

所以 $P(B) = P(A_1 \cap B) + P(A_2 \cap B)$

　　註：若以 3 個事件為例：設 A_1、A_2、A_3 為樣本空間 S 內的一種分割

（即 $A_1 \cup A_2 \cup A_3 = S$），則 $P(B) = P(A_1)P(B \mid A_1) + P(A_2)P(B \mid A_2) + P(A_3)P(B \mid A_3)$

只有此處不同，其餘的均相同。

(3) 貝氏定理的解法通常是：

　(1) 將題目已知的機率值列出來。

　(2) 將要求的問題的機率式子列出來：通常是求 $P(A_i \mid B) = \dfrac{P(A_i \cap B)}{P(B)}$．

　(3) 由 (1) 的已知，可以求得 (2) 的 $P(B)$ 的機率（算法為：證明的分母部份）。

　(4) 由 (1) 的已知，可以求得 (2) 的 $P(A_i \cap B)$ 的機率（算法為：證明的分子部份）。

　(5) 由 (3)(4) 的結果代入 (2) 內，即可將答案算出來。

例 36　（99 課綱範例）某公司的產品分別由 A、B、C 工廠所提供，其中 A 工廠提供 40%，B 工廠提供 30%，C 工廠提供 30%，而 A 工廠所生產的產品中有 5% 的瑕疵品，B 工廠所生產的產品中有 10% 的瑕疵品、C 工廠所生產的產品中有 8% 的瑕疵品，若從該公司的產品中發現一個瑕疵品，則此瑕疵品為 A 工廠所製造的機率為何？

解：

(1) 將題目已知的機率值列出來：設 D 表示瑕疵品事件，則：

　$P(A) = 0.4$；$P(B) = 0.3$；$P(C) = 0.3$（註：$P(A) + P(B) + P(C) = 1$）

　$P(D \mid A) = 0.05$；$P(D \mid B) = 0.1$；$P(D \mid C) = 0.08$；

(2) 將要求的問題的機率式子列出來：

　$P(A \mid D) = \dfrac{P(A \cap D)}{P(D)}$

(3) 由 (1) 的已知，可以求得 (2) 的 $P(D)$ 機率（本題有三個事件 A, B, C）：

　$P(D) = P(D \mid A)P(A) + P(D \mid B)P(B) + P(D \mid C)P(C)$

　　　$= 0.05 \cdot 0.4 + 0.1 \cdot 0.3 + 0.08 \cdot 0.3$

　　　$= 0.074$

(4) 由 (1) 的已知，可以求得 (2) 的 $P(A \cap D)$ 的機率：

　$P(D \mid A) = \dfrac{P(A \cap D)}{P(A)} \Rightarrow P(A \cap D) = P(A) \cdot P(D \mid A) = 0.4 \cdot 0.05 = 0.02$

(5) 由 (3)(4) 的結果代入 (2) 內，即可將答案算出來：

　$P(A \mid D) = \dfrac{P(A \cap D)}{P(D)} = \dfrac{0.02}{0.074} = 0.27$

例 37 （99 課綱範例）某一檢查方法對檢驗某一疾病有 90% 的準確率，也就是說，如果患有該疾病的人做檢查，那麼有 90% 的機會會呈現陽性反應；如果沒有該疾病的人做檢查，也有 90% 的機會會呈現陰性反應。假設已知全國人口中有 2% 的人患有該疾病，如果有一人以此檢查方法檢查的結果為陽性，那麼他罹患該病的機率為何？

解：

(1) 將題目已知的機率值列出來：設：G 表示患有該疾病事件，N 表示沒患有該疾病事件，A 表示檢驗呈現陽性反應事件（得病），B 表示檢驗呈現陰性反應事件（沒得病），則

$P(A \mid N) = 0.1$；$P(B \mid N) = 0.9$；$P(A \mid G) = 0.9$；$P(B \mid G) = 0.1$；$P(N) = 0.98$；$P(G) = 0.02$；

(2) 將要求的問題的機率式子列出來：

$$P(G \mid A) = \frac{P(A \cap G)}{P(A)}$$

(3) 由 (1) 的已知，可以求得 (2) 的 $P(A)$ 的機率（本題有二個事件 N, G）

$$P(A) = P(A \mid N)P(N) + P(A \mid G)P(G)$$
$$= 0.1 \cdot 0.98 + 0.9 \cdot 0.02 = 0.116$$

（註：若由 (1) 的已知無法知道本題的 $P(A \mid N), P(N), P(A \mid G), P(G)$ 資訊，表示 (1) 的已知列錯了。）

(4) 由 (1) 的已知，可以求得 (2) 的 $P(A \cap G)$ 的機率：$P(A \mid G) = \dfrac{P(A \cap G)}{P(G)}$

$$\Rightarrow P(A \cap G) = P(G) \cdot P(A \mid G) = 0.02 \cdot 0.9 = 0.018$$

(5) 由 (3)(4) 的結果代入 (2) 內，即可將答案算出來：

$$P(G \mid A) = \frac{P(G \cap A)}{P(A)} = \frac{0.018}{0.116} = 0.155$$

例 38 某家公司工人發生操作錯誤的機率是 0.1，當工人發生操作錯誤後停電的機率是 0.3，工人沒操作錯誤停電的機率是 0.2，請問停電時，工人操作錯誤的機率為何？

解：

例 39 有家公司從 4 個子公司進相同的貨品，每個子公司供貨比例和瑕疵機率如下表所示：

子公司	供貨比例	瑕疵機率
1	0.2	0.04
2	0.4	0.03
3	0.3	0.02
4	0.1	0.01

問一個瑕疵來自第 1 子公司的機率為何？

解：

例 40 有箱子 A 和箱子 B 二箱子，每個箱子均有二個抽屜，其中箱子 A 的 2 個抽屜分別放金子和銀子，箱子 B 則全放金子，然後任意打開一抽屜，發現為金子，問此金子是由箱子 B 得到的機率有多少？

解：

例 41 某工廠有 A, B, C 三台機器，每部機器各製造 25%，35% 和 40% 的產品，而其產品的瑕疵率分別為 5%，4%，2%，現在取出一產品，發現為瑕疵品，問此瑕疵品用 A, B, C 三台機器製造出來的機率各為多少？

解：

例 42 若城市人口中男性佔 40%，女性佔 60%，而男性中有 50% 會開車，女性有 30% 會開車，求一開車者為男性的機率。

解：

13.【二獨立、互斥事件】事件 A, B 為樣本空間 S 的二事件，

(1) 若 $P(A \cap B) = P(A) \cdot P(B)$ ，則 A, B 稱為「二獨立事件」；

(2) 若 $P(A \cap B) = 0$ ，則 A, B 稱為「二互斥事件」。

例 **43** 設 A, B 為二獨立事件，A 發生機率為 0.4 ，A 或 B 發生機率為 0.6 ，求 B 發生機率？

解：

例 **44** A, B 為二實驗事件，且 $P(A) = 0.4$ ，$P(A \cup B) = 0.7$ ，問 (1) 若 A, B 為互斥，$P(B)$ 為何？ (2) 若 A, B 為獨立事件，$P(B)$ 為何？

解：

例 **45** 同時投擲一骰子，和抽取一張撲克牌（有 52 張），此二者為獨立，問 (1) 骰子為偶數且牌為黑桃的機率，(2) 骰子為偶數或牌為黑桃的機率。

解：

例 **46** 用電腦傳遞一 n 位數字，若每位數字傳錯的機率是獨立且為 p ，求此 n 位數字傳錯的機率為何？

解：

例 47 投擲骰子 5 次，求至少出現一次「1」的機率為何？

解：

例 48 二人各擲三個銅板，求此二人出現同樣正反面的機率。

解：

例 49 某工廠製作個人電腦，其中鍵盤有瑕疵的機率是 0.1，螢幕有瑕疵的機率是 0.05，求下列條件的機率：(1) 一部電腦的此二物品均有瑕疵，(2) 至少有一件有瑕疵，(3) 只有一件物品有瑕疵。

解：

例 50 投擲公正骰子三次，若已知 1 至少出現一次，求其恰出現一次 1 的機率為何？

解：

83 年 到 102 年 學 測 題 目

1. （83 學測）同時擲兩枚均勻的硬幣，連續擲兩次，問至少有一次出現一正面一反面的機率為多少？

   (A) 0   (B) $\dfrac{1}{4}$ (C) $\dfrac{1}{2}$

   (D) $\dfrac{3}{4}$ (E) 1

2. （85 學測）某品牌之燈泡由 *A* 廠及 *B* 廠各生產 30% 及 70%. *A* 廠生產的產品中有 1% 瑕疵品；*B* 廠生產的產品中有 5% 瑕疵品。某日退貨部門回收一件瑕疵品，則下列敘述那些是正確的？

   (A) 猜此瑕疵品是由 *A* 廠製造的，猜對的機率較大；

   (B) 猜此瑕疵品是由 *B* 廠製造的，猜對的機率較大；

   (C) 此瑕疵品由 *A* 廠製造的機率為 3/38.

   (D) 此瑕疵品由 *A* 廠製造的機率為 30/10000.

   (E) 此瑕疵品由 *B* 廠製造的機率為 350/10000.

3. （86 學測）有一種丟銅板的遊戲，其規則為：出現正面則繼續丟，出現反面就出局。那麼連續丟 5 次後還可繼續丟的機率為 $\left(\dfrac{1}{2}\right)^5 = \dfrac{1}{32}$。某班有 40 名學生，每人各玩一局，設班上至少有一人連續丟 5 次後還可繼續丟的機率為 *p*，則：

   (A) $0.4 \le p < 0.5$ (B) $0.5 \le p < 0.6$ (C) $0.6 \le p < 0.7$

   (D) $0.7 \le p < 0.8$ (E) $0.8 \le p < 0.9$

4. （86 學測）某人上班有甲、乙兩條路線可供選擇。早上定時從家裡出發，走甲路線有 $\dfrac{1}{10}$ 的機率會遲到，走乙路線則有 $\dfrac{1}{5}$ 的機率會遲到。無論走哪一條路線，只要不遲到，下次就走同一條路線，否則就換另一條路線。假設他第一天走甲路線，則第三天也走甲路線的機率為何。

5. （87 學測）設事件 *A* 發生的機率為 $\dfrac{1}{2}$，事件 *B* 發生的機率為 $\dfrac{1}{3}$。若以 *P* 表事件 *A* 或事件 *B* 發生的機率，則：

   (A) $p \le \dfrac{1}{6}$ (B) $\dfrac{1}{6} < p \le \dfrac{1}{3}$ (C) $\dfrac{1}{3} < p < \dfrac{1}{2}$

   (D) $\dfrac{1}{2} \le p \le \dfrac{5}{6}$ (E) $p > \dfrac{5}{6}$

6. （88 學測）擲 3 粒公正骰子，問恰好有兩粒點數相同的機率為何？

7. （89 學測）設 P_1 表示丟 2 個公正硬幣時，恰好出現 1 個正面的機率，P_2 表示擲 2 個均勻骰子，恰好出現 1 個偶數點的機率，P_3 表示丟 4 個公正硬幣時，恰好出現 2 個正面的機率。試問下列選項何者為真？

   (A) $P_1 = P_2 = P_3$ (B) $P_1 = P_2 > P_3$ (C) $P_1 = P_3 < P_2$

   (D) $P_1 = P_3 > P_2$ (E) $P_3 > P_2 > P_1$

8. （89 學測）交通規則測驗時，答對有兩種可能，一種是會做而答對，一種是不會做但猜對。已知小華練習交通規則筆試測驗，會做的機率是 0.8。現有一題 5 選 1 的交通規則選擇題，設小華會做就答對，不會做就亂猜。已知此題小華答對，試問在此條件之下，此題小華是因會做而答對（不是亂猜）的機率是多少？

9. （90 學測）調查某新興工業都市的市民對市長施政的滿意情況，依據隨機抽樣，共抽樣男性 600 人、女性 400 人，由甲、乙兩組人分別調查男性與女性市民。調查結果男性中有 36% 滿意市長的施政，女性市民中有 46% 滿意市長的施政，則滿意市長施政的樣本佔全體樣本的百分比為何？

10. （90 學測）從 1, 2, 3, 4, 5, 6, 7, 8, 9 中，任取兩相異數，則其積為完全立方數的機率為何？

11. （90 學測）根據過去紀錄知，某電腦工廠檢驗其產品的過程中，將良品檢驗為不良品的機率為 0.20，將不良品檢驗為良品的機率為 0.16. 又知該產品中，不良品佔 5%，良品佔 95%。若一件產品被檢驗為良品，但該產品實際上為不良品之機率為何？（小數點後第三位四捨五入。）

12. （91 學測）有一群體有九位成員，其身高分別為：160, 163, 166, 170, 172, 174, 176, 178, 180（單位：公分）此九人的平均身高為 171 公分。今隨機抽樣 3 人，則抽到 3 人的平均身高等於母體平均身高的機率為何？

13. （92 學測）金先生在提款時忘了帳號密碼，但他還記得密碼的四位數字中，有兩個 3，一個 8，一個 9，於是他就用這四個數字隨意排成一個四位數輸入提款機嘗試。請問他只試一次就成功的機率有多少？

14. （92 補考）有一正四面體的公正骰子，四面點數分別為 1, 2, 3, 4. 將骰子丟三次，底面的點數分別為 a, b, c，則這三個數可作為三角形三邊長的機率為何？

15. （93 薦甄）從 1，2，…, 10 這十個數中隨意取兩個，以 p 表示其和為偶數之機率，q 表示其和為奇數之機率。試問下列哪些敘述是正確的？

(A) $p + q = 1$ (B) $p = q$ (C) $|p-q| \leq \dfrac{1}{10}$

(D) $|p-q| \geq \dfrac{1}{20}$ (E) $p \geq \dfrac{1}{2}$

16. （94 學測） 台北銀行最早發行的樂透彩（俗稱小樂透）的玩法是「42 選 6」：購買者從 01 ～ 42 中任選六個號碼，當這六個號碼與開出的六個號碼完全相同（不計次序）時即得頭獎；台北銀行曾考慮改發行「39 選 5」的小小樂透：購買者從 01 ～ 39 中任選五個號碼，如果這五個號碼與開出的五個號碼完全相同（不計次序）則得頭獎。假設原來的小樂透中頭獎的機率是 R，而曾考慮發行的小小樂透中頭獎的機率是 r. 試問比值 $\dfrac{r}{R}$ 最接近下列哪個選項？

(A) 3   (B) 5   (C) 7

(C) 9   (E) 11

17. （97 學測）某高中共有 20 個班級，每班各有 40 位學生，其中男生 25 人，女生 15 人。若從全校 800 人中以簡單隨機抽樣抽出 80 人，試問下列哪些選項是正確的？

(A) 每班至少會有一人被抽中；

(B) 抽出來的男生人數一定比女生人數多；

(C) 已知小文是男生，小美是女生，則小文被抽中的機率大於小美被抽中的機率；

(D) 若學生甲和學生乙在同一班，學生丙在另外一班，則甲、乙兩人同時被抽中的機率跟甲、丙兩人同時被抽中的機率一樣；

(E) 學生 A 和學生 B 是兄弟，他們同時被抽中的機率小於 $\dfrac{1}{100}$.

18. （98 學測） 甲、乙、丙三所高中的一年級分別有 3、4、5 個班級。從這 12 個班級中隨機選取一班參加國文抽考，再從未被抽中的 11 個班級中隨機選取一班參加英文抽考。則參加抽考的兩個班級在同一所學校的機率最接近以下哪個選項？

(A) 21%   (B) 23%   (C) 25%

(D) 27%   (E) 29%

19. （100 學測） 高三甲班共有 20 位男生、15 位女生，需推派 3 位同學參加某項全校性活動。班會中大家決定用抽籤的方式決定參加人選。若每個人中籤的機率相等，則推派的三位同學中有男也有女的機率為何？

20. （101 學測）箱中有編號分別為 0, 1, 2, …, 9 的十顆球。隨機抽取一球，將球放回後，再隨機抽取一球。請問這兩球編號相減的絕對值為下列哪一個選項時，其出現的機率最大？

(A) 0   (B) 1   (C) 4

(D) 5   (E) 9

21. （101 學測） 坐標空間中，在六個平面 $x = \frac{14}{13}$，$x = \frac{1}{13}$，$y = 1$，$y = -1$，$z = -1$ 及 $z = -4$ 所圍成的長方體上隨機選取兩個相異頂點。若每個頂點被選取的機率相同，則選到兩個頂點的距離大於 3 之機率為何？

22. （102 學測） 袋子裡有 3 顆白球，2 顆黑球。由甲、乙、丙三人依序各抽取 1 顆球，抽取後不放回。若每顆球被取出的機會相等，請問在甲和乙抽到相同顏色球的條件下，丙抽到白球之條件機率為何？

(A) $\frac{1}{3}$
(B) $\frac{5}{12}$
(C) $\frac{1}{2}$

(D) $\frac{3}{5}$
(E) $\frac{2}{3}$

解答：
1.D	2.BC	3.D	4. $\frac{83}{100}$	5.D	6. $\frac{5}{12}$
7.B	8. $\frac{20}{21}$	9.40%	10. $\frac{1}{12}$	11.0.01	12. $\frac{1}{28}$
13. $\frac{1}{12}$	14. $\frac{17}{32}$	15.AD	16.D	17.DE	18.E
19. $\frac{90}{119}$	20.B	21. $\frac{3}{7}$	22.C		

Chapter 7 數據分析

1. 一維數據分析：平均數、標準差、數據標準化。（只談母體數據分析，不涉及抽樣，可用計算工具操作）

2. 二維數據分析：散佈圖、相關係數、最小平方法。

99 年 課 程 綱 要 細 部 說 明

透過平移與伸縮將數據標準化，是數據分析的一個核心方法。在教學現場，學生可利用計算器進行數據標準化，以避免繁瑣的運算。

1. 一維數據分析

  1.1 平均數、標準差、數據標準化（可以用計算器操作）：

    (1) 數據集中的趨勢，如：算術平均數：$\mu = \dfrac{1}{n}\left(\displaystyle\sum_{k=1}^{n} x_k\right)$，幾何平均數：$(x_1 \cdot x_2 \cdots x_n)^{\frac{1}{n}}$ 等。

    (2) 數據分散的趨勢：標準差：$\sigma = \sqrt{\dfrac{1}{n}\left(\displaystyle\sum_{k=1}^{n}(x_k - \mu)^2\right)}$．

    (3) 說明一元二次多項式 $\dfrac{1}{n}\displaystyle\sum_{k=1}^{n}(x_k - x)^2$ 的最小值為 σ^2，最小值發生在 $x = \mu$．

    (4) $\dfrac{x_i - \mu}{\sigma}$ 稱為數據 x_i 的標準化。

2. 二維數據分析

  2.1 散佈圖、相關係數、最小平方法：要尋找兩量關係時，應先將兩量標準化，成

為中心均在 0 點的「無因次量」後，再進行兩量關係的分析。

(1) $(\hat{x}_k, \ \hat{y}_k)$，$k = 1, 2, ..., n$ 為標準化的數據，相關係數為使得 $e(r) = \sum_{k=1}^{n} (\hat{y}_k - r\hat{x}_k)^2$

為最小的 r，即 $e(r) = \sum_{i=1}^{n} (\hat{y}_i^2 - 2\hat{x}_i\hat{y}_i r + \hat{x}_i^2 r^2) = r^2 - 2\left(\sum_{i=1}^{n} \hat{x}_i\hat{y}_i\right) r + 1$ 的最小值發生在

$r = \sum_{i=1}^{n} \hat{x}_i\hat{y}_i$.

(2) 迴歸直線 $\hat{y} = r\hat{x}$ 為使得 $e(r)$ 為最小的直線。

(3) 以實際數據和圖形操作最小平方法，其證明置於附錄。

本 章 內 容

第一單元　一維數據分析

1. 【統計、母體、樣本】統計是指那些用以收集、處理或分析資料的方法。統計裡所使用的「所有資料」稱為「母體」，而母體內的「一部分資料」稱為「樣本」。

2. 【平均數】在統計資料時，有時候會以「一個數值」來表示該組統計資料，此數值稱為「平均數」。常使用的「平均數」有下列五種：

(1) 【算數平均數簡稱為平均數】它是將統計資料的每個數值相加後，再除以數值的個數所得的商，通常以 μ 表之。有時我們將算數平均數簡稱為平均數。

　　例如：有 n 個數值，$x_1, x_2, \cdots\cdots, x_n$，則其算數平均數：

$$\mu = \frac{x_1 + x_2 + \cdots + x_n}{n} = \frac{1}{n} \sum_{i=1}^{n} x_i .$$

☆☆ (2) 【加權平均數】它是將每一個數值乘上一個權值相加後，再做平均。通常以 $\bar{w}$ 表之。

　　例如：計算學期成績是將每門課的成績乘上上課時數（即是「權值」）相加後，再做平均。若有 n 門課，每門課的上課時數分別為 $w_1, w_2, \cdots w_n$，每門課的成績分別為 $x_1, x_2, \cdots, x_n$，則其加權平均數 $\bar{w}$ 為：

$$\bar{w} = \frac{w_1 x_1 + w_2 x_2 + \cdots + w_n x_n}{w_1 + w_2 + \cdots + w_n} = \frac{\sum_{i=1}^{n} w_i x_i}{\sum_{i=1}^{n} w_i}$$

☆☆ (3) 【中位數】

(a) 將統計資料依其數值的大小，由小到大排序後，在位置中間的那個數值就是中位數，以 M_e 表之。

(b) 若統計資料有 $n = 2k + 1$ 個，則第 $k + 1$ 位數就是中位數；
若統計資料有 $n = 2k$ 個，則其中位數為第 k 位和第 $k + 1$ 個位置的數值的平均值。

例如：由小到大排序數值為 1, 1, 2, 2, 2, 2, 3, 3, 3, 4, 4, 5, 5，有 13 個數，所以中位數為 3（第 7 個位置）。

又如：由小到大排序數值為 1, 1, 1, 2, 2, 2, 2, 3, 3, 3, 4, 4, 5, 5，有 14 個數，所以中位數為 2（第 7 個位置）和 3（第 8 個位置）的平均值 = 2.5.

☆☆ (4) 【眾數】在統計資料中，出現次數最多的值稱為眾數。

(a) 若只有一筆資料的個數最多，則該筆資料即為眾數；

(b) 若有二筆資料的個數相同且最多，則眾數有二個，即為該二筆資料；

(c) 若每筆資料的個數均相同，則此統計資料沒有眾數。

例如：以前面的例子為例，數值最多的是 2（有 4 個），所以眾數為 2。

(5) 【幾何平均數】將 n 筆統計資料相乘後，再開 n 次方根，即若 n 個資料值分別為 $x_1, x_2, \cdots x_n$，則幾何平均數 $= \sqrt[n]{x_1 \cdot x_2 \cdots x_n}$.

例 1 若有 4 個資料，分別為 1、8、16、32，求：(1) 算術平均數；(2) 中位數；(3) 幾何平均數。

解：

3.【離差】我們可以將一組統計資料以一個「平均數」來代表（如上所述），但此時無法知道資料分散的情況，此時就必須用「離差」來表示資料的分散程度，其中離差愈大，表示資料愈分散；離差愈小，表示資料愈緊密。

4.【離差表示法】我們可以用下列三種方法來表示離差：(1) 全距；(2) 四分位距；(3) 變異數與標準差

★★ (1) **全距**：它是統計資料中，最大值減去最小值的結果，通常以 R 表之。

★★ (2) **四分位距**：它是將統計資料，由小到大排序後，再將它分成四等份（有三個分割點），其中：

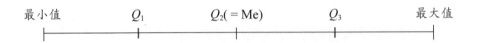

(A) 第 1 四分位數（簡稱 Q_1）：在中位數和最小值的中間位置。

(B) 第 2 四分位數（簡稱 Q_2）：即為中位數。

(C) 第 3 四分位數（簡稱 Q_3）：在中位數和最大值的中間位置。

(D)「四分位距（簡稱 Q.D.）」：是 $Q.D. = Q_3 - Q_1$.

(E) 在計算 Q_1, Q_2, Q_3 時，若資料個數有 n 個，則 Q_i（$i = 1, 2$ 或 3）的位置算法如下：

(a) 將資料由小到大排列。

(b) $k_i = \dfrac{i}{4} \cdot n, \ i = 1, 2, 3$.

(c)(i) 若 k_i 為整數，則 $Q_i = \dfrac{k_i \text{位置的值} + k_{i+1} \text{位置的值}}{2}$.

　　(ii) 若 k_i 不是整數，則 $Q_i =$ 比 k_i 大的下一個整數位置的值。

例如：若 $k_i = 8$，而位置 8 和 9 的值分別為 20 和 25，則 $Q_i = \dfrac{20 + 25}{2} = 22.5$.

若 $k_i = 8.3$，而位置 8 和 9 的值分別為 20 和 25，則 $Q_i = 25$.

(3) **變異數與標準差**：若有 n 個資料 $x_1, x_2, \cdots\cdots, x_n$ 且其算數平均數為 μ，則：

(A) 變異數：$\sigma^2 = \dfrac{1}{n}\sum\limits_{i=1}^{n}(x_i - \mu)^2 = (\dfrac{1}{n}\sum\limits_{i=1}^{n}x_i^2) - \mu^2$.

(B) 標準差：$\sigma = \sqrt{\sigma^2}$，即為變異數的平方根。

例 2　若有 10 個資料，分別為 2、4、6、8、10、12、14、16、18、20，求：(1) 算術平均數；(2) 眾數；(3) 全距；(4)Q_1；(5)Q_2（中位數）；(6)Q_3；(7) 變異數與標準差。

解：

例 3 有 100 人各投 5 次籃球，投進的次數如下，求投進次數的 (1) 算術平均數；(2) 眾數；
(3) 中位數；(4) 全距；(5)Q_1；(6)Q_3；(7) 變異數與標準差；

投進的次數	0	1	2	3	4	5
人數	11	25	35	15	10	4

解：

例 4 下表為 100 位學生的成績，求 (1) 算術平均數；(2) 眾數；(3) 全距。

成績（分）	20～29	30～39	40～49	50～59	60～69	70～79	80～89
學生人數	4	12	18	28	20	12	6

解：

5.【$y_i = ax_i + b$ **變異數與標準差**】一組資料 x_i 的平均數與標準差分別為 μ_x 和 σ_x，若經
$y_i = ax_i + b$ 轉換，則資料 y_i 的平均數與標準差分別為：$\mu_y = a\mu_x + b$ 和 $\sigma_y = |a|\sigma_x$．

例 5 某次考試全班平均成績為 40 分，標準差為 10 分，若將分數調整成：原始成績除以
2 再加 50 分，問調整後的全班平均成績和標準差為幾分？

解：

例 6 有某組資料的平均值為 40，標準差為 10，若要將它調整成平均值為 70，標準差為
5，應該如何調整？

解：

6.【一元二次多項式】一元二次多項式 $\dfrac{1}{n}\displaystyle\sum_{i=1}^{n}(x-x_i)^2$，其最小值發生在 $x=\mu$ 處，而最小值為 σ^2．

7.【x_i 的標準化】一組數據 x_i，其平均數為 μ，標準差為 σ，若令 $y_i=\dfrac{x_i-\mu}{\sigma}$，稱為數據 x_i 的標準化。此時 y_i 的平均數為 0，標準差為 1。

例7 若有一組數據 $x_i=\{1,\,2,\,6,\,7\},\,(n=4)$，求 $\dfrac{1}{n}\displaystyle\sum_{i=1}^{n}(x-x_i)^2$ 的最小值，和最小值時的 x 值？

　作法：一元二次多項式 $\dfrac{1}{n}\displaystyle\sum_{i=1}^{n}(x-x_i)^2$，其最小值為 σ^2，最小值發生在 $x=\mu$ 處，也就是要求 σ^2 和 μ．

　解：

例8 求 $(x-100)^2+(x-101)^2+(x-103)^2+(x-105)^2+(x-106)^2$ 的最小值？和最小值時的 x 值？

　解：

例9 求 $\displaystyle\sum_{i=1}^{9}(x-i)^2$ 的最小值？和最小值時的 x 值？

　解：

例 10 若有 10 筆資料 (x_i) 分別為 2、4、6、8、10、12、14、16、18、20，若將這些資料經過 $y_i = ax_i + b$ 轉換後，得到的新資料的平均數為 0，標準差為 1，求 a , b 之值？

✍ 作法：因若令 $y_i = \dfrac{x_i - \mu}{\sigma}$，此時 y_i 的平均數為 0，標準差為 1。所以 a 的值即為

$\dfrac{1}{\sigma}$，b 值為 $-\dfrac{\mu}{\sigma}$.

解：

例 11 宥嘉的二次考試成績分別為：第一次考 50 分，全班平均成績為 40 分，標準差為 8 分，第二次考 72 分，全班平均成績為 60 分，標準差為 10 分，請問宥嘉成績是否有進步？

✍ 作法：將原始分數 x 標準化成平均數為 0，標準差為 1，以此相同基準來比較。

解：

第二單元　二維數據分析

8.【散布圖】將 n 筆二維資料 (x_1, y_1)、(x_2, y_2)、$\cdots$、(x_n, y_n)，標示在 xy 平面上，此圖形稱為散布圖。

9.【相關性】

(1) 若 n 筆二維資料的散布圖越集中在一條直線附近，則稱其相關性很強；若散布圖越不集中在一條直線附近，則稱其相關性很弱。

(2) 若散布圖所集中的直線斜率為正值，則此資料稱為「正相關」；若所集中的直線斜率為負值，則此資料稱為「負相關」；若直線平行 x 軸或 y 軸，則此資料稱為「零相關」。

10.【二維資料標準化】有 n 筆二維資料 (x_1, y_1)、(x_2, y_2)、$\cdots$、(x_n, y_n)，其中 $x_1, x_2, \cdots x_n$ 的平均數為 μ_x，標準差為 σ_x；$y_1, y_2, \cdots y_n$ 的平均數為 μ_y，標準差為 σ_y。

若 x_i、y_i 分別經 $x_i^{'} = \dfrac{x_i - \mu_x}{\sigma_x}$，$y_i^{'} = \dfrac{y_i - \mu_y}{\sigma_y}$ 轉換，則可將上述 n 筆二維資料標準化成 $(x_1{'}, y_1{'})$、$(x_2{'}, y_2{'})$、$\cdots$、$(x_n{'}, y_n{'})$。

11.【相關係數】上述 n 筆二維資料的相關係數定義為：

(1) 資料已經過標準化： $\gamma = \dfrac{\displaystyle\sum_{i=1}^{n} x_i^{'} y_i^{'}}{n}$

(2) 資料未經過標準化： $\gamma = \dfrac{\displaystyle\sum_{i=1}^{n} (x_i - \mu_x)(y_i - \mu_y)}{\sqrt{\displaystyle\sum_{i=1}^{n}(x_i - \mu_x)^2} \cdot \sqrt{\displaystyle\sum_{i=1}^{n}(y_i - \mu_y)^2}}$

其中：

(1) $|\gamma| \leq 1$；

(2) 若 $|\gamma| = 1$，表完全相關；若 $\gamma = 0$，表完全不相關；

(3) 若 $\gamma > 0$，表集中的直線斜率為正值；若 $\gamma < 0$，表直線斜率為負值。

12.【相關係數轉換】有 n 筆二維資料 (x_i, y_i) 的相關係數為 γ，若經由 $(a \cdot x_i + b, c \cdot y_i + d)$ 轉換後，新資料的相關係數為：

(1) 若 $a \cdot c > 0$，則其相關係數亦為 γ；

(2) 若 $a \cdot c < 0$，則其相關係數為 $-\gamma$.

例 12 有 4 筆資料分別為 $(1, 2)$、$(2, 2)$、$(2, 4)$、$(3, 4)$，(1) 請將其資料標準化；(2) 求資料標準化前的相關係數；(3) 求資料標準化後的相關係數。

解：

例 13 有 n 筆二維資料 (x_i, y_i) 的相關係數為 0.6，

(1) 做 $(2 \cdot x_i + 3, y_i + 1)$ 轉換後，其相關係數為何？

(2) 做 $(-2 \cdot x_i + 3, y_i + 1)$ 轉換後，其相關係數為何？

(3) 做 $(-2 \cdot x_i + 3, -y_i + 1)$ 轉換後，其相關係數為何？

解：

13.【最小平方法】

(1) 有 n 筆二維資料 (x_1, y_1)、(x_2, y_2)、$\cdots$、(x_n, y_n)，要找一條最接近這些點的直線，可使用「最小平方法」來解。

(2) 作法：

(a) 假設直線方程式為：$y = mk + b$，其中 m 和 b 是未知數

(b) 求點 (x_i, y_i) 到此直線的垂直距離的平方 $\Rightarrow d_i = [y_i - (mk_i + b)]^2$

(c) 將每一點的垂直距離的平方相加起來 $\Rightarrow d = \sum_{i=1}^{n} d_i = \sum_{i=1}^{n} [y_i - (mx_i + b)]^2$

(d) 找出 m、b，使得 d 值最小。

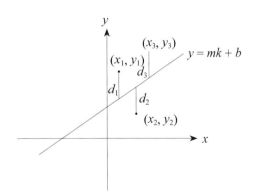

14.【迴歸直線】上述的「最小平方法」，找出的直線解稱迴歸直線，此直線為：

(1) 資料已經過標準化：$y' = \gamma x' \Rightarrow \dfrac{y - \mu_y}{\sigma_y} = \gamma \cdot \dfrac{x - \mu_x}{\sigma_x}$，其中 r 為相關係數；

(2) 資料未經過標準化：$y - \mu_y = m(x - \mu_x)$；

其中：$\mu_x = \dfrac{1}{n}\sum_{i=1}^{n} x_i$；$\mu_y = \dfrac{1}{n}\sum_{i=1}^{n} y_i$

$$m = \gamma \cdot \dfrac{\sigma_y}{\sigma_x} = \dfrac{\displaystyle\sum_{i=1}^{n}(x_i - \mu_x)(y_i - \mu_y)}{\displaystyle\sum_{i=1}^{n}(x_i - \mu_x)^2}$$

例 14 在例 12 的 4 筆資料 (1, 2)、(2, 2)、(2, 4)、(3, 4) 中，(1) 使用「資料未經過標準化」的方法；(2) 使用「資料經過標準化」的方法，找出最佳的直線解（迴歸直線）(3) 此資料為正相關或負相關？

解：

83 年 到 102 年 學 測 題 目

1. （83 學測）甲、乙、丙三位同學參加推薦甄選學科能力測驗，五科的成績如表一所示。設 $S_{甲}$、$S_{乙}$、$S_{丙}$ 分別代表甲、乙、丙三位同學五科成績的標準差。請仔細觀察表中數據，判斷下列那一選項表示 $S_{甲}$、$S_{乙}$、$S_{丙}$ 的大小關係？（單選）

(A) $S_{甲} > S_{丙} > S_{乙}$
(B) $S_{丙} > S_{甲} = S_{乙}$
(C) $S_{甲} > S_{丙} = S_{乙}$
(D) $S_{乙} > S_{甲} = S_{丙}$
(E) $S_{甲} = S_{乙} > S_{丙}$

表一

學生＼成績＼科目	社會	國文	自然	英文	數學
甲	100	70	80	60	50
乙	90	60	70	50	40
丙	80	56	64	48	40

2. （84 學測）某肥皂廠商欲推出一種新產品，在上市前以不同的單價 x（單位：十元）調查市場的需求量 y（單位：萬盒）。調查結果如下：

x	8	9	10	11	12
y	11	12	10	8	9

問 x 和 y 的相關係數最接近下列那一個值？

(A) $\dfrac{4}{5}$ (B) $\dfrac{2}{5}$ (C) 0

(D) $-\dfrac{2}{5}$ (E) $-\dfrac{4}{5}$

3. （86 學測）下圖中，有五組數據，每組各有 A，B，C，D，E，F 等六個資料點。

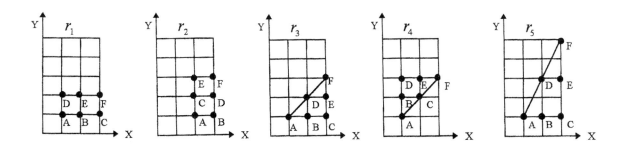

設各組的相關係數由左至右分別為 r_1，r_2，r_3，r_4，r_5，則下列關係式何者為真？

(A) $r_1 = r_2$ (B) $r_2 < r_3$ (C) $r_3 > r_4$

(D) $r_3 < r_5$ (E) $r_4 = r_5$

4. （87 學測）下表所列為各項主要食品的平均消費價格，以及民國 70 年維持一家四口所需各項食品的平均需要量。若以拉氏指數來衡量，那麼民國 76 年主要食品的費用比民國 70 年高出的百分率為_____%。（小數點以下四捨五入）

項目	70年價格	76年價格	70年平均用量
蓬萊米	7.6	16.0	45.0
豬肉	49.0	97.0	5.0
虱目魚	36.0	74.0	0.5
包心白菜	5.6	15.0	4.0
香蕉	4.7	13.0	3.0
花生油	25.0	54.0	0.8

公式：I_k 表 k 期（計算期）的加權綜合物價指數，

$$I_k = \frac{\sum\limits_{i=1}^{n} p_{ik}q_i}{\sum\limits_{i=1}^{n} p_{i0}q_i} \times 100,$$

其中 p_{i0} 表 0 期（基期）第 i 項商品的價格；

p_{ik} 表 k 期（計算期）第 i 項商品的價格；

q_i 表第 i 項商品的指定權數（適當的消費量）；

n 表列入計算的商品數。

（註：以基期之消費量 q_{i0} 作為權數而得的指數叫拉氏指數；以計算期之消費量 q_{ik} 作為權數而得的指數叫裴氏指數。）

5. （88 學測） 測量一物件的長度 9 次，得其長（公尺）為：

2.43, 2.46, 2.41, 2.45, 2.44, 2.48, 2.46, 2.47, 2.45

將上面的數據每一個都乘以 100，再減去 240 得一組新數據為：

3, 6, 1, 5, 4, 8, 6, 7, 5

問下列選項，何者為真？

(1) 新數據的算術平均數為 5？

(2) 新數據的標準差為 2？

(3) 原數據的算術平均數為 2.45？

(4) 原數據的標準差為 0.2？

(5) 原數據的中位數為 2.45？

6. （89 學測） 下列 5 組資料（每組各有 10 筆），試問哪一組資料的標準差最大？

A：1, 1, 1, 1, 1, 10, 10, 10, 10, 10

B：1, 1, 1, 1, 1, 5, 5, 5, 5, 5

C：4, 4, 4, 5, 5, 5, 5, 6, 6, 6

D：1, 1, 2, 2, 3, 3, 4, 4, 5, 5

E：1, 2, 3, 4, 5, 6, 7, 8, 9, 10

(A) A (B) B (C) C

(D) D (E) E

7. （89 學測） 如圖所示有 5 筆 (X, Y) 資料。
試問：去掉哪一筆資料後，剩下來 4 筆資料的相關係數最大？

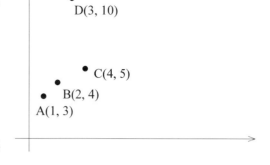

(A) A   (B) B

(C) C   (D) D

(E) E

8. （90 學測） 令 X 代表每個高中生平均每天研讀數學的時間（以小時計），則 $W = 7(24 - X)$ 代表每個高中生平均每週花在研讀數學以外的時間。令 Y 代表每個高中生數學學科能力測驗的成績。設 X, Y 之相關係數為 R_{XY}，W, Y 之相關係數為 R_{WY}，則 R_{XY} 與 R_{WY} 兩數之間的關係，下列選項何者為真？

(A) $R_{WY} = 7(24 - R_{XY})$ (B) $R_{WY} = 7R_{XY}$ (C) $R_{WY} = -7R_{XY}$

(D) $R_{WY} = R_{XY}$ (E) $R_{WY} = -R_{XY}$

9. （91 補考） 九十年度大學學科能力測驗有 12 萬名考生，各學科成績採用 15 級分，數學學科能力測驗成績分佈圖如下圖。請問有多少考生的數學成績級分高於 11 級分？選出最接近的數目。

(A) 4000 人   (B) 10000 人   (C) 15000 人

(D) 20000 人   (E) 32000 人

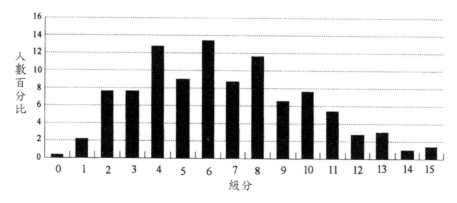

90 學年度數學學科能力測驗成績分佈圖

10. （92 學測） 根據統計資料，1 月份台北地區的平均氣溫是攝氏 16 度，標準差是攝氏 3.5 度。一般外國朋友比較習慣用華氏溫度來表示冷熱，已知當攝氏溫度為 x 時，華氏溫度為 $y = \dfrac{9}{5}x + 32$；若用華氏溫度表示，則 1 月份台北地區的平均氣溫是華氏幾度，標準差是華氏幾度 。（計算到小數點後第一位，以下四捨五入 。）

11. （92 補考）九十一學年度指定科目考試約有 5 萬 4 千名考生報考「數學甲」，考生得分情形（由低至高）如下表，第一列為得分範圍（均含下限不含上限），第二列為得分在該區間之人數佔全體考生之百分比。

0～10	10～20	20～30	30～40	40～50	50～60	60～70	70～80	80～90	90～100
10.45	8.18	11.85	14.96	16.0	15.28	10.81	7.06	3.84	1.57

試問下列有關該次考試考生得分之敘述有哪些是正確的？

(A) 全體考生得分之中位數在 40 分（含）與 50 分（不含）之間；

(B) 全體考生得分（由低至高）之第一四分位數在 20 分（含）與 30 分（不含）之間；

(C) 全體考生得分（由低至高）之第三四分位數在 50 分（含）與 60 分（不含）之間；

(D) 不到三成的考生得分少於 30 分；

(E) 如果將得分 ≥ 60 分看成及格，則有四成以上的考生成績及格。

12. （92 補考）某高中高三學生依選考類組分成三班，各班學生人數分別為 40, 25, 35 人，第一次段考數學科各班老師算出該班平均成績分別為 69, 78, 74 分，則這次考試全年級的平均成績是幾分 。（計算到整數為止，小數點以後四捨五入 。）

13. （93 薦甄）某數學老師計算學期成績的公式如下：五次平時考中取較好的三次之平均值佔 30%，兩次期中考各佔 20%，期末考佔 30%. 某生平時考成績分別為 68、82、70、73、85，期中考成績分別為 86、79，期末考成績為 90，則該生學期成績為幾分。（計算到整數為止，小數點以後四捨五入）

14. （94 學測）某校高一第一次段考數學成績不太理想，多數同學成績偏低；考慮到可能是同學們適應不良所致，數學老師決定將每人的原始成績取平方根後再乘以 10 作為正式紀錄的成績。今隨機抽選 100 位同學，發現調整後的成績其平均為 65 分，標準差為 15 分；試問這 100 位同學未調整前的成績之平均 M 介於哪兩個連續正整數之間？（第 7 頁附有標準差公式）

(A) $40 \leq M < 41$ (B) $41 \leq M < 42$ (C) $42 \leq M < 43$

(D) $43 \leq M < 44$ (E) $44 \leq M < 45$

15. （95 學測）抽樣調查某地區 1000 個有兩個小孩的家庭，得到如下數據，其中（男，女）代表第一個小孩是男孩而第二個小孩是女生的家庭，餘類推。

家庭別	家庭數
（男，男）	261
（男，女）	249
（女，男）	255
（女，女）	235

由此數據可估計該地區有兩個小孩家庭的男、女孩性別比約為_____：100（四捨五入至整數位）。

16. （**96 學測**）在某項才藝競賽中，為了避免評審個人主觀影響參賽者成績太大，主辦單位規定：先將 15 位評審給同一位參賽者的成績求得算術平均數，再將與平均數相差超過 15 分的評審成績剔除後重新計算平均值做為此參賽者的比賽成績。現在有一位參賽者所獲 15 位評審的平均成績為 76 分，其中有三位評審給的成績 92、45、55 應剔除，則這個參賽者的比賽成績為幾分。

17. （**100 學測**）根據台灣壽險業的資料，男性從 0 歲、1 歲、⋯到 60 歲各年齡層的死亡率（單位：%）依序為：

1.0250, 0.2350, 0.1520, 0.1010, 0.0720, 0.0590, 0.0550, 0.0540, 0.0540, 0.0520, 0.0490, 0.0470, 0.0490, 0.0560, 0.0759, 0.1029, 0.1394, 0.1890, 0.2034, 0.2123, 0.2164, 0.2166, 0.2137, 0.2085, 0.2019, 0.1948, 0.1882, 0.1830, 0.1799, 0.1793, 0.1813, 0.1862, 0.1941, 0.2051, 0.2190, 0.2354, 0.2539, 0.2742, 0.2961, 0.3202, 0.3472, 0.3779, 0.4129, 0.4527, 0.4962, 0.5420, 0.5886, 0.6346, 0.6791, 0.7239, 0.7711, 0.8229, 0.8817, 0.9493, 1.0268, 1.1148, 1.2139, 1.3250, 1.4485, 1.5851, 1.7353.

經初步整理後，已知 61 個資料中共有 24 個資料小於 0.2。請問死亡率資料的中位數為下列哪一個選項？

(A) 0.2034　　　　　　(B) 0.2164　　　　　　(C) 0.2137

(D) 0.2085　　　　　　(E) 0.2019

18. （**101 學測**）甲、乙兩校有一樣多的學生參加數學能力測驗，兩校學生測驗成績的分布都很接近常態分布，其中甲校學生的平均分數為 60 分，標準差為 10 分；乙校學生的平均分數為 65 分，標準差為 5 分。若用粗線表示甲校學生成績分布曲線；細線表示乙校學生成績分布曲線，則下列哪一個分布圖較為正確？

(A)　　　　　　　　　　　　　　(B)

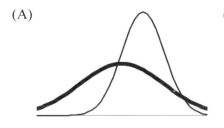

(C) (D)

(E)

19. （102 學測）已知以下各選項資料的迴歸直線（最適合直線）皆相同且皆為負相關，請選出相關係數最小的選項。

(A)

x	2	3	5
y	1	13	1

(B)

x	2	3	5
y	3	10	2

(C)

x	2	3	5
y	5	7	3

(D)

x	2	3	5
y	9	1	5

(E)

x	2	3	5
y	7	4	4

解答：1.E　　2.E　　3.ABE　　4.109%　　5.ABCE　　6.A
　　　7.D　　8.E　　9.B　　10.60.8：6.3　11.ABC　　12.73
　　　13.84　　14.E　　15.105：100　16.79　　17.B　　18.A
　　　19.E

國家圖書館出版品預行編目資料

大學學測數學滿級分I／林振義著. ——初
版.——臺北市：文字復興，2013.06
　　冊；　公分
ISBN 978-957-11-7061-9（第1冊：平裝）
1.數學教育
524.32　　　　　　　　　　102005061

WB03

大學學測數學滿級分 I

作　　著 ― 林振義

發 行 人 ― 楊榮川

總 編 輯 ― 王翠華

主　　編 ― 穆文娟

責任編輯 ― 王者香

封面設計 ― 郭佳慈

出 版 者 ― 文字復興有限公司

地　　址：106台北市大安區和平東路二段339號4樓

電　　話：(02)2705-5066　　傳　　真：(02)2706-6100

網　　址：http://www.wunan.com.tw

電子郵件：wunan@wunan.com.tw

劃撥帳號：19628053

戶　　名：文字復興有限公司

台中市駐區辦公室/台中市中區中山路6號

電　　話：(04)2223-0891　　傳　　真：(04)2223-3549

高雄市駐區辦公室/高雄市新興區中山一路290號

電　　話：(07)2358-702　　傳　　真：(07)2350-236

法律顧問　林勝安律師事務所　林勝安律師

出版日期　2013年6月初版一刷

定　　價　新臺幣320元

例題詳解

Chapter 1 數　解答

例1 (1) 交換率：(a) $a \circ b = b \circ a = a$；(b) $a \circ$
$c = c \circ a = c$；(c) $b \circ c = c \circ$
$b = b$（**滿足交換率**）；
(2) 結合律：因 $a \circ (b \circ c) = a \circ b = a$；$(a \circ$
$b) \circ c = a \circ c = c$；
所以 $a \circ (b \circ c) \neq (a \circ b) \circ$
c（**不滿足結合律**）。

例2 不是，因為 $a \circ d \neq d \circ a$（**不符合交換律**）且 $b \circ (a \circ d) \neq (b \circ a) \circ d$（**不符合結合律**）
另解：因為它不是對稱矩陣，所以不滿足交換律和結合律。

例3 (1) 錯誤，當 $c = 0$ 時會相等
(2) 正確
(3) 錯誤，當 $a > b > 0$ 且 $0 > c > d$，則大小不確定
(4) 錯誤，當 $a > 0 > b$ 時，則等號不變

例4 $0.\overline{2} = \dfrac{2}{9}$

例5 $0.\overline{1234} = \dfrac{1234}{9999}$

例6 $0.12\overline{345} = \dfrac{12345 - 12}{99900} = \dfrac{12333}{99900}$

例7 $(2 + 3\sqrt{3})x + (3 + 2\sqrt{3})y = 3 + 7\sqrt{3} \Rightarrow$
$(2x + 3y) + (3x + 2y)\sqrt{3} = 3 + 7\sqrt{3}$
得 $2x + 3y = 3$，和 $3x + 2y = 7$，解得
$x = 3, y = -1$

例8 $(2\sqrt{2} + 3\sqrt{5})x + (\sqrt{2} - 2\sqrt{5})y - 4\sqrt{2} +$
$\sqrt{5} = 0$
$\Rightarrow (2x + y - 4)\sqrt{2} + (3x - 2y + 1)\sqrt{5} = 0$
$\Rightarrow (2x + y - 4) = 0$ 且 $(3x - 2y + 1) = 0$

$\Rightarrow x = 1, y = 2$

例9 $\sqrt{5 + 2\sqrt{2}} \approx \sqrt{5 + 2 \times 1.4} = \sqrt{7.8}$
$\sqrt{9 - \sqrt{3}} = \sqrt{9 - 1.7} = \sqrt{7.3}$
所以 $\sqrt{5 + 2\sqrt{2}} > \sqrt{9 - \sqrt{3}}$，即 $a > b$

例10 $a^2 = (2 + \sqrt{7})^2 = 11 + 4\sqrt{7} = 11 + \sqrt{112}$
$b^2 = (\sqrt{11 + \sqrt{101}})^2 = 11 + \sqrt{101}$
所以 $a = 2 + \sqrt{7} > b = \sqrt{11 + \sqrt{101}}$

例11 (1) $\dfrac{2a + 3b}{2} \geq \sqrt{(2a)(3b)} = \sqrt{6ab} \Rightarrow \dfrac{10}{2} \geq$
$\sqrt{6ab} \Rightarrow 25 \geq 6ab \Rightarrow ab \leq \dfrac{25}{6}$，
最大值 $= \dfrac{25}{6}$
(2) 此最大值發生在 $2a = 3b$ 處，
即 $a = \dfrac{3b}{2}$，
代入 $2a + 3b = 10$，解出 $b = \dfrac{5}{3}, a = \dfrac{5}{2}$

例12 (1) $\dfrac{2a^2 + 3b^2}{2} \geq \sqrt{(2a^2)(3b^2)} = \sqrt{6a^2b^2}$
$\Rightarrow \dfrac{10}{2} \geq \sqrt{6}|ab|$，
$\Rightarrow |ab| \leq \dfrac{5}{\sqrt{6}} = \dfrac{5\sqrt{6}}{6} \Rightarrow -\dfrac{5\sqrt{6}}{6} \leq ab \leq$
$\dfrac{5\sqrt{6}}{6}$
(2) 此最大值、最小值發生在 $2a^2 = 3b^2$
處，即 $a^2 = \dfrac{3b^2}{2}$，代入 $2a^2 + 3b^2 = 10$，
解出 $b^2 = \dfrac{5}{3} \Rightarrow b = \pm\dfrac{\sqrt{15}}{3}, a = \pm\dfrac{\sqrt{10}}{2}$
(i) 當 $a = \dfrac{\sqrt{10}}{2}, b = \dfrac{\sqrt{15}}{3}$ 或 $a = -\dfrac{\sqrt{10}}{2}$,
$b = -\dfrac{\sqrt{15}}{3}$ 時，ab 最大值 $= \dfrac{5\sqrt{6}}{6}$

(ii) 當 $a = -\dfrac{\sqrt{10}}{2}, b = \dfrac{\sqrt{15}}{3}$ 或 $a = \dfrac{\sqrt{10}}{2}$,

$b = -\dfrac{\sqrt{15}}{3}$ 時,ab 最小值 $= -\dfrac{5\sqrt{6}}{6}$

例 13 $\dfrac{3a+4b}{2} \geq \sqrt{(3a)(4b)} = \sqrt{12ab} = 6 \Rightarrow$

$3a + 4b \geq 12$,

此最小值發生在 $3a = 4b$ 處,

即 $a = \dfrac{4b}{3}$,代入 $ab = 3$,解出 $b = \dfrac{3}{2}$,

$a = 2$,最小值 $= 12$

例 14 因 $a \cdot b^2 = -12$,可知 $a < 0$,

令 $c = -a \Rightarrow c \cdot b^2 = 12$

$\dfrac{-3a + b^2}{2} = \dfrac{3c + b^2}{2} \geq \sqrt{3cb^2} = \sqrt{36} = 6$

$\Rightarrow -3a + b^2 \geq 12$

此最小值發生在 $-3a = b^2 = 6 \Rightarrow a = -2$,

$b = \pm\sqrt{6}$,最小值 $= 12$

例 15 C 點的位置有二處,

(1) C 介於 $A(2)$、$B(12)$ 之間,所以它們的位置是 $A - C - B$:

$\overline{AC} : \overline{CB} = 3 : 2 \Rightarrow (C-2) : (12-C) =$

$3 : 2 \Rightarrow 3(12 - C) = 2(C - 2)$

解得 $C = 8$

(2) C 在 $A(2)$、$B(12)$ 之外:因 $\overline{AC} : \overline{BC} =$

$3 : 2$($\overline{AC} > \overline{BC}$),所以它們的位置是 $A - B - C$

$\overline{AC} : \overline{BC} = 3 : 2 \Rightarrow (C-2) : (C-12) =$

$3 : 2 \Rightarrow 3(C - 12) = 2(C - 2)$

解得 $C = 32$

例 16 $x^3 + 3x^2y + 3xy^2 + y^3 = (x+y)^3 = [(\sqrt{2} - 1) + (\sqrt{2}+1)]^3 = [2\sqrt{2}]^3 = 16\sqrt{2}$

例 17 $\sqrt{x^2 + x^{-2} + 2} = \sqrt{(x + x^{-1})^2} = |x + x^{-1}|$

例 18 $\sqrt{5 + 2\sqrt{6}} \Rightarrow a + b = 5, ab = 6$,解出

$a = 3$、$b = 2$

即 $\sqrt{5 + 2\sqrt{6}} = \sqrt{3} + \sqrt{2}$

例 19 (1) $\sqrt{7 + \sqrt{40}} = \sqrt{7 + 2\sqrt{10}} \Rightarrow a + b = 7$,

$ab = 10$,解出 $a = 5$、$b = 2$

即 $\sqrt{7 + \sqrt{40}} = \sqrt{5} + \sqrt{2}$

(2) $\sqrt{12 - 4\sqrt{5}} = \sqrt{12 - 2\sqrt{20}} \Rightarrow a + b = 12$,

$ab = 20$,解出 $a = 10$、$b = 2$

即 $\sqrt{12 - 4\sqrt{5}} = \sqrt{10} - \sqrt{2}$

(3) $\sqrt{3 - \sqrt{5}} = \sqrt{\dfrac{6}{2} - \dfrac{2\sqrt{5}}{2}} = \dfrac{\sqrt{6 - 2\sqrt{5}}}{\sqrt{2}} \Rightarrow$

分子 $a + b = 6, ab = 5$,

解出 $a = 5$、$b = 1$,即 $\sqrt{3 - \sqrt{5}} =$

$\dfrac{\sqrt{5} - \sqrt{1}}{\sqrt{2}} = \dfrac{\sqrt{10} - \sqrt{2}}{2}$

例 20 $\sqrt{5} - \sqrt{3} = \sqrt{a - \sqrt{b}} \Rightarrow (\sqrt{5} - \sqrt{3})^2 = a - \sqrt{b}$

$\Rightarrow 8 - 2\sqrt{15} = a - \sqrt{b} \Rightarrow 8 - \sqrt{60} = a - \sqrt{b}$

所以 $a = 8, b = 60$

例 21 $\dfrac{1}{\sqrt{\left(\dfrac{a}{c}\right)^2 + \left(\dfrac{b}{c}\right)^2}} = \dfrac{1}{\sqrt{\dfrac{a^2 + b^2}{c^2}}} = \dfrac{1}{\dfrac{\sqrt{a^2 + b^2}}{\sqrt{c^2}}} =$

$\dfrac{|c|}{\sqrt{a^2 + b^2}}$

例 22 因(絕對值)和(平方出來的值)等於 0,表示它們二者均為 0。所以

$2a + 3b - 11 = 0$ 且 $a + 2b - 7 = 0$

解聯立方程式得:$a = 1, b = 3$

例 23 因絕對值出來的值要大於等於 0,上述三個絕對值的和為 3,所以

$5|a+2| = 0$,$8|b-3| = 0$,且 $|c+2| = 3$

即 $a = -2$,$b = 3$,$c + 2 = \pm 3 \Rightarrow c = 1$

或 -5,即 $a = -2$,$b = 3$,$c = 1$ 或 -5

例 24 此種題目要分段考慮,也就是將絕對值內的值令為 0,

即令 (a) $x + 3 = 0 \Rightarrow x = -3$ 和

(b) $x - 2 = 0 \Rightarrow x = 2$,

再分成如下所示來討論:

(1) $x \geq 2$：原式 $\Rightarrow (x+3) + 2(x-2) = 5$
$\Rightarrow x = 2$（可以，滿足 $x \geq 2$）

(2) $-3 \leq x < 2$：原式 $\Rightarrow (x+3) + 2(x-2) = 5$
$\Rightarrow x = 2$（不合，不滿足 $-3 \leq x < 2$）

(3) $x < -3$：原式 $\Rightarrow -(x+3) - 2(x-2) = 5$
$\Rightarrow x = -\dfrac{4}{3}$（不合，不滿足 $x < -3$）

答案為 (1) 或 (2) 或 (3) 的解，本題解為 $x = 2$

例25 **(1)、(5)、(6)**
〔註：(2)$|a+b| \leqq |a| + |b|$；(3)$|a-b| \geqq |a| - |b|$；(4)$a \neq 0$；(7)$|a-b| \geqq |a| - |b|$〕

例26 (1) $|x-3| < 2 \Rightarrow -2 < x-3 < 2 \Rightarrow$
$1 < x < 5$

(2) $|x-1| < 1 \Rightarrow -1 < x-1 < 1 \Rightarrow$
$0 < x < 2$

(1) 且 (2)，表找出共同的區間，即
$\mathbf{1 < x < 2}$

例27 要分成 $x \geq \dfrac{3}{2}$，$1 \leq x < \dfrac{3}{2}$，$x < 1$ 三段來討論

(1) $x \geq \dfrac{3}{2}$：原式 $\Rightarrow x-1 < 2x-3 \Rightarrow 2 <$
x（滿足 $x \geq \dfrac{3}{2}$）

(2) $1 \leq x < \dfrac{3}{2}$：原式 $\Rightarrow x-1 < -(2x-3)$
$\Rightarrow x < \dfrac{4}{3}$，且要滿足 $1 \leq x < \dfrac{3}{2}$
$\Rightarrow 1 \leq x < \dfrac{4}{3}$

(3) $x < 1$：原式 $\Rightarrow -(x-1) < -(2x-3)$
$\Rightarrow x < 2$，且要滿足 $x < 1$
$\Rightarrow x < 1$

所以 x 的範圍為 $2 < x$ 或 $1 \leq x < \dfrac{4}{3}$ 或 $x < 1$，也就是為 $\mathbf{x > 2}$ **或** $\mathbf{x < \dfrac{4}{3}}$

例28 $2 \leq |x+5| \leq 4$ 表示 $2 \leq |x+5|$ 且 $|x+5| \leq 4$（要分成二項，分別來解）

(1) $2 \leq |x+5| \Rightarrow (x+5) \geq 2$ 或 $(x+5) \leq -2 \Rightarrow x \geq -3$ 或 $x \leq -7$

(2) $|x+5| \leq 4 \Rightarrow -4 \leq (x+5) \leq 4 \Rightarrow -9 \leq x \leq -1$

由 (1) 且 (2) 得：$\mathbf{-9 \leq x \leq -7}$ **或** $\mathbf{-3 \leq x \leq -1}$

例29 同上例，要分成 $x \geq 4$，$-2 \leq x < 4$，$x < -2$ 三段來討論

(1) $x \geq 4$：
原式 $\Rightarrow (x+2) + (x-4) > 6 \Rightarrow 2x > 8$
$\Rightarrow x > 4$（滿足 $x \geq 4$）

(2) $-2 \leq x < 4$：
原式 $\Rightarrow (x+2) - (x-4) > 6 \Rightarrow 6 > 6$（不合）

(3) $x < -2$：
原式 $\Rightarrow -(x+2) - (x-4) > 6 \Rightarrow x < -2$（滿足 $x < -2$）

所以 x 的範圍為 $\mathbf{x < -2}$ **或** $\mathbf{x > 4}$

例30 (1) 將 $3a - b$ 表成 $a+b$ 和 $a-b$ 的組合，即 $3a - b = (a+b) + 2(a-b)$

(2) $-2 \leq a+b \leq 4$

(3) $3 \leq a-b \leq 6 \Rightarrow 6 \leq 2(a-b) \leq 12$

(4) 由 (2) + (3) $\Rightarrow 4 \leq 3a - b \leq 16$

註：不可先解出 a 和 b 的範圍後再相加

例31 (1) 先令絕對值為 0，求出 x，即 $x = -1, 2, -3$

(2) 在數線上標出此三點座標，即

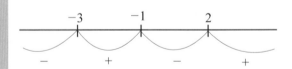

(3) 分成四段討論，

(a) $x \geq 2$：原式 $= (x+1) + (x-2) + (x+3) = 3x+2$
因 $x \geq 2 \Rightarrow 3x + 2 \geq 3 \times 2 + 2 = 8$，

(b) $2 > x \geq -1$：原式 $= (x+1) - (x-2) + (x+3) = x+6$
因 $2 > x \geq -1 \Rightarrow 8 > x+6 \geq 5$，

(c) $-1 > x \geq -3$：原式 $= -(x+1) - (x-2) + (x+3) = -x+4$

因 $-1 > x \geq -3 \Rightarrow 5 < -x + 4 \leq 7$，

(d) $-3 > x$：原式 $= -(x + 1) - (x - 2)$

$\qquad - (x + 3) = -3x - 2$，

因 $-3 > x \Rightarrow -3x - 2 \geq 7$

由上知，**最小值為 (b) 段的 5**，此時的 x 值為 -1。

例 32 (1) $b \leq x \leq a$，$d \leq y \leq c$

$\qquad \Rightarrow \boldsymbol{b + d \leq x + y \leq a + c}$

(2) $2b \leq 2x \leq 2a$，$3d \leq 3y \leq 3c$

$\qquad \Rightarrow \boldsymbol{2b + 3d \leq 2x + 3y \leq 2a + 3c}$

(3) $3b \leq 3x \leq 3a$，$-2c \leq -2y \leq -2d$（乘以負號，符號要反過來）

$\qquad \Rightarrow \boldsymbol{3b - 2c \leq 3x - 2y \leq 3a - 2d}$

例 33 (1) $2 \leq x \leq 6$，$1 \leq y \leq 5$

$\qquad \Rightarrow 4 \leq x^2 \leq 36$，$1 \leq y^2 \leq 25$

$\qquad$ 答案為：(a) $2 \cdot 1 \leq xy \leq 6 \cdot 5$

$\qquad\qquad\qquad \Rightarrow \boldsymbol{2 \leq xy \leq 30}$，

$\qquad\qquad$ (b) $4 \cdot 1 \leq x^2 y \leq 36 \cdot 5$

$\qquad\qquad\qquad \Rightarrow \boldsymbol{4 \leq x^2 y \leq 180}$，

$\qquad\qquad$ (c) $2 \cdot 1 \leq xy^2 \leq 6 \cdot 25$

$\qquad\qquad\qquad \Rightarrow \boldsymbol{2 \leq xy^2 \leq 150}$

(2) $-2 \leq x \leq 3$，$-4 \leq y \leq 1$

$\qquad \Rightarrow 0 \leq x^2 \leq 9$，$0 \leq y^2 \leq 16$（取最大的正號）

$\qquad$ 答案為：(a) $3 \cdot (-4) \leq xy \leq (-2)(-4)$

$\qquad\qquad\qquad \Rightarrow \boldsymbol{-12 \leq xy \leq 8}$，

$\qquad\qquad$ (b) $9 \cdot (-4) \leq x^2 y \leq 9 \cdot 1$

$\qquad\qquad\qquad \Rightarrow \boldsymbol{-36 \leq x^2 y \leq 9}$，

$\qquad\qquad$ (c) $-2 \cdot 16 \leq xy^2 \leq 3 \cdot 16$

$\qquad\qquad\qquad \Rightarrow \boldsymbol{-32 \leq xy^2 \leq 48}$

(3) $-4 \leq x \leq -2$，$-3 \leq y \leq -1$

$\qquad \Rightarrow 4 \leq x^2 \leq 16$，$1 \leq y^2 \leq 9$

$\qquad$ 答案為：(a) $(-1)(-2) \leq xy \leq (-3)(-4)$

$\qquad\qquad\qquad \Rightarrow \boldsymbol{2 \leq xy \leq 12}$，

$\qquad\qquad$ (b) $(-3) \cdot 16 \leq x^2 y \leq 4 \cdot (-1)$

$\qquad\qquad\qquad \Rightarrow \boldsymbol{-48 \leq x^2 y \leq -4}$，

$\qquad\qquad$ (c) $9 \cdot (-4) \leq xy^2 \leq (-2) \cdot 1$

$\qquad\qquad\qquad \Rightarrow \boldsymbol{-36 \leq xy^2 \leq -2}$

$\qquad$ 註：也就是當 $b \leq x \leq a$，$d \leq y \leq c$ 時，

$\qquad$ (1) 求 xy 的範圍時，要先算出 $a \cdot c$、$a \cdot d$、$b \cdot c$、$b \cdot d$ 的最大

及最小值，則（最小值）$\leq xy \leq$（最大值）

(2) 求 $x - y$ 時，先求出 $-y$ 的範圍，再相加。

Chapter 2 多項式 解答

第一單元 複數

例1 i^{1005} 中的 $1005 = 251 \times 4 + 1 \Rightarrow i^{1005} = i^1 = i$

例2 (1) $i^{11} + i^{12} + i^{13} + i^{14} = \mathbf{0}$（任何連續 4 個和均為 0），

(2) $i^{100} + i^{101} + i^{102} + i^{103} = \mathbf{0}$。

例3 因 $i^0 (= 1) + i^1 (= i) + i^2 (= -1) + i^3 (= -i)$
$= 0$，

即其連續 4 個相加就會得 0（$i^2 + i^3 + i^4 + i^5$ 和亦為 0），

所以原式 $= i^{100} + i^{101} + i^{102} = i^0 + i^1 + i^2$
$= 1 + i - 1 = \mathbf{i}$

例4 (1) 不正確，開平方根的值為正值

(2) 不正確，± 4 的平方均為 16

(3) 不正確，開平方根的值為正值；所以若 $a > 0$，其值為 a；若 $a < 0$，其值為 $-a$

(4)(5) 正確

例5 (1) 化簡成（左邊實數）+（左邊虛數）i
$=$（右邊實數）+（右邊虛數）i
$\Rightarrow (a - 3) + (2b + 2)i = (3a + 3b - 1) + 2ai$

(2) 等號左邊的實數 = 等號右邊的實數
$\Rightarrow a - 3 = 3a + 3b - 1$
等號左邊的虛數 = 等號右邊的虛數
$\Rightarrow 2b + 2 = 2a$

(3) 解得 $a = \dfrac{1}{5}$，$b = -\dfrac{4}{5}$

例6 分母實數化 $z = \dfrac{(c + di)(a - bi)}{(a + bi)(a - bi)}$

$= \dfrac{(ac + bd) + (ad - bc)i}{a^2 + b^2}$

z 的實數部分 $= \dfrac{(ac + bd)}{a^2 + b^2}$，虛數部分

$= \dfrac{(ad - bc)}{a^2 + b^2}$

例7 (1) $a + b \geq 0$：
原式 $\Rightarrow a + b + (a + 1)i = (b + 2) + bi$，
實部相同，虛部相同
$\Rightarrow a + b = b + 2, a + 1 = b$
$\Rightarrow a = 2, b = 3$（滿足 $a + b \geq 0$）

(2) $a + b < 0$：
原式 $\Rightarrow -a - b + (a + 1)i = (b + 2) + bi$，
實部相同，虛部相同
$\Rightarrow -a - b = b + 2, a + 1 = b$
$\Rightarrow a = -\dfrac{4}{3}$，$b = -\dfrac{1}{3}$
（滿足 $a + b < 0$）

所以解為 $\boldsymbol{a = 2, b = 3}$ 或 $\boldsymbol{a = -\dfrac{4}{3}}$，
$\boldsymbol{b = -\dfrac{1}{3}}$

例8 (1) $\sqrt{3} \times \sqrt{-5} = \sqrt{3} \times \sqrt{5}i = \sqrt{\mathbf{15}}\boldsymbol{i}$；

(2) $\sqrt{-3} \times \sqrt{-12} = \sqrt{3}i \times \sqrt{12}i = -\sqrt{36} = \mathbf{-6}$

例9 (1) $\dfrac{\sqrt{3}}{\sqrt{5}} = \dfrac{\sqrt{3} \cdot \sqrt{5}}{\sqrt{5} \cdot \sqrt{5}} = \dfrac{\sqrt{\mathbf{15}}}{\mathbf{5}}$；

(2) $\dfrac{\sqrt{-3}}{\sqrt{5}} = \dfrac{\sqrt{3}i \cdot \sqrt{5}}{\sqrt{5} \cdot \sqrt{5}} = \dfrac{\sqrt{\mathbf{15}}\boldsymbol{i}}{\mathbf{5}}$；

(3) $\dfrac{\sqrt{3}}{\sqrt{-5}} = \dfrac{\sqrt{3} \cdot \sqrt{5}}{\sqrt{5}i \cdot \sqrt{5}} = \dfrac{\sqrt{15}}{5i} = -\dfrac{\sqrt{\mathbf{15}}\boldsymbol{i}}{\mathbf{5}}$；

(4) $\dfrac{\sqrt{-3}}{\sqrt{-5}} = \dfrac{\sqrt{3}i \cdot \sqrt{5}}{\sqrt{5}i \cdot \sqrt{5}} = \dfrac{\sqrt{\mathbf{15}}}{\mathbf{5}}$；

例10 此種題目要先將根號內的值變成正數後再做乘除。

原式 $= \sqrt{6}i \times \dfrac{\sqrt{3}}{\sqrt{2}i} = \mathbf{3}$

例11 (1) 若平方根內的值為負數，可令 $a =$

−*b*（此時 *b* > 0）代入

(2) 原式 $= \sqrt{-b} \times \sqrt{-(-b)^2} \times \sqrt{(-b)^3} =$

$\sqrt{b^6} i^3 = -b^3 i$（將根號內變成正數）

(3) 將 *b* = −*a* 代入 ⇒ 原式 $= -(-a^3)i = \boldsymbol{a^3 i}$

例 12 (1) 將分母化解成實數（即乘以 2 − 3*i*）

⇒ 原式 $= \dfrac{(3-4i)(2-3i)}{(2+3i)(2-3i)} = \dfrac{-6-17i}{13}$

(2) 再取分子的共軛複數（即改變虛數

前的正負號）$= \dfrac{\boldsymbol{-6+17i}}{\boldsymbol{13}}$

例 13 (1) $z_1 \times z_2 = (1+2i)(2-i) = (2+2) + (4-1)i = \boldsymbol{4+3i}$；

(2) $\dfrac{z_1}{z_2} = \dfrac{1+2i}{2-i} = \dfrac{(1+2i)(2+i)}{(2-i)(2+i)}$

$= \dfrac{(2-2)+(4+1)i}{2^2+1^2} = \dfrac{5i}{5} = \boldsymbol{i}$；

(3) $\overline{\dfrac{z_1}{z_2}} = \overline{\left(\dfrac{z_1}{z_2}\right)} = \overline{(i)} = \boldsymbol{-i}$；

(4) $z_1 \times \overline{z_1} = (1+2i)(1-2i) = 1^2+2^2 = \boldsymbol{5}$。

例 14 (1) $z = \dfrac{(2+1i)(4+3i)}{(1+2i)(3+4i)} = \dfrac{(8-3)+(4+6)i}{(3-8)+(6+4)i} =$

$\dfrac{5+10i}{-5+10i} = \dfrac{1+2i}{-1+2i} = \dfrac{(1+2i)(-1-2i)}{(-1+2i)(-1-2i)}$

$= \dfrac{-[1^2+2\cdot1\cdot2i+(2i)^2]}{(-1)^2+2^2} = \dfrac{3-4i}{5}$

z 的實數部分 $= \dfrac{3}{5}$，虛數部分 $= -\dfrac{4}{5}$

(2) $z = \dfrac{3}{5} - \dfrac{4}{5}i \Rightarrow \bar{z} = \dfrac{3}{5} + \dfrac{4}{5}i$

例 15 $x = \dfrac{-1 \pm \sqrt{1^2 - 4\cdot1\cdot1}}{2\cdot1} = \dfrac{-1 \pm \sqrt{-3}}{2}$

$= \dfrac{\boldsymbol{-1 \pm \sqrt{3}i}}{\boldsymbol{2}}$

例 16 一元三次方程式的一虛根為 *i*，則另一
個根一定是 −*i*。

所以此一元三次方程式為

$[x-2][x-i][x-(-i)] = 0 \Rightarrow [x-2][x^2+1] = 0$

$\Rightarrow \boldsymbol{x^3 - 2x^2 + x - 2 = 0}$

例 17 一元四次方程式的二個根分別為 1 + *i*
和 −2*i*，另二個根一定是 1 − *i* 和 +2*i*
所以此一元四次方程式為

$[x-(1+i)][x-(1-i)][x-2i][x-(-2i)] = 0$

$\Rightarrow [(x-1)-i][(x-1)+i][x-2i][x+2i] = 0$

$\Rightarrow [(x-1)^2 - i^2][x^2 - (2i)^2] = 0$

$\Rightarrow [x^2 - 2x + 2][x^2 + 4] = 0$

$\Rightarrow \boldsymbol{x^4 - 2x^3 + 6x^2 - 8x + 8 = 0}$

例 18 (1) $f(0) = 5 \Rightarrow a = 5$

(2) $f(1) = 1+3+2+5 = 11 \Rightarrow \boldsymbol{f(1) = 11}$

(3) $f(-1) = -1+3-2+5 = 5 \Rightarrow \boldsymbol{f(-1) = 5}$

例 19 (1) $f(0) = 2 \Rightarrow \boldsymbol{a_0 = 2}$

(2) $f(1) = 4 \Rightarrow a_5 + a_4 + a_3 + a_2 + a_1 + a_0 = \boldsymbol{4}$

(3) $f(-1) = 5 \Rightarrow -a_5 + a_4 - a_3 + a_2 - a_1 + a_0 = 5 \Rightarrow a_5 - a_4 + a_3 - a_2 + a_1 - a_0 = \boldsymbol{-5}$

(4) $a_5 + a_3 + a_1 = \dfrac{f(1) - f(-1)}{2} = \dfrac{4-5}{2} = \dfrac{\boldsymbol{-1}}{\boldsymbol{2}}$

(5) $a_4 + a_2 + a_0 = \dfrac{f(1) + f(-1)}{2} = \dfrac{4+5}{2} = \dfrac{\boldsymbol{9}}{\boldsymbol{2}}$

例 20 (1) $f(0) = 2 \Rightarrow \boldsymbol{b = 2}$

(2) $f(1) = 1 + 2 + a + b = 8 \Rightarrow \boldsymbol{a = 3}$

例 21 (1) $\boldsymbol{a = 0, b = 2, c = 0, d = 4}$

(2) $\boldsymbol{2x^3 + 2x^2 + 4x + 3}$

例 22 $f(x)g(x) = 2x^2(x^2 - 2x - 5) + 3x(x^2 - 2x - 5) + 1(x^2 - 2x - 5) = \boldsymbol{2x^4 - x^3 - 15x^2 - 17x - 5}$

例 23 $10x^2 + 14x + 10 = cx^2 + (b+3c)x + (a-b+2c)$

$\Rightarrow c = 10, b + 3c = 14, a - b + 2c = 10$

$\Rightarrow \boldsymbol{c = 10}，\boldsymbol{a = -26}，\boldsymbol{b = -16}$

例 24 也就是 $(x^2 \cdot 6x^6) + (2x^3 \cdot 4x^5) + (3x^4 \cdot 2x^4) = (6+8+6)x^8 = \boldsymbol{20x^8}$

例 25 (1) $f(x)$ 的 *x* 次方係數為 9 個小括號要
出常數（= 1），另一個小括號要出 *x*

項，即 $1 + 2 + 3 + \cdots + 10 = \mathbf{55}$

(2) 常數項為 $f(0) = \mathbf{1}$

例26 (1) 此題目為 $f\left(\dfrac{x}{a}\right) = (x - b)q'(x) + r'$，求 $q'(x)$ 和 r'

(a) 要把已知的 $f(x)$ 變成 $f\left(\dfrac{x}{a}\right)$，所以將 $\dfrac{x}{a}$ 代入 $f(x)$ 中的 x

$$\Rightarrow f\left(\frac{x}{a}\right) = \left(\frac{x}{a} - \frac{b}{a}\right)q\left(\frac{x}{a}\right) + r$$

(b) 把除式變成問題的形式

$$\Rightarrow f\left(\frac{x}{a}\right) = \frac{1}{a}(x - b)q\left(\frac{x}{a}\right) + r \, ,$$

所以 **商式** $= \dfrac{1}{a}\, q\left(\dfrac{x}{a}\right)$，**餘式** $= r$

(2) $f(x) = \left(x - \dfrac{b}{a}\right)q(x) + r$

$$\Rightarrow f(x) = \frac{1}{a}(ax - b)q(x) + r$$

$$\Rightarrow \textbf{商} = \frac{1}{a} \cdot \boldsymbol{q(x)}，\textbf{餘式} = \boldsymbol{r}$$

(3) $f(x) = \left(x - \dfrac{b}{a}\right)q(x) + r$

$$\Rightarrow f(ax) = \left(ax - \frac{b}{a}\right)q(ax) + r$$

$$\Rightarrow f(ax) = \frac{1}{a}(a^2 x - b)q(ax) + r$$

$$\Rightarrow \textbf{商} = \frac{1}{a} \cdot \boldsymbol{q(ax)}，\textbf{餘式} = \boldsymbol{r}$$

(4) $f(x) = \left(x - \dfrac{b}{a}\right)q(x) + r$

$$\Rightarrow af(x) = (ax - b)q(x) + a \cdot r$$

$$\Rightarrow \textbf{商} = \boldsymbol{q(x)}，\textbf{餘式} = \boldsymbol{a \cdot r}$$

例27 可以用長除法來解

$$
\begin{array}{r}
2x + 2 \\
x^2 + x + 1\,\overline{)\,2x^3 + 4x^2 + 5x + 1} \\
\underline{2x^3 + 2x^2 + 2x} \\
2x^2 + 3x + 1 \\
\underline{2x^2 + 2x + 2} \\
x - 1
\end{array}
$$

所以 **商式** $= \mathbf{2x + 2}$，**餘式** $= \boldsymbol{x - 1}$

例28 可以用長除法來解

$$
\begin{array}{r}
x + 2 \\
x^2 + x + b\,\overline{)\,x^3 + 3x^2 + 4x + a} \\
\underline{x^3 + x^2 + bx} \\
2x^2 + (4 - b)x + a
\end{array}
$$

$$
\begin{array}{r}
\underline{2x^2 + 2x + 2b} \\
(2 - b)x + (a - 2b)
\end{array}
$$

因整除，所以 $2 - b = 0$ 且 $a - 2b = 0$

$\Rightarrow \boldsymbol{b = 2}，\boldsymbol{a = 4}$

例29 因 $f(x)$ 可以被 $x + 1$ 整除

$\Rightarrow f(-1) = a - b + c = 0$

因 $f(1) = 4 \Rightarrow a + b + c = 4$

因 $f(0) = 3 \Rightarrow c = 3$，

由上可解出 $\boldsymbol{a = -1}$、$\boldsymbol{b = 2}$、$\boldsymbol{c = 3}$

例30 (1) (a) $f(x) \div (x - 1)$，其商為 $(2x^2 - 3x + 3)$，餘式為 $6 \Rightarrow a = 6$

(b) $(2x^2 - 3x + 3) \div (x - 1)$，其商為 $(2x - 1)$，餘式為 $2 \Rightarrow b = 2$

(c) $(2x - 1) \div (x - 1)$，其商為 2，餘式為 $1 \Rightarrow c = 1, d = 2$

所以 $\boldsymbol{a = 6, b = 2, c = 1, d = 2}$

(2) $f(1.01) = 6 + 2 \times (1.01 - 1) + 1 \times (1.01 - 1)^2 + 2 \times (1.01 - 1)^3$

$= 6 + 2 \times 0.01 + 1 \times 0.01^2 + 2 \times 0.01^3 \approx$ **6.02**

例31 由插值多項式知，$f(x)$ 為：

$$f(x) = 3 \cdot \frac{(x - 12)(x - 13)}{(11 - 12)(11 - 13)} +$$

$$5 \cdot \frac{(x - 11)(x - 13)}{(12 - 11)(12 - 13)} + 8 \cdot \frac{(x - 11)(x - 12)}{(13 - 11)(13 - 12)}\, ,$$

所以 $f(11.5) = 3 \cdot \dfrac{(11.5 - 12)(11.5 - 13)}{(11 - 12)(11 - 13)} +$

$$5 \cdot \frac{(11.5 - 11)(11.5 - 13)}{(12 - 11)(12 - 13)} +$$

$$8 \cdot \frac{(11.5 - 11)(11.5 - 12)}{(13 - 11)(13 - 12)}$$

$$= 3 \cdot \frac{(-0.5)(-1.5)}{(-1)(-2)} + 5 \cdot \frac{(0.5)(-1.5)}{(1)(-1)} +$$

$$8 \cdot \frac{(0.5)(-0.5)}{(2)(1)}$$

$$= \frac{3 \times 0.75}{2} + \frac{5 \times (-0.75)}{-1} + \frac{8 \times (-0.25)}{2}$$

$$= \frac{0.25}{2}(9 + 30 - 8) = \frac{\mathbf{7.75}}{\mathbf{2}}$$

例32 因 $f(x)$ 為三次多項式且 $f(x)$ 除以 $x^2 + x + 1$ 的餘式為 $x + 2$，令 $f(x) = (ax + b)$

$(x^2 + x + 1) + x + 2$

因 $f(x)$ 除以 $x^2 + 1$ 的餘式為 $x + 3$，將 $x^2 = -1$ 代入 $f(x)$，結果為 $x + 3$

即 $(ax + b)(x^2 + x + 1) + x + 2 = (ax + b)(-1 + x + 1) + x + 2 = ax^2 + (b + 1)x + 2$

$= -a + (b + 1)x + 2 = x + 3 \Rightarrow b + 1 = 1$，

$2 - a = 3 \Rightarrow a = -1$，$b = 0$

所以 $f(x) = (-x)(x^2 + x + 1) + x + 2$

$$= -x^3 - x^2 + 2$$

例 33 因 $f(x)$ 除以 $x^2 + x + 1$ 的餘式為 $x + 2$（因 $f(x)$ 不知是幾次多項式，所以不能假設成上一例的形式），可令 $f(x) = (x - 1)(x^2 + x + 1)p(x) + a(x^2 + x + 1) + x + 2$

因 $f(x)$ 除以 $x - 1$ 的餘式為 2，所以 $f(1) = 6$ 帶入上式

$f(1) = (1 - 1)[(1)^2 + (1) + 1]p(1) + a[(1)^2 + (1) + 1] + (1) + 2 = 6 \Rightarrow a = 1$

所以 $f(x)$ 除以 $(x^2 + x + 1)(x - 1)$ 的餘式為 $a(x^2 + x + 1) + x + 2 = x^2 + 2x + 3$

例 34 令 $f(x) = (x - 1)(x - 2)(x - 3)p(x) + a(x - 1)(x - 2) + b(x - 1) + c$，

因 $f(1) = 1 \Rightarrow c = 1$

$f(2) = 2 \Rightarrow b + c = 2 \Rightarrow b = 1$

$f(3) = 3 \Rightarrow 2a + 2b + c = 3 \Rightarrow a = 0$

$\Rightarrow a = 0$、$b = 1$、$c = 1$

所以餘式為 $a(x - 1)(x - 2) + b(x - 1) + c = 0(x - 1)(x - 2) + (x - 1) + 1 = x$

另解：令 $f(x) = (x - 1)(x - 2)(x - 3)p(x) + ax^2 + bx + c$，

因 $f(1) = 1 \Rightarrow a + b + c = 1$

$f(2) = 2 \Rightarrow 4a + 2b + c = 2$

$f(3) = 3 \Rightarrow 9a + 3b + c = 3$

$\Rightarrow a = 0$、$b = 1$、$c = 0$

所以 餘式為 x

例 35 (a) $f(1) = 1 \Rightarrow a = 1$

(b) $f(2) = 3 \Rightarrow a + b = 3 \Rightarrow b = 2$

(c) $f(3) = 7 \Rightarrow a + 2b + 2c = 7 \Rightarrow c = 1$

所以 $f(x) = 1 + 2(x - 1) + (x - 1)(x - 2)$

(d) $f\left(\dfrac{1}{2}\right) = 1 + 2\left(\dfrac{1}{2} - 1\right) + \left(\dfrac{1}{2} - 1\right)\left(\dfrac{1}{2} - 2\right) =$

$1 - 1 + \left(-\dfrac{1}{2}\right)\left(-\dfrac{3}{2}\right) = \dfrac{3}{4}$，**餘數 $= \dfrac{3}{4}$**

例 36 (1) 要求通過三點的二次函數，我們可以令此二次函數為 $f(x) = ax^2 + bx + c$

(2) 再用三點 $(-1, -5)$，$(1, 3)$ 和 $(2, 13)$ 代入，可解出 $a = 2$，$b = 4$，$c = -3$，

(3) 故 $f(x) = 2x^2 + 4x - 3$

例 37 (1) $(x^2 + 4x + 4) > 0 \Rightarrow (x + 2)^2 > 0$

$\Rightarrow x \neq -2$

(2) $(-x^2 + 5x - 4) > 0 \Rightarrow x^2 - 5x + 4 < 0$

$\Rightarrow (x - 4)(x - 1) < 0 \Rightarrow 1 < x < 4$

例 38 $(x^2 - 2x + 1)(x^2 + 3x + 2) > 0$

$\Rightarrow (x - 1)^2(x + 1)(x + 2) > 0$

$\Rightarrow (x + 1)(x + 2) > 0$ 且 $x \neq 1$

$\Rightarrow (x > -1$ 或 $x < -2)$ 且 $x \neq 1$

例 39 因不管 x 為何值，$(x^2 + x + 1)$ 一定大於 0，所以可以不用考慮

原式 $\Rightarrow (-x^2 + 3x + 4) > 0$

$\Rightarrow x^2 - 3x - 4 < 0$

$\Rightarrow (x - 4)(x + 1) < 0$

$\Rightarrow -1 < x < 4$

例 40 $(x^2 - 5x + 6)(x^2 + 5x + 4) \geq 0$

$\Rightarrow (x - 2)(x - 3)(x + 1)(x + 4) \geq 0$

$\Rightarrow (x \geq 3$ 或 $-1 \leq x \leq 2$ 或 $x \leq -4)$

例 41 (1) $(x - 1)(x + 2)^2(x - 4) > 0$

$\Rightarrow (x - 1)(x - 4) > 0$ 且 $x \neq -2$

$\Rightarrow x > 4$ 或 $x < 1$，且 $x \neq -2$

(2) $(x - 1)(x - 2)^3(x^2 + x + 1) > 0$

$\Rightarrow (x - 1)(x - 2) > 0$

$\Rightarrow x > 2$ 或 $x < 1$

(3) $x^3 - 1 > 0 \Rightarrow (x - 1)(x^2 + x + 1) > 0$

$\Rightarrow (x - 1) > 0$

$\Rightarrow x > 1$

(4) $x^4 - 2x^2 - 3 > 0 \Rightarrow (x^2 - 3)(x^2 + 1) > 0$

$\Rightarrow (x+\sqrt{3})(x-\sqrt{3})(x^2+1)>0$

$\Rightarrow (x+\sqrt{3})(x-\sqrt{3})>0$

$\Rightarrow x>\sqrt{3}$ 或 $x<-\sqrt{3}$

例 42 $\dfrac{(x+1)(x-2)}{(x-1)}\geq 0 \Rightarrow (x+1)(x-2)(x-1)\geq 0$

且 $(x-1)\neq 0$

$\Rightarrow x\geq 2$ 且 $-1\leq x<1$

例 43 $\dfrac{(x+1)^2(x+2)}{(x-1)}<0 \Rightarrow (x+1)^2(x+2)(x-1)<0$

$\Rightarrow -2<x<1$ 且 $x\neq -1$

例 44 $\dfrac{x+1}{2x+1}\geq 1 \Rightarrow \dfrac{(x+1)-(2x+1)}{(2x+1)}\geq 0$

$\Rightarrow \dfrac{-x}{(2x+1)}\geq 0 \Rightarrow \dfrac{x}{2x+1}\leq 0$

$\Rightarrow x(2x+1)\leq 0$ 且 $x\neq -\dfrac{1}{2} \Rightarrow -\dfrac{1}{2}<x\leq 0$

例 45 $\left|\dfrac{x+1}{2x+3}\right|<1 \Rightarrow \dfrac{x+1}{2x+3}>-1$ 且 $\dfrac{x+1}{2x+3}<1$

$\Rightarrow \dfrac{(x+1)+(2x+3)}{2x+3}>0$ 且

$\dfrac{(x+1)-(2x+3)}{2x+3}<0$

$\Rightarrow (3x+4)(2x+3)>0$ 且 $(-x-2)(2x+3)<0$

$\Rightarrow (3x+4)(2x+3)>0$ 且 $(x+2)(2x+3)>0$

$\Rightarrow \left[x>-\dfrac{4}{3}\text{或}x<-\dfrac{3}{2}\right]$

且 $\left[x>-\dfrac{3}{2}\text{或}x<-2\right]$

$\Rightarrow x>-\dfrac{4}{3}$ 或 $x<-2$

例 46 (1) $y=f(2)=3\cdot 2^2+1=13$

(2) 因任何實數代入 $f(x)$ 內的 x 時，函數都有意義，所以**定義域為 R**（所有實數）

(3) 因對所有定義域內的值（$=R$），代入 $y=f(x)=3x^2+1$ 結果均 ≥ 1，所以**值域 $=\{x\,|\,x\geq 1, x\in R\}$**

例 47 (1) 定義域是讓該函數有意義的所有實

數值，所以

(a) $f(x)=\sqrt{x^2-4}$ 有意義必須 $x^2-4\geq 0 \Rightarrow (x+2)(x-2)\geq 0 \Rightarrow x\geq 2$ 或 $x\leq -2$，所以 $f(x)$ 的定義域為 $=\{x\,|\,x\geq 2$ 或 $x\leq -2, x\in R\}$

(b) $g(x)=\dfrac{1}{\sqrt{9-x}}$ 有意義必須 $9-x>0 \Rightarrow x<9$，所以 $g(x)$ 的定義域為 $=\{x\,|\,x<9, x\in R\}$

(2) 值域是定義域內的所有值，經過函數運算後，所得到的值的集合

(a) 對所有 $\{x\,|\,x\geq 2$ 或 $x\leq x<-2, x\in R\}$，$f(x)=\sqrt{x^2-4}\geq 0$，所以 $f(x)$ 的值域為 $=\{x\,|\,x\geq 0, x\in R\}$

(b) 對所有 $\{x\,|\,x<9, x\in R\}$，$\sqrt{9-x}>0 \Rightarrow g(x)=\dfrac{1}{\sqrt{9-x}}>0$，所以 $g(x)$ 的值域為 $=\{x\,|\,x>0, x\in R\}$

(3) $f(3)=\sqrt{3^2-4}=\sqrt{5}$，

$g(3)=\dfrac{1}{\sqrt{9-3}}=\dfrac{1}{\sqrt{6}}=\dfrac{\sqrt{6}}{6}$

例 48 若 $y=f(x)$ 為一函數，它必須滿足任何一個 x 代入，其 y 只有一個值。所以 (1) $y=x^2+1$ **為一函數**；而 (2) $y=\pm x$，則**不為一函數**，因 $x=1$ 時，y 值為 1 或 -1（有二值）。

例 49 (1) **左圖為一函數圖形**；

(2) **右圖則不為一函數圖形**（垂直 x 軸做一直線，交圖形於二點）。

例 50 (1)(2)(5)(6)

例 51 (3)，其中：(1) 圖形是「x」軸；(2) 圖形是「平行」x 軸的直線；(4) 要（$a\neq 0$）

例 52 此圖形通過點 $\left(-\dfrac{b}{2a}, \dfrac{4ac-b^2}{4a}\right)$

$=\left(-\dfrac{-1}{2\cdot 2}, \dfrac{4\cdot 2\cdot 4-(-1)^2}{4\cdot 2}\right)=\left(\dfrac{1}{4}, \dfrac{31}{8}\right)$

例 53 此圖形通過點 $\left(-\dfrac{b}{2a}, \dfrac{4ac-b^2}{4a}\right)=$

$$\left(-\frac{0}{2\cdot(-1)}, \frac{4\cdot(-1)\cdot 4 - (0)^2}{4\cdot(-1)}\right) = (0，4)$$

例 54 給一個二次方程式，要求某個範圍內的極值時，通常是將此二次方程式配方成 $(x+a)^2 + b$ 再做，所以 $f(x) = x^2 + 2x + 3$
$= (x+1)^2 + 2$

因 $-2 \le x \le 2 \Rightarrow -1 \le x+1 \le 3 \Rightarrow 0 \le (x+1)^2 \le 9$

$\Rightarrow 2 \le (x+1)^2 + 2 \le 11$，所以 **最大值 = 11，最小值 = 2**。

例 55 $f(x) = x^2 + 4x + 8 = (x+2)^2 + 4$

(1) $0 \le x \le 5 \Rightarrow 2 \le x+2 \le 7 \Rightarrow 4 \le (x+2)^2 \le 49 \Rightarrow 8 \le (x+2)^2 + 4 \le 53$
所以 **最大值 = 53，最小值 = 8**

(2) $-10 \le x \le 5 \Rightarrow -8 \le x+2 \le 7 \Rightarrow 0 \le (x+2)^2 \le 64 \Rightarrow 4 \le (x+2)^2 + 4 \le 68$
所以 **最大值 = 68，最小值 = 4**

(3) $-10 \le x \le -5 \Rightarrow -8 \le x+2 \le -3 \Rightarrow 9 \le (x+2)^2 \le 64 \Rightarrow 13 \le (x+2)^2 + 4 \le 68$
所以 **最大值 = 68，最小值 = 13**

例 56 (1) 與 x 軸交點，就是求 $y = 0$ 的 x 值，即 $x^2 - 4x + 2 = 0$，

$$x = \frac{4 \pm \sqrt{16 - 4 \times 2}}{2} = \frac{4 \pm \sqrt{8}}{2} = \frac{4 \pm 2\sqrt{2}}{2} = 2 \pm \sqrt{2}$$

所以 **交點為 $2 + \sqrt{2}$ 和 $2 - \sqrt{2}$**

(2) 與 y 軸交點，就是求 $x = 0$ 的 y 值，即 **$y = 2$**

(3) 頂點 $= \left(-\frac{b}{2a}, \frac{4ac - b^2}{4a}\right) = \left(-\frac{4}{2}, \frac{4 \times 2 - (-4)^2}{4}\right) = (2，-2)$

(4) 因 $a > 0$，所以 **開口向上**

(5) 因 $a > 0$，頂點 $= (2, -2)$，也就是 **當 $x = 2$ 時，此函數有最小值為 -2**

例 57 (1) 與 x 軸交點，就是求 $y = 0$ 的 x 值，即 $f(x) = -x^2 - 8 = 0$（無解），所以 **和 x 軸沒有交點**。

(2) 與 y 軸交點，就是求 $x = 0$ 的 y 值，

即 **$y = -8$**.

(3) 頂點 $= \left(-\frac{b}{2a}, \frac{4ac - b^2}{4a}\right) = \left(-\frac{-0}{2(-1)}, \frac{4 \times (-1)(-8) - (0)^2}{4(-1)}\right) = (0, -8)$

(4) 因 $a < 0$，所以 **開口向下**。

(5) 因 $a < 0$，頂點 $= (0, -8)$，也就是當 **$x = 0$ 時，此函數有最大值為 -8**.

例 58 因此題 x^2 係數（$= 1$）大於 0，所以以此情況來討論

(1) y 的值一定大於 0
$\Rightarrow b^2 - 4ac < 0 \Rightarrow (a)^2 - 4 \cdot 1 \cdot (2) < 0$
$\Rightarrow a^2 < 8 \Rightarrow -2\sqrt{2} < a < 2\sqrt{2}$

最小值為 $\frac{4ac - b^2}{4a} = \frac{4 \cdot 1 \cdot (2) - (a)^2}{4 \cdot 1} = \frac{8 - a^2}{4}$

(2) 圖形和 x 軸交於一點：
$\Rightarrow b^2 - 4ac = 0 \Rightarrow (a)^2 - 4 \cdot 1 \cdot (2) = 0 \Rightarrow a = \pm 2\sqrt{2}$

此交點坐標 $= \left(\frac{-b}{2a}, 0\right) = \left(\frac{-a}{2 \cdot (1)}, 0\right) = \left(\frac{-a}{2}, 0\right) \Rightarrow$ **交點為 $(\sqrt{2}, 0)$ 或 $(-\sqrt{2}, 0)$**

(3) 圖形和 x 軸交於二點：
$\Rightarrow b^2 - 4ac > 0 \Rightarrow (a)^2 - 4 \cdot 1 \cdot (2) > 0$
$\Rightarrow a^2 > 8 \Rightarrow a > 2\sqrt{2}$ 或 $a < -2\sqrt{2}$
二交點為 $y = x^2 + ax + 2 = 0 \Rightarrow$
$$x = \frac{-a \pm \sqrt{a^2 - 4 \cdot 1 \cdot (2)}}{2 \cdot 1} = \frac{-a \pm \sqrt{a^2 - 8}}{2}$$

(4) 圖形和 x 軸不相交：
$\Rightarrow b^2 - 4ac < 0 \Rightarrow (a)^2 - 4 \cdot 1 \cdot (2) < 0$
$\Rightarrow a^2 < 8 \Rightarrow -2\sqrt{2} < a < 2\sqrt{2}$

例 59 (1) y 的值一定大於 0：
$\Rightarrow a > 0$ 且 $b^2 - 4ac < 0 \Rightarrow a > 0$ 且 $(-4)^2 - 4 \cdot a \cdot (-2) < 0$
$\Rightarrow a > 0$ 且 $2 + a < 0 \Rightarrow a > 0$ 且 $a <$

$-2 \Rightarrow a$ 無解，無最小值

(2) y 的值一定小於 0

$\Rightarrow a < 0$ 且 $b^2 - 4ac < 0 \Rightarrow a < 0$ 且

$(-4)^2 - 4 \cdot a \cdot (-2) < 0$

$\Rightarrow a < 0$ 且 $2 + a < 0 \Rightarrow a < 0$ 且 $a < -2 \Rightarrow \boldsymbol{a < -2}$

最小值為 $\dfrac{4ac - b^2}{4a} = \dfrac{4a \cdot (-2) - (-4)^2}{4a}$

$= \dfrac{-8a - 16}{4a} = \dfrac{-2a - 4}{a}$ 為最小值

(3) 圖形和 x 軸交於一點：

$\Rightarrow a \neq 0$ 且 $b^2 - 4ac = 0 \Rightarrow a \neq 0$ 且

$(-4)^2 - 4 \cdot a \cdot (-2) = 0 \Rightarrow \boldsymbol{a = -2}$

此交點坐標 $= \left(\dfrac{-b}{2a}, \ 0 \right) =$

$\left(\dfrac{4}{2 \cdot (-2)}, \ 0 \right) = \boldsymbol{(-1, \ 0)}$

(4) 圖形和 x 軸交於二點：

$\Rightarrow a \neq 0$ 且 $b^2 - 4ac > 0 \Rightarrow a \neq 0$ 且

$(-4)^2 - 4 \cdot a \cdot (-2) > 0 \Rightarrow \boldsymbol{a > -2}$ 且

$\boldsymbol{a \neq 0}$

二交點為 $x = \dfrac{4 \pm \sqrt{(-4)^2 - 4 \cdot a \cdot (-2)}}{2a}$

$= \dfrac{2 \pm \sqrt{4 + 2a}}{\boldsymbol{a}}$

(5) 圖形和 x 軸不相交：

$\Rightarrow a \neq 0$ 且 $b^2 - 4ac < 0 \Rightarrow a \neq 0$ 且

$(-4)^2 - 4 \cdot a \cdot (-2) < 0 \Rightarrow a < -2$ 且

$a \neq 0 \Rightarrow \boldsymbol{a < -2}$

(6) 圖形有最小值：

$\Rightarrow \boldsymbol{a > 0}$，最小值為 $\dfrac{4ac - b^2}{4a} =$

$\dfrac{4a \cdot (-2) - (-4)^2}{4a} = \dfrac{-8a - 16}{4a} = \dfrac{-2a - 4}{a}$

(7) 圖形有最大值

$\Rightarrow \boldsymbol{a < 0}$，最大值為 $\dfrac{4ac - b^2}{4a} =$

$\dfrac{4a \cdot (-2) - (-4)^2}{4a} = \dfrac{-8a - 16}{4a} = \dfrac{-2a - 4}{a}$

例60 其解 $x = \dfrac{-4 \pm \sqrt{4^2 - 4 \cdot 2 \cdot 5}}{2 \cdot 2} = \dfrac{-4 \pm \sqrt{-24}}{4}$

$= \dfrac{-4 \pm 2\sqrt{6}i}{4} = \dfrac{-2 \pm \sqrt{6}i}{2}$

例61 通分後，原式 $\Rightarrow 2(x - 2) + 2(x - 1) = 3(x - 1)(x - 2)$

$\Rightarrow 3x^2 - 13x + 12 = 0$

其解 $x = \dfrac{13 \pm \sqrt{(-13)^2 - 4 \cdot 3 \cdot 12}}{2 \cdot 3} = \dfrac{13 \pm \sqrt{25}}{6}$

$= \dfrac{13 \pm 5}{6} = 3$ 和 $\dfrac{4}{3}$

例62 (1) 有二相異實根 $\Rightarrow a \neq 0$ 且 $b^2 - 4ac > 0 \Rightarrow a \neq 0$ 且 $4^2 - 4 \cdot a \cdot 5 > 0$

$\Rightarrow a < \dfrac{4}{5}$ 且 $a \neq 0$

(2) 有一實根 $\Rightarrow (a \neq 0$ 且 $b^2 - 4ac = 0)$

或 $(a = 0$ 且 $b \neq 0)$

$\Rightarrow (a \neq 0$ 且 $4^2 - 4 \cdot a \cdot 5 = 0)$ 或 $(a = 0$ 且 $4 \neq 0)$

$\Rightarrow a = \dfrac{4}{5}$ 或 $a = 0$（$a = 0$ 表示它是一次式）

(3) 有共軛虛根 $\Rightarrow a \neq 0$ 且 $b^2 - 4ac < 0$

$\Rightarrow a \neq 0$ 且 $4^2 - 4 \cdot a \cdot 5 < 0$

$\Rightarrow a > \dfrac{4}{5}$

例63 (1) 有二相異實根 $\Rightarrow a \neq 0$ 且 $b^2 - 4ac > 0 \Rightarrow a \neq 0$ 且 $(2a)^2 - 4 \cdot a \cdot 2 > 0$

$\Rightarrow a \neq 0$ 且 $4a^2 - 8a > 0 \Rightarrow a \neq 0$ 且 $a(a - 2) > 0 \Rightarrow \boldsymbol{a > 2}$ 或 $\boldsymbol{a < 0}$

(2) 有一實根 $\Rightarrow (a \neq 0$ 且 $b^2 - 4ac = 0)$

或 $(a = 0$ 且 $b \neq 0)$

$\Rightarrow (a \neq 0$ 且 $(2a)^2 - 4 \cdot a \cdot 2 = 0)$ 或 $(a = 0$ 且 $2a \neq 0)$（第二項無解）

$\Rightarrow a \neq 0$ 且 $a(a - 2) = 0 \Rightarrow \boldsymbol{a = 2}$

(3) 有共軛虛根 $\Rightarrow a \neq 0$ 且 $b^2 - 4ac > 0$

$\Rightarrow a \neq 0$ 且 $(2a)^2 - 4 \cdot a \cdot 2 < 0$

$\Rightarrow \boldsymbol{0 < a < 2}$

(4) 無解（無實根也無虛根）$\Rightarrow \boldsymbol{a = 0}$

例64 已知二根之和（$\alpha + \beta = -5$）和二根之積（$\alpha\beta = 3$）

(1) $\alpha^2 + \beta^2 = (\alpha + \beta)^2 - 2\alpha\beta = (-5)^2 - 2 \cdot 3 = \boldsymbol{19}$

(2) $\alpha^3 + \beta^3 = (\alpha + \beta)^3 - 3\alpha\beta(\alpha + \beta) = (-5)^3 - 3 \times 3 \times (-5) = \boldsymbol{-80}$

例65 已知二根之和（$\alpha + \beta = -2$）和二根之積（$\alpha\beta = -6$）

(1) $\alpha^2 + \beta^2 = (\alpha + \beta)^2 - 2\alpha\beta = (-2)^2 - 2 \cdot (-6) =$ **16**

(2) $\alpha^3 + \beta^3 = (\alpha + \beta)^3 - 3\alpha\beta(\alpha + \beta) = (-2)^3 - 3\times(-6)\times(-2) =$ **-44**

(3) $\alpha^4 + \beta^4 = (\alpha^2 + \beta^2)^2 - 2\alpha^2\beta^2 = (16)^2 - 2\times(-6)^2 =$ **184**

(4) $\dfrac{\beta}{\alpha} + \dfrac{\alpha}{\beta} = \dfrac{\beta^2 + \alpha^2}{\alpha\beta} = \dfrac{16}{-6} = -\dfrac{\mathbf{8}}{\mathbf{3}}$

例66 (1) $\sqrt{\alpha}\sqrt{\beta} = \sqrt{-a}\sqrt{-b} = \sqrt{ab}i^2 = -\sqrt{ab}$
$= -\sqrt{\mathbf{6}}$

(2) $(\sqrt{\alpha} + \sqrt{\beta})^2 = (\sqrt{a}i + \sqrt{b}i)^2 = -(a+b) - 2\sqrt{ab} = \mathbf{-6 - 2\sqrt{6}}$

例67 (a) $\alpha^2 + \beta^2 = (\alpha+\beta)^2 - 2\alpha\beta = 5^2 - 2\times 3 =$ **19**

(b) $(\alpha - \beta)^2 = \alpha^2 + \beta^2 - 2\alpha\beta = 19 - 2\times 3 = 13 \Rightarrow \alpha - \beta = \sqrt{\mathbf{13}}$

(c) $\alpha^2 - \beta^2 = (\alpha + \beta)(\alpha - \beta) = 5\times\sqrt{13} = \mathbf{5\sqrt{13}}$

(d) $(\sqrt{\alpha} + \sqrt{\beta})^2 = \alpha + \beta + 2\sqrt{\alpha}\sqrt{\beta} = \mathbf{5 + 2\sqrt{3}}$

例68 此題必須看 x 是在那個範圍，再代入該範圍所對應的函數內，即：
$f(2) = 2^2 = \mathbf{4}$，
$f(0) = \mathbf{1}$，
$f(-2) = -3\cdot(-2) = \mathbf{6}$

例69 令 $t = x + 2 \Rightarrow x = t - 2$
$\Rightarrow f(t) = 2(t-2)^2 - 3(t-2) + 1 = 2t^2 - 11t + 15$
$\Rightarrow f(x) = \mathbf{2x^2 - 11x + 15}$（將全部的 t 改成 x）

例70 (1) 令 $\dfrac{2x}{x+1} = t \Rightarrow x = \dfrac{t}{2-t}$，
再將原方程式的 x 以 t 取代，即
$f(t) = \left(\dfrac{t}{2-t}\right)^2 + 1 = \dfrac{t^2 + (2-t)^2}{(2-t)^2} =$

$\dfrac{2t^2 - 4t + 4}{(2-t)^2}$

（將 t 改成 x）$\Rightarrow f(x) = \dfrac{\mathbf{2x^2 - 4x + 4}}{\mathbf{(2-x)^2}}$

(2) 用 1 代入 $f(x)$ 內 $\Rightarrow f(1) = \dfrac{2-4+4}{(2-1)^2} = \mathbf{2}$

另解：若只要求 $f(1)$，也就是：
$f\left(\dfrac{2x}{x+1}\right)$ 內的 $\dfrac{2x}{x+1} = 1 \Rightarrow$ 求出 $x = 1$
再代入 $f\left(\dfrac{2x}{x+1}\right) = x^2 + 1 = 1 + 1 = 2$

例71 因 $a_n = 2$、$a_0 = 1$，若其有有理根 $\dfrac{b}{a}$，則 a 一定在 1, -1, 2, -2 內，b 一定在 1, -1 內，也就是 $\dfrac{b}{a}$ 可能的解有：1, -1, $\dfrac{1}{2}$, $-\dfrac{1}{2}$。

(1) 因方程式 $2x^3 - x^2 + x + 1 = 0$ 的係數和不為 0，所以排除 1

(2) 因偶次方和奇次方的係數和不相等，所以排除 -1

(3) $f\left(\dfrac{1}{2}\right) = 2\left(\dfrac{1}{2}\right)^3 - \left(\dfrac{1}{2}\right)^2 + \dfrac{1}{2} + 1 = \dfrac{3}{2} \neq 0$，所以排除 $\dfrac{1}{2}$

(4) $f\left(-\dfrac{1}{2}\right) = 2\left(-\dfrac{1}{2}\right)^3 - \left(-\dfrac{1}{2}\right)^2 + \left(-\dfrac{1}{2}\right) + 1 = 0$，我們算得有理根為 $\dfrac{-1}{2}$。

例72 因所有係數和為 0 $\Rightarrow$ 有 $(x-1)$ 的因式，
原式 $\Rightarrow (x-1)(x^3 + 2x^2 + x + 2) = 0$
因 $x^3 + 2x^2 + x + 2$ 的 x^3 係數為 1，常數為 2，所以檢查是否有 $x\pm 1, x\pm 2$ 的因式
$\Rightarrow$ 其有 $x+2$ 因式
原式 $\Rightarrow (x-1)(x+2)(x^2+1) = 0$
其解為 $\mathbf{1, -2, \pm i}$.

例73 因 $f(\infty) > 0$
$f(0) = 4 > 0$（越來正值越大，以上就不用再判斷了）
$f(-1) = -1 + 2 - 3 + 4 = 2 > 0$
$f(-2) = -8 + 8 + -6 + 4 = -2 < 0$
$f(-3) = -27 + 18 - 9 + 4 = -14 < 0$（越

來負值越大，以下就不用再判斷了）
所以它在 **(−2, −1)** 間有一實根

例 74 因 $f(\infty) > 0$，$f(-\infty) < 0$，$f(0) < 0$，$f(1) = -3 < 0$，$f(2) = 1 > 0$，$f(-1) = 1 > 0$，$f(-2) = -3 < 0$，所以它在 $(-2, -1)$，$(-1, 0)$，$(1, 2)$ 間各有一解，也就是**它有三解**

例 75 不一定

例 76 (1) 是；(2) 否

例 77 (1) 三次實係數方程式，若有一複根為 $(= 1 + i)$，則另一複根必為 $(1 - i)$，而第三個根必為實根（因若是複根，要成雙）

(2) 所以其有 $[x - (1 + i)][x - (1 - i)] = x^2 - 2x + 2$ 的因式

(3) 另一實根因式為 $(x^3 - 17x^2 + 32x - 30) \div (x^2 - 2x + 2) = x - 15$
也就是實根為 $(x - 15) = 0 \Rightarrow x = 15$
所以另二根為 $(1 - i)$ 和 15

例 78 (1) 圖形「向右」平移 2 單位，也就是 x 用 $(x - 2)$ 代入，「向上」平移 3 單位，也就是 y 用 $(y - 3)$ 代入，所以新函數為 $(y - 3) = (x - 2)^2 - 4(x - 2) + 2$

(2) 圖形「向左」平移 3 單位，也就是 x 用 $[x - (-3)] = x + 3$ 代入，「向下」平移 5 單位，也就是 y 用 $[y - (-5)] = y + 5$ 代入，所以新函數為
$(y + 5) = (x + 3)^2 - 4(x + 3) + 2$

例 79 $y = ax^2 + bx + c$ 的 x 用 $(x - 2)$ 代入，y 用 $(y - 3)$ 代入，即
$(y - 3) = a(x - 2)^2 + b(x - 2) + c$
$\Rightarrow y = ax^2 + (-4a + b)x + (4a - 2b + c + 3) = x^2 - 4x + 2$
$\Rightarrow a = 1, -4a + b = -4, 4a - 2b + c + 3 = 2$
$\Rightarrow \boldsymbol{a = 1, b = 0, c = -5}$

例 80 x 用 $(x - h)$ 代入，y 用 $(y - k)$ 代入，即

$(y - k) = (x - h)^2 - 4(x - h) + 2$
$\Rightarrow y = x^2 + (-2h - 4)x + (h^2 + 4h + 2 + k)$
$\quad = x^2 - 12x + 40$
$\Rightarrow -2h - 4 = -12, h^2 + 4h + 2 + k = 40$
$\Rightarrow \boldsymbol{h = 4, k = 6}$

Chapter 3 指數與對數　解答

例1 (1) $(a^2)^5 \cdot a^4 \cdot (a^3)^{-1} = a^{10} \cdot a^4 \cdot a^{-3} = \boldsymbol{a^{11}}$

(2) $(abc)^3 \cdot (a^2b^3c^4)^2 = (a^3b^3c^3)(a^4b^6c^8) = \boldsymbol{a^7 b^9 c^{11}}$

(3) $\left(5+\sqrt{3}\right)^2\left(5-\sqrt{3}\right)^2 = \left[\left(5+\sqrt{3}\right)\left(5-\sqrt{3}\right)\right]^2 = [25-3]^2 = 22^2 = \boldsymbol{484}$

(4) $\dfrac{\sqrt[5]{ab^2} \cdot \sqrt[3]{ab^4}}{\sqrt[5]{a} \cdot \sqrt[3]{b}} = \dfrac{a^{\frac{1}{5}}b^{\frac{2}{5}}a^{\frac{1}{3}}b^{\frac{4}{3}}}{a^{\frac{1}{5}}b^{\frac{1}{3}}} = a^{\left(\frac{1}{5}+\frac{1}{3}-\frac{1}{5}\right)}b^{\frac{2}{5}+\frac{4}{3}-\frac{1}{3}} = \boldsymbol{a^{\frac{1}{3}}b^{\frac{7}{5}}}$

例2 $\sqrt{a^3\sqrt[3]{a^5\sqrt{a}}} = \sqrt{a^3\sqrt[3]{a^5 \cdot a^{\frac{1}{2}}}} = \sqrt{a^3\sqrt[3]{a^{\frac{11}{2}}}} = \sqrt{a^3 \cdot a^{\frac{11}{6}}} = \sqrt{a^{\frac{29}{6}}} = \boldsymbol{a^{\frac{29}{12}}}$

例3 原式 $= \left(a^{\frac{1}{3}} \cdot a^{\frac{2}{3}}\right) \times \left(b^{\frac{-2}{9}} \cdot b^{\frac{1}{3}}\right) = \boldsymbol{ab^{\frac{1}{9}}}$

例4 (5)

例5 $y = 2^x$ 若將圖形往 $+x$ 軸移 h 單位，$+y$ 軸移 k 單位，則新圖形座標為 $y - k = 2^{(x-h)}$，它等於 $y = 2^{x+3} + 5$，即 $h = -3$，$k = 5$。所以是將圖形，**往 $+x$ 軸移 -3 單位**（即往負 x 軸移 3 單位），**往 $+y$ 軸移動 5 單位**

例6 $a^x = \sqrt{5 + 2\sqrt{6}} = \sqrt{(\sqrt{3})^2 + 2\sqrt{3} \cdot \sqrt{2} + (\sqrt{2})^2} = \sqrt{3} + \sqrt{2}$

(1) $a^x + a^{-x} = (\sqrt{3} + \sqrt{2}) + \dfrac{1}{\sqrt{3} + \sqrt{2}} = (\sqrt{3} + \sqrt{2}) + \dfrac{\sqrt{3} - \sqrt{2}}{(\sqrt{3} + \sqrt{2})(\sqrt{3} - \sqrt{2})} = 2\sqrt{3}$;

(2) $a^{2x} + a^{-2x} = \left(a^x + a^{-x}\right)^2 - 2 = \left(2\sqrt{3}\right)^2 - 2 = \boldsymbol{10}$

(3) $a^{3x} + a^{-3x} = (a^x + a^{-x})(a^{2x} - 1 + a^{-2x}) =$ $2\sqrt{3}(10-1) = \boldsymbol{18\sqrt{3}}$

例7 (1) $a^{2x} + a^{-2x} = (a^x + a^{-x})^2 - 2 = (3)^2 - 2 = \boldsymbol{7}$

(2) $a^{3x} + a^{-3x} = (a^x + a^{-x})(a^{2x} - 1 + a^{-2x}) = 3(7-1) = \boldsymbol{18}$

(3) $(a^x - a^{-x})^2 = a^{2x} + a^{-2x} - 2 = 7 - 2 = 5$ $\Rightarrow a^x - a^{-x} = \boldsymbol{\pm\sqrt{5}}$

(4) $a^x + a^{-x} = 3 \Rightarrow a^{2x} - 3a^x + 1 = 0$ $\Rightarrow a^x = \dfrac{3 \pm \sqrt{9-4}}{2} = \boldsymbol{\dfrac{3 \pm \sqrt{5}}{2}}$

例8 $\log_a b$ 要有意義，必須 $a > 0$ 且 $b > 0$ 且 $a \neq 1$，即

(1) $b > 0 \Rightarrow x^2 + 5x + 6 > 0 \Rightarrow (x+2)(x+3) > 0 \Rightarrow x > -2$ 或 $x < -3$

(2) $a > 0 \Rightarrow 2x + 1 > 0 \Rightarrow x > -\dfrac{1}{2}$

(3) $a \neq 1 \Rightarrow 2x + 1 \neq 1 \Rightarrow x \neq 0$

由 (1)(2)(3) 交集 $\Rightarrow \boldsymbol{x > -\dfrac{1}{2}}$ **且** $\boldsymbol{x \neq 0}$

例9 它要滿足 $2 - |x| > 0$ 且 $x^2 - 1 > 0$ 且 $x^2 - 1 \neq 1$

$\Rightarrow -2 < x < 2$ 且 $(x > 1$ 或 $x < -1)$ 且 $x \neq \pm\sqrt{2}$。所以 x 的範圍為（**$-2 < x < -1$ 或 $1 < x < 2$**）**且 $x \neq \pm\sqrt{2}$**

例10 (1) $\log 4 = \log 2^2 = 2\log 2 = 2 \times 0.301 = \boldsymbol{0.602}$

(2) $\log 5 = \log \dfrac{10}{2} = \log 10 - \log 2 = 1 - 0.301 = \boldsymbol{0.699}$

(3) $\log 6 = \log(2 \times 3) = \log 2 + \log 3 = 0.301 + 0.4771 = \boldsymbol{0.7781}$

(4) $\log 8 = \log 2^3 = 3\log 2 = 3 \times 0.301 = \boldsymbol{0.903}$

(5) $\log 9 = \log 3^2 = 2\log 3 = 2 \times 0.4771 =$ **0.9542**

(6) $\log 10 = $ **1**

(7) $\log 1 = $ **0**

(8) $\log_2 5 = \dfrac{\log 5}{\log 2} = \dfrac{0.699}{0.301} = $ **2.322**

(9) $\log_{\sqrt{2}} 6 = \dfrac{\log 6}{\log \sqrt{2}} = \dfrac{\log 6}{\log 2^{\frac{1}{2}}} = \dfrac{\log 6}{\frac{1}{2}\log 2}$

$= \dfrac{0.7781}{\frac{1}{2} \times 0.301} = $ **5.17**

(10) $\log_{\frac{1}{3}} \dfrac{1}{4} = \dfrac{\log \frac{1}{4}}{\log \frac{1}{3}} = \dfrac{-\log 4}{-\log 3} = \dfrac{0.602}{0.4771}$

$= $ **1.262**

例 11 因 $a^2 + b^2 = (a+b)^2 - 2ab$

$\Rightarrow (\log 2)^2 + (\log 5)^2 = (\log 2 + \log 5)^2 - 2\log 2 \log 5 = 1 - 2\log 2 \log 5$，

因 $a^3 + b^3 = (a+b)^3 - 3ab(a+b)$

$\Rightarrow (\log 2)^3 + (\log 5)^3 = (\log 2 + \log 5)^3 - 3\log 2 \log 5(\log 2 + \log 5) = 1 - 3\log 2 \log 5$

原式 $= 1 - 2\log 2 \log 5 + 1 - 3\log 2 \log 5$

$= 2 - 5\log 2 \log 5$

$= 2 - 5(0.3)(1 - 0.3) = $ **0.95**

例 12 $\log_2 3 = a \Rightarrow \dfrac{\log 3}{\log 2} = a \Rightarrow \log 3 = a\log 2$

$\log_3 11 = b \Rightarrow \log 11 = b\log 3 = ab\log 2$

$\log_{22} 66 = \dfrac{\log 66}{\log 22} = \dfrac{\log 2 \cdot 3 \cdot 11}{\log 2 \cdot 11}$

$= \dfrac{\log 2 + \log 3 + \log 11}{\log 2 + \log 11}$

$= \dfrac{\log 2 + a\log 2 + ab\log 2}{\log 2 + ab\log 2}$

$= \dfrac{1 + a + ab}{1 + ab}$

例 13 (1) 令 $5^a = 2^b = 10^c = k$

(2) 再取 $\log$ 值，可求出 $a = \dfrac{\log k}{\log 5}$，$b = \dfrac{\log k}{\log 2}$，$c = \dfrac{\log k}{1}$，代入欲求的式子

$\Rightarrow \dfrac{c}{a} + \dfrac{c}{b} = \dfrac{\frac{\log k}{1}}{\frac{\log k}{\log 5}} + \dfrac{\frac{\log k}{1}}{\frac{\log k}{\log 2}} = \dfrac{\log k}{1}\left(\dfrac{\log 5}{\log k} + \dfrac{\log 2}{\log k}\right) = (\log 5 + \log 2) = $ **1**

例 14 $17^x = 25 \Rightarrow x\log 17 = 2\log 5 \Rightarrow x = \dfrac{2\log 5}{\log 17}$

$85^y = 125 \Rightarrow y\log(17 \times 5) = 3\log 5 \Rightarrow$

$y = \dfrac{3\log 5}{\log(17 \times 5)}$

$\Rightarrow \dfrac{3}{y} - \dfrac{2}{x} = \dfrac{\log(17 \times 5)}{\log 5} - \dfrac{\log 17}{\log 5} = $ **1**

例 15 令 $8^x = 9^y = 6^z = k$

取對數 $\Rightarrow 3x\log 2 = 2y\log 3 = z\log 6 = \log k$

$\Rightarrow x = \dfrac{\log k}{3\log 2}$，$y = \dfrac{\log k}{2\log 3}$，

$z = \dfrac{\log k}{\log 6}$

$\Rightarrow \dfrac{2}{x} + \dfrac{3}{y} = \dfrac{a}{z}$

$\Rightarrow \dfrac{2 \times 3\log 2}{\log k} + \dfrac{3 \times 2\log 3}{\log k} = \dfrac{a\log 6}{\log k}$

$\Rightarrow \dfrac{6(\log 2 + \log 3)}{\log k} = \dfrac{a\log 6}{\log k}$

$\Rightarrow \dfrac{6\log 6}{\log k} = \dfrac{a\log 6}{\log k}$

所以 **$a = 6$**

例 16 (1)$k = -2$；(2)$k = 0$；(3)$k = 1$；

例 17 (1)(2)(3)(4)

例 18 $\dfrac{x + 3y}{2} \geq \sqrt{x(3y)} = \sqrt{3xy} \Rightarrow \left(\dfrac{10}{2}\right)^2 \geq 3xy$

$\Rightarrow \dfrac{25}{3} \geq xy \Rightarrow \log \dfrac{25}{3} \geq \log xy$

所以 $\log x + \log y$ 的**最大值為** $\log \dfrac{25}{3}$，

此時 $x = 3y = \dfrac{10}{2}$，即 **$x = 5$，$y = \dfrac{5}{3}$**

例 19 化解成指數相等，即 $(x+1)^2 = [(2x+1)^2]^2 \Rightarrow |x+1| = (2x+1)^2$

16

(a) $x \geqq -1 \Rightarrow x + 1 = 4x^2 + 4x + 1$

$\Rightarrow 4x^2 + 3x = 0 \Rightarrow x = 0$，或 $x = -\dfrac{3}{4}$

（均滿足 x ≥ −1）

(b) $x < -1 \Rightarrow -(x + 1) = 4x^2 + 4x + 1 \Rightarrow$
$4x^2 + 5x + 2 = 0$（無解）

所以 **$x = 0$ 或 $x = -\dfrac{3}{4}$**

例 20 化解成底數相等，即

$$\left(2^{\frac{3}{2}}\right)^{x+2} = 2^{-4}\left(2^{\frac{7}{2}}\right)^{2x+1}$$

$\Rightarrow 2^{\frac{3}{2}(x+2)} = 2^{-4+7x+\frac{7}{2}}$

其指數相等 $\Rightarrow \dfrac{3}{2}(x + 2) = -4 + 7x + \dfrac{7}{2}$

$$\Rightarrow x = \dfrac{7}{11}$$

例 21 二邊取 $\log \Rightarrow \log 10^{x^2+2x} = \log 9^x$

$\Rightarrow (x^2 + 2x) = 2x \log 3$

$\Rightarrow x^2 + (2 - 2\log 3)x = 0$

$\Rightarrow$ **$x = 0$ 或 $x = 2 \log 3 - 2$**

例 22 原式 $\Rightarrow (2^x)^2 - 10 \times 2^x + 16 = 0$

$\Rightarrow (2^x - 8)(2^x - 2) = 0 \Rightarrow 2^x = 8$ 或 $2^x = 2 \Rightarrow$ **$x = 3$ 或 $x = 1$**

例 23 因第二、三項分別有 4^x 和 2^x 項，所以將 8^x 改成 $2^x \times 4^x$，將 4^{x+2} 改成 16×4^x，將 2^{x+2} 改成 4×2^x，所以原式 $\Rightarrow 2^x \times 4^x - 16 \times 4^x - 4 \times 2^x + 64 = 0 \Rightarrow (4^x - 4)(2^x - 16) = 0 \Rightarrow 4^x - 4 = 0$ 或 $2^x - 16 = 0$ $\Rightarrow$ **$x = 1$ 或 $x = 4$**

例 24 令 $2^x + 2^{-x} = t \Rightarrow t^2 = 2^{2x} + 2^{-2x} + 2 = 4^x + 4^{-x} + 2 \Rightarrow 4^x + 4^{-x} = t^2 - 2$ 代入

原式 $\Rightarrow (t^2 - 2) - 3t + 4 = 0 \Rightarrow t^2 - 3t + 2 = 0 \Rightarrow t = 1$ 或 $t = 2$。

(a) $t = 1 \Rightarrow 2^x + 2^{-x} = 1 \Rightarrow 2^{2x} - 2^x + 1 = 0$ 令 $2^x = y \Rightarrow y^2 - y + 1 = 0 \Rightarrow y$ 無解（判別式 < 0）

(b) $t = 2 \Rightarrow 2^x + 2^{-x} = 2 \Rightarrow 2^{2x} - 2 \cdot 2^x + 1 = 0$

令 $2^x = y \Rightarrow y^2 - 2y + 1 = 0 \Rightarrow y = 1$

$\Rightarrow 2^x = 1 \Rightarrow x = 0$

（註：若 y 求出來的解爲負值，也無解，因 $y = 2^x > 0$）

由 (a), (b) 知，**$x = 0$**

例 25 (1) $4^x > 2^{x^2-3} \Rightarrow (2^2)^x > 2^{x^2-3}$

$\Rightarrow 2^{2x} > 2^{x^2-3} \Rightarrow 2x > x^2 - 3$

$\Rightarrow x^2 - 2x - 3 < 0$

$\Rightarrow (x - 3)(x + 1) < 0$

$\Rightarrow$ **$-1 < x < 3$**

(2) $(0.04)^x > (0.2)^{x+3} \Rightarrow [(0.2)^2]^x > (0.2)^{x+3}$

$\Rightarrow 2x < x + 3$（符號相反）$\Rightarrow$ **$x < 3$**

(3) $(2x + 3)^2 > (x + 2)^2 \Rightarrow (2x + 3)^2 - (x + 2)^2 > 0$；

$\Rightarrow [(2x + 3) + (x + 2)][(2x + 3) - (x + 2)] > 0$

$\Rightarrow (3x + 5)(x + 1) > 0$

$\Rightarrow$ **$x > -1$ 或 $x < -\dfrac{5}{3}$**

例 26 將此題改成 2^x 的多項式

原式 $\Rightarrow 4 \times 2^{2x} - 17 \times 2^x + 4 < 0$

$\Rightarrow (4 \times 2^x - 1)(2^x - 4) < 0$

$\Rightarrow \dfrac{1}{4} < 2^x < 4$

$\Rightarrow 2^{-2} < 2^x < 2^2$

$\Rightarrow$ **$-2 < x < 2$**

例 27 可分為三部分討論：

(1) $x > 1$，原式 $\Rightarrow 2x^2 - 3x > 2x - 2 \Rightarrow 2x^2 - 5x + 2 > 0 \Rightarrow (2x - 1)(x - 2) > 0$

$\Rightarrow x > 2$ 或 $x < \dfrac{1}{2}$，但要 $x > 1 \Rightarrow x > 2$

(2) $0 < x < 1$，原式 $2x^2 - 3x < 2x - 2 \Rightarrow 2x^2 - 5x + 2 < 0 \Rightarrow (2x - 1)(x - 2) < 0$

$\Rightarrow \dfrac{1}{2} < x < 2$，但要 $0 < x < 1 \Rightarrow \dfrac{1}{2} < x < 1$。

(3) $x = 1$，則原式不成立

(4) 由上 (1) 或 (2) 或 (3)

$\Rightarrow$ **$x > 2$ 或 $\dfrac{1}{2} < x < 1$**

例 28 $2x + 1 > 0$ 且 $2x + 1 \neq 1$ 且 $4 - x > 0$

$\Rightarrow x > \dfrac{-1}{2}$ 且 $x \neq 0$ 且 $4 > x$

$\Rightarrow -\dfrac{1}{2} < x < 4$ 且 $x \neq 0$

例29 (1) 對數 $\log_a x$ 有意義，必須要 $a > 0$ 且

$a \neq 1$ 且 $x > 0$

即 $\log_2 [\log_{\frac{1}{2}} x] > 1$ 的 $\log_{\frac{1}{2}} x > 0 \Rightarrow$

$\dfrac{\log x}{\log \frac{1}{2}} > 0 \Rightarrow \dfrac{\log x}{-\log 2} > 0$

$\Rightarrow \log x < 0 \Rightarrow 0 < x < 1$ (x 要大於 0)

(2) $\log_2 [\log_{\frac{1}{2}} x] > 1$

$\Rightarrow \log_2 [\log_{\frac{1}{2}} x] > \log_2 2$

$\Rightarrow \log_{\frac{1}{2}} x > 2$

$\Rightarrow \dfrac{\log x}{\log \frac{1}{2}} > 2 \Rightarrow \dfrac{\log x}{-\log 2} > 2$

$\Rightarrow \log x < -2\log 2 = \log 2^{-2}$

$\Rightarrow x < 2^{-2} = \dfrac{1}{4}$

由 (1)(2) 得 $0 < x < \dfrac{1}{4}$

例30 (1) $\log_2 x > \log_4(2x^2 - 4)$

$\Rightarrow \dfrac{\log x}{\log 2} > \dfrac{\log(2x^2 - 4)}{2\log 2}$

$\Rightarrow 2\log x > \log(2x^2 - 4)$ （因 $\log 2 = 0.301 > 0$）

它要滿足：$x > 0$ 且 $(2x^2 - 4) > 0$ 且 $x^2 > (2x^2 - 4)$

$\Rightarrow x > 0$ 且 ($x > \sqrt{2}$ 或 $x < -\sqrt{2}$) 且 ($-2 < x < 2$)

$\Rightarrow \sqrt{2} < x < 2$

(2) $\log_{0.04} x > \log_{0.2}(x + 3)$

$\Rightarrow \dfrac{\log x}{\log 0.04} > \dfrac{\log(x+3)}{\log 0.2}$

$\Rightarrow \dfrac{\log x}{2\log 0.2} > \dfrac{\log(x+3)}{\log 0.2}$ ；

$\Rightarrow \log x < 2\log(x+3)$ （因 $\log 0.2 < 0$）

它要滿足：$x > 0$ 且 $(x + 3) > 0$ 且 $x < (x+3)^2$

$\Rightarrow x > 0$ 且 $x > -3$ 且 $x^2 + 5x + 9 > 0$

因 $x^2 + 5x + 9$ 恆大於 $0 \Rightarrow x > 0$

(3) 因 $\log_{(2x+3)}2 > \log_{(2x+3)}4$ 且 $2 < 4$

$\Rightarrow 0 < 2x + 3 < 1$

$\Rightarrow -\dfrac{3}{2} < x < -1$

例31 (1a) 若底數 $2x + 1 > 1 \Rightarrow x > 0$，則

$x^2 + 4x + 1 > x - 1 \Rightarrow x^2 + 3x + 2 > 0$

$\Rightarrow (x + 2)(x + 1) > 0$

$\Rightarrow x > -1$ 或 $x < -2$

但又要 $x > 0 \Rightarrow$ 其範圍為 $x > 0$（兩者的交集）。

(1b) 若底數 $0 < 2x + 1 < 1 \Rightarrow -\dfrac{1}{2} < x < 0$

$x^2 + 4x + 1 < x - 1 \Rightarrow x^2 + 3x + 2 < 0$

$(x + 2)(x + 1) < 0 \Rightarrow -1 < x < -2$

所以當 $-\dfrac{1}{2} < x < 0$ 時，無 x 滿足

題目的不等式。

(2) 對數要有意義，必須 $x - 1 > 0$ 且 $x^2 + 4x + 1 > 0 \Rightarrow x > 1$

由 $[(1a) \cup (1b)] \cap (2)$ 知，x 的 範圍為 $x > 1$.

例32 假設 $\log x = 2.5$，「無條件進位」為 3 位數。

例33 假設 $\log x = -2.5$，去掉負號後 $x = 2.5$，「無條件進位」，小數後第 3 位才有數值。

例34 $\log 2^{100} = 100 \times \log 2 = 100 \times 0.301 = 30.1$，所以 2^{100} 是 31 位數。

例35 $\log \left(\dfrac{1}{2}\right)^{10} = 10\log \dfrac{1}{2} = -10\log 2$

$= -10(0.3010) = -3.01$，所以在小數點後第 4 位。

例36 $10^{62} \leq 18^{50} < 10^{63} \Rightarrow 62 \leq 50\log 18 < 63$

$\Rightarrow \dfrac{62 \times 30}{50} \leq 30\log 18 < \dfrac{63 \times 30}{50}$

$\Rightarrow 37.2 \leq \log 18^{30} < 37.8$

所以 18^{30} 為 38 位數。

例37 $\log 20^{30} = 30\log 20 = 30(\log 2 + \log 10)$

$= 30(1.301) = 39.03$，

$\log 1(= 0) \leq 0.03 < \log 2(= 0.301)$，則

20^{30} 的首位數為 1

例 38　(1) $\log 5^{30} = 30 \times (1 - 0.301) = 20.97$

　　　　$\Rightarrow 5^{30}$ **有 21 位整數**

　　　　$\log 9(= 0.954) \leqq 0.97 < \log 10(= 1)$，

　　　　所以 5^{30} **的首位數為 9**

　　　(2) $\log 5^{-40} = -40 \times (1 - 0.301) = -27.96$

　　　　$= -28 + 0.04$，所以 5^{-40} 在**第 28 位**

　　　　數才不為 0。

　　　　$\log 1(= 0) \leqq 0.04 < \log 2(= 0.301)$，

　　　　所以 5^{-40} 的**首位數為 1**

例 39　$\dfrac{\log 2.3 - \log 2}{2.3 - 2} \approx \dfrac{\log 3 - \log 2}{3 - 2}$

　　　$\Rightarrow \log 2.3 \approx \log 2 + \dfrac{0.3}{1}(0.4771 - 0.301)$

　　　$= \mathbf{0.3538}$

例 40　由查表知，$\log 1.24 = 0.0934$、$\log 1.25 = 0.0969$，令 $\log x = 0.095$，所以

　　　$\dfrac{\log x - \log 1.24}{x - 1.24} \approx \dfrac{\log 1.25 - \log 1.24}{1.25 - 1.24}$

　　　$\Rightarrow \dfrac{0.095 - 0.0934}{x - 1.24} \approx \dfrac{0.0969 - 0.0934}{0.01} = 0.35$

　　　$\Rightarrow x - 1.24 \approx \dfrac{0.0016}{0.35} = 0.0046$

　　　$\Rightarrow x = 1.24 + 0.0046 = \mathbf{1.2446}$

例 41　(1) $\log(1.18)^{10} = 10\log 1.18 = 10 \times 0.0719$

　　　　$= 0.719$

　　　(2) 由對數表中的 $0.719 = \log x$，x 介於 5.23 和 5.24 之間，

　　　　$\dfrac{0.719 - 0.7185}{x - 5.23} \approx \dfrac{0.7193 - 0.7185}{5.24 - 5.23}$

　　　　$\Rightarrow \dfrac{0.0005}{x - 5.23} \approx \dfrac{0.0008}{0.01} \Rightarrow x = 5.236 \approx \mathbf{5.24}$

例 42　會要經過 n 個 10 分鐘 $\Rightarrow 10 \cdot (2^n) > 10^5$

　　　$\Rightarrow \log[10 \cdot (2^n)] > \log 10^5 \Rightarrow \log 10 + n\log 2 > 5$

　　　$\Rightarrow 0.301 \times n > 4 \Rightarrow n > 13.2$

　　　$\Rightarrow$ 要經過 14 個 10 分鐘，也就是要經過

　　　140 分鐘後，會超過 10 萬隻。

例 43　設細菌有 k 隻，每天每 100 隻中會增加 $80 - 30 = 50$ 隻，則 n 天後會變成

　　　$k\left(1 + \dfrac{50}{100}\right)^n$，其條件為：$k\left(1 + \dfrac{50}{100}\right)^n > 10k$

（取 $\log$）$\Rightarrow n\log\dfrac{3}{2} > \log 10 = 1$

　　　$\Rightarrow n(0.4771 - 0.301) > 1$

　　　$\Rightarrow n > \dfrac{1}{0.1761} = 5.67$，

所以**要 6 天**。

例 44　(1) $\dfrac{30}{10} = 3$，經過 3 次半衰期

　　　(2) 剩下重量 $= 20 \times \left(\dfrac{1}{2}\right)^3 = \dfrac{\mathbf{20}}{\mathbf{8}}\mathbf{g}$

例 45　(1) 假設經過 x 年，重量才會剩下 5 公克 $\Rightarrow \dfrac{x}{10}$ 次衰期，

　　　(2) 剩下重量 $5 = 20 \times \left(\dfrac{1}{2}\right)^{\frac{x}{10}} \Rightarrow \dfrac{1}{4} = \left(\dfrac{1}{2}\right)^{\frac{x}{10}}$

　　　　$\Rightarrow \left(\dfrac{1}{2}\right)^2 = \left(\dfrac{1}{2}\right)^{\frac{x}{10}}$

　　　　$\Rightarrow 2 = \dfrac{x}{10} \Rightarrow x = \mathbf{20 \,年}$

例 46　本利和 $A =$ 本金 $\cdot$（$1 +$ 利率）^{期數}

　　　$= 10000(1 + 0.03)^{10} = 10000 \times (1.03)^{10}$

　　　由查表法來解：

　　　(1) 二邊取 $\log \Rightarrow \log A = \log[10000 \times (1.03)^{10}]$

　　　　$= \log 10000 + 10 \times \log 1.03$

　　　(2) 由查表查出 $\log 1.03 = 0.0128$，

　　　(3) $\log A = \log 10000 + 10 \times \log 1.03 = 4 + 10 \times 0.0128 = 4.128$

　　　(4) 令 $\log B = 0.128$，又查對數表得知：

　　　　$\log 1.34 = 0.1271$、$\log 1.35 = 0.1303$

　　　　$\dfrac{0.128 - 0.1271}{B - 1.34} \approx \dfrac{0.1303 - 0.1271}{1.35 - 1.34}$

　　　　$\Rightarrow \dfrac{0.0009}{B - 1.34} \approx \dfrac{0.0032}{0.01}$

　　　　$\Rightarrow B \approx 1.34 + 0.0028 = 1.3428$

　　　　因 $\log B = 0.128 \Rightarrow B = 10^{0.128} = 1.3428$

　　　　$\log A = 4.128 \Rightarrow A = 10^{4.128} = 10^4 \times 10^{0.128} = 10^4 \times 1.3428 = 13428$

　　　　所以 10 年後的本利和 $= \mathbf{13428}$ 元

例 47　(1) $L = 10\log\left(\dfrac{I}{I_0}\right) = 10\log\left(\dfrac{10^{-5}}{10^{-12}}\right)$

　　　　$= 10\log 10^7 = \mathbf{70 \,分貝}$

(2) $L = 10 \log\left(\dfrac{P^2}{P_0^2}\right) = 10 \log\left(\dfrac{P}{P_0}\right)^2$

$= 20 \log\left(\dfrac{10^{-3}}{10^{-5}}\right) = 20 \log 10^2 = \textbf{40 分貝}$

Chapter **4** 數列與級數 解答

例1
(1) $a_2 - a_1 = d \Rightarrow 5 - 2 = d \Rightarrow d = 3$

(2) $a_{10} = a_1 + (n-1)d = 2 + 9 \cdot 3 = 29$

(3) 前 20 項和 $s_{20} = \dfrac{n[2a_1 + (n-1)d]}{2} =$

$\dfrac{20 \cdot (2 \cdot 2 + 19 \cdot 3)}{2} = 610$

所以 $a_{10} = 29$，$S_{20} = 610$

例2
(1) $a_5 = a_1 + (5-1)d \Rightarrow 20 = a_1 + 4d$

$a_{10} = a_1 + (10-1)d \Rightarrow 30 = a_1 + 9d$

由上二式$\Rightarrow a_1 = 12, d = 2$

(2) $a_{20} = a_1 + (20-1) \times d = 12 + 19 \times 2 = 50$。

(3) $S_{20} = \dfrac{1}{2} \times (a_1 + a_{20}) \times 20 = 620$

所以 $a_1 = 12$，$d = 2$，$a_{20} = 50$，$S_{20} = 620$

例3
(1) 1 和 100 之間，插入 15 個數值，表示共有 17 項，$a_1 = 1$，$a_{17} = 100$

$\Rightarrow a_{17} = a_1 + (17-1) \times d$，可求出 d

$\Rightarrow 100 = 1 + 16d \Rightarrow d = \dfrac{99}{16}$

(2) 全部和 $s_{17} = \dfrac{n \cdot (a_1 + a_n)}{2} = \dfrac{17(1+100)}{2}$

$= 858.5$

例4
(1) $a_n = s_n - s_{n-1} = (n^2 + 2n) - [(n-1)^2 + 2(n-1)] = 2n + 1$

(2) $a_1 = 2 \times 1 + 1 = 3$

(3) $d = a_2 - a_1 = (2 \times 2 + 1) - 3 = 2$

所以 $a_n = 2n + 1$，$a_1 = 1$，$d = 2$

例5
(1) 因三數成等差數列，可設此三數為

$a - d$、a、$a + d$，則

$(a-d) + a + (a+d) = 100 \Rightarrow 3a = 100$，可求出中間項 $a = \dfrac{100}{3}$，

(2) 因三數成等差數列，可設此三數為

$a - d$、a、$a + d$，則

$(a-d) + a + (a+d) = 27 \Rightarrow 3a = 27$

$\Rightarrow a = 9$

而 $(9-d) \times 9 \times (9+d) = 693 \Rightarrow 81 - d^2 = 77 \Rightarrow d^2 = 4 \Rightarrow d = \pm 2$

所以此**三數為 7、9 和 11.**

例6 令首項 a_1，公差為 d，項數為 n，則

$a_n = 26 = a_1 + (n-1)d$，

$s_n = \dfrac{n}{2}(a_1 + a_n) \Rightarrow 96 = \dfrac{n}{2}(a_1 + 26)$

$\Rightarrow 192 = n \cdot (a_1 + 26)$

因為是正整數的等差數列，所以 $192 = n \times (a_1 + 26)$，（$n, a_1$ 為正整數）

(1) 當 $n = 1$，$a_1 = 166$（不合，$a_1 < 26$）

(2) 當 $n = 4$，$a_1 = 22 \Rightarrow$

$d = \dfrac{26 - a_1}{n-1} = \dfrac{26 - 22}{4-1} = \dfrac{4}{3}$（不合）

(3) 當 $n = 6$，$a_1 = 6 \Rightarrow$

$d = \dfrac{26 - a_1}{n-1} = \dfrac{26 - 6}{6-1} = 4$（吻合）

所以 **正整數的等差數列為 6、10、14、18、22、26.**

例7
(1) n 多邊形的內角和公式 $= (n-2) \times 180$（令其為 s_n）

(2) 已知 $a_1 = 120°$，利用 $s_n = \dfrac{n}{2}[2a_1 + (n-1)d]$，也就是

$(n-2) \times 180 = \dfrac{n}{2}[2 \times 120 + (n-1) \times 5]$，可求出 $n = 9$ 或 16

⇒此多邊形為 9 多邊形或 16 多邊形。

例8
(1) 先求出 $d \Rightarrow$ 由已知得 $37 = 100 + 9d$

$\Rightarrow 9d = -63 \Rightarrow d = -7$

設第 k 項值為負號$\Rightarrow a_k = 100 + (k-1)(-7) < 0 \Rightarrow$可得 $k > 15.3$

所以 $k = 16$，即**從第幾 16 項開始變成負值**。

(2) s_n 的最大值，表示一直加到 a_n 出現負數為止，以本題為例，就是加到 a_{15}

$$s_{15} = \frac{n}{2}[2a_1 + (n-1)d]$$

$$= \frac{15}{2}[2 \cdot 100 + (15-1) \cdot (-7)] = 765$$

所以 S_n 的最大值 = 765

例 9 (1) 首項為 $a_1 = a - b$，公差 $d = a - 2b$，

(2) **第 n 項** $a_n = a_1 + (n-1)d = (a-b) + (n-1)(a-2b) = na - (2n-1)b$

(3) $s_n = \dfrac{n}{2}(a_1 + a_n) = \dfrac{n}{2}[(a-b) + (na - (2n-1)b)] = \dfrac{n}{2}[(n+1)a - 2nb]$

例 10 此種題目可先令首項為 a_1，公比為 r，再列式求 a_1、r 即可，

(1) $a_2 = a_1 \cdot r$，$\Rightarrow \dfrac{a_2}{a_1} = r = \dfrac{4}{2} = 2$

(2) $a_{10} = a_1 \cdot r^9 = 2 \cdot 2^9 = 1024$

(3) 前 **10** 項和 $s_{10} = \dfrac{a_1(r^n - 1)}{r-1} = \dfrac{2(2^{10}-1)}{2-1}$

$= 2 \cdot 1023 = 2046$

例 11 此種題目可先令首項為 a_1，公比為 r，再列式求 a_1、r 即可，

(1) $a_2 = a_1 \cdot r = 10$，$a_5 = a_1 \cdot r^4 = 80$

$\Rightarrow \dfrac{a_5}{a_2} = r^3 = \dfrac{80}{10} \Rightarrow r^3 = 8 \Rightarrow r = 2$

(2) $a_2 = a_1 \cdot r \Rightarrow 10 = a_1 \cdot 2 \Rightarrow a_1 = 5$

(3) 前 10 項和 $s_{10} = \dfrac{a_1(r^n - 1)}{r-1} = \dfrac{5(2^{10}-1)}{2-1}$

$= 5 \cdot 1023 = 5115$

例 12 三數成等比數列，可設此三數為

$\dfrac{a}{r}$、a、ar，則

$\dfrac{a}{r} \times a \times ar = 1000 \Rightarrow a^3 = 1000$，

可求出**中間項 $a = 10$**

例 13 令公比為 r，因 80 為第 5 項，所以 $a_5 = a_1 \cdot r^4 \Rightarrow 80 = 5 \cdot r^4 \Rightarrow r = \pm 2$

(1) 當 $r = 2$ 時，**三數為 10, 20, 40.**

(2) 當 $r = -2$ 時，**三數為 $-10, 20, -40$.**

例 14 (1) a、x、y、b 為等差數列，令公差為 d，則 $b = a + 3d \Rightarrow d = \dfrac{b-a}{3}$

(2) $x = a + d$，$y = a + 2d$

(3) x、y、u、v、w 成比數列，公比

$r = \dfrac{y}{x} = \dfrac{a+2d}{a+d}$，而 $w = xr^4$，可求出

$$w = (a+d)\left(\frac{a+2d}{a+d}\right)^4 = \frac{(a+2d)^4}{(a+d)^3}$$

$$= \frac{\left[a + \dfrac{2}{3}(b-a)\right]^4}{\left[a + \dfrac{1}{3}(b-a)\right]^3}$$

例 15 (1) $a_2 = a_1 + 2 \times 1 + 1$

$a_3 = a_2 + 2 \times 2 + 1$

$a_4 = a_3 + 2 \times 3 + 1$

$\vdots$

$\vdots$

$\underline{+)a_n = a_{n-1} + 2(n-1) + 1}$

$a_n = a_1 + 2[1 + 2 + \cdots + (n-1)] + (n-1)$（消去相同的項次）

$= a_1 + 2\dfrac{(n-1)n}{2} + (n-1) = a_1 + n^2 - 1$

$= n^2 + 1$

(2) $a_2 = 3a_1$

$a_3 = 3a_2$

$\vdots$

$\vdots$

$\underline{\times) a_n = 3a_{n-1}}$

$a_n = 3^{n-1}a_1 = 2 \times 3^{n-1}$（約掉相同的項次）

(3) $a_{n+1} = 2a_n + 3$（將常數項分成二項，求出 k）

即 $a_{n+1} + k = 2(a_n + k)$

$\Rightarrow a_{n+1} = 2a_n + k = 2a_n + 3 \Rightarrow k = 3$

所以我們將 $a_{n+1} = 2a_n + 3$ 改寫成：

$(a_{n+1} + 3) = 2(a_n + 3)$

$(a_2 + 3) = 2(a_1 + 3)$

$(a_3 + 3) = 2(a_2 + 3)$

$\vdots$

$\vdots$

$\underline{\times)(a_n + 3) = 2(a_{n-1} + 3)}$

$a_n + 3 = 2^{n-1}(a_1 + 3) = 2^{n-1} \times 5$

$$\Rightarrow a_n = 5 \times 2^{n-1} - 3$$

例16 由題意得知：$a_1 = 3$、$a_{n+1} = a_n + 4$，

$$a_2 = a_1 + 4$$
$$a_3 = a_2 + 4$$
$$a_4 = a_3 + 4$$
$$\vdots$$
$$\vdots$$
$$+) a_n = a_{n-1} + 4$$

$a_n = a_1 + 4(n-1)$（消去相同的項次）

所以 $\boldsymbol{a_{100}} = a_1 + 4(100 - 1) = 3 + 396 = \boldsymbol{399}$

例17 利用遞迴定義解題，設從 A 柱子內移動 k 個圓環到 C 柱子內需 $f(k)$ 次移動，則：

(1) $k = 1$ 時，$f(1) = 1$（只有一個圓環移一次，即直接將 A 柱子內的圓環移到 C 柱子內）

(2) 從 A 柱子內移動 n 個圓環到 C 柱子內需 $f(n)$ 次，其方法為：

  (a) 從 A 柱子內移動 $n-1$ 個圓環到 B 柱子內，需 $f(n-1)$ 次；

  (b) 從 A 柱子內移動最後一個（最大的）個圓環到 C 柱子內，需 $f(1)$ 次；

  (c) 從 B 柱子內移動 $n-1$ 個圓環到 C 柱子內，需 $f(n-1)$ 次；

    所以 $f(n) = f(n-1) + 1 + f(n-1) = 2f(n-1) + 1$

(3) 由 $f(1) = 1$；$f(n) = 2f(n-1) + 1$，可解得 $\boldsymbol{f(n) = 2^n - 1}$

例18 (1) 設 $n = 1 \Rightarrow 1 = \dfrac{1 \cdot 2}{2} = 1$，等號成立

(2) 設 $n = k$ 成立，即 $1 + 2 + \cdots + k = \dfrac{k(k+1)}{2}$

當 $n = k+1$ 時，$1 + 2 + \cdots + k + (k+1)$

$$= \frac{k(k+1)}{2} + (k+1) = (k+1)[\frac{k}{2} + 1]$$

$$= \frac{(k+1)(k+2)}{2} = \frac{(k+1)[(k+1)+1]}{2} \text{（等號成立）}$$

所以對所有的正整數 n，$1 + 2 + \cdots + n$

$$= \frac{n(n+1)}{2}$$

例19 (1) 設 $n = 1 \Rightarrow 1 = \dfrac{1 \cdot 2 \cdot 3}{6} = 1$，等號成立

(2) 設 $n = k$ 成立，即 $1^2 + 2^2 + \cdots + k^2 = \dfrac{k(k+1)(2k+1)}{6}$

當 $n = k+1$ 時，

$$1^2 + 2^2 + \cdots + k^2 + (k+1)^2$$
$$= \frac{k(k+1)(2k+1)}{6} + (k+1)^2$$
$$= (k+1)\left[\frac{k(2k+1)}{6} + (k+1)\right]$$
$$= (k+1)\frac{(2k^2+k)+(6k+6)}{6}$$
$$= (k+1)\frac{(2k^2+7k+6)}{6}$$
$$= \frac{(k+1)(k+2)[2(k+1)+1]}{6} \text{（等號成立）}$$

所以對所有的正整數 n，$1^2 + 2^2 + \cdots + n^2 = \dfrac{n(n+1)(2n+1)}{6}$

例20 (1) 設 $n = 1 \Rightarrow 7^n + 5 = 7 + 5 = 12$，等號成立（為 6 的倍數）

(2) 設 $n = k$ 成立，$7^k + 5 = 6m$，$m \in N$，當 $n = k+1$ 時，$7^{k+1} + 5 = 7(7^k + 5) - 35 + 5 = 7(6m) - 30$（為 6 的倍數）。所以對所有的正整數 n，$7^n + 5$ 恆為 6 的倍數。

例21 (1) $\displaystyle\sum_{k=1}^{4}(2k^2) = 2\sum_{k=1}^{4}k^2 = 2(1^2 + 2^2 + 3^2 + 4^2)$

$$= 2 \cdot 30 = \boldsymbol{60}$$

(2) $\displaystyle\sum_{k=1}^{3}(k+k^2) = \sum_{k=1}^{3}k + \sum_{k=1}^{3}k^2$

$$= (1+2+3) + (1^2 + 2^2 + 3^2)$$
$$= 6 + 14 = \boldsymbol{20}$$

(3) $\displaystyle\sum_{k=1}^{5}(a+b)$

$$= (a+b)\big|_{k=1} + (a+b)\big|_{k=2} + \cdots + (a+b)\big|_{k=5}$$
$$= \boldsymbol{5(a+b)}$$

(4) $\sum_{k=1}^{5}(k+2)=\sum_{k=1}^{5}k+\sum_{k=1}^{5}2$

$=(1+2+3+4+5)+(2+2+2+2+2)$

$=15+10=\mathbf{25}$

☆☆例22 (1)(a) 裏面的 $\sum$ 值：

$$\sum_{j=1}^{3}2j=(2\times1+2\times2+2\times3)=12$$

(b) 外面的 $\sum$ 值：

$\sum_{i=1}^{5}(12)$ 的小括號內沒有 i，

所以小括號的內容直接加，

即

$$\sum_{i=1}^{5}12=12+12+12+12+12=\mathbf{60}$$

(2) $\sum_{i=1}^{5}\sum_{j=1}^{3}(2i)=\sum_{i=1}^{5}(2i+2i+2i)=\sum_{i=1}^{5}6i$

$=6(1+2+3+4+5)=\mathbf{90}$

(3) $\sum_{i=1}^{5}\sum_{j=1}^{3}(2)=\sum_{i=1}^{5}(2+2+2)=\sum_{i=1}^{5}6$

$=(6+6+6+6+6)=\mathbf{30}$

(4) $\sum_{i=1}^{5}\sum_{j=1}^{3}2(i+j)$

$=\sum_{i=1}^{5}[2(i+1)+2(i+2)+2(i+3)]$

$=\sum_{i=1}^{5}(6i+12)$

$=(6\times1+12)+(6\times2+12)+(6\times3+12)+(6\times4+12)+(6\times5+12)$

$=\mathbf{150}$

(5) $\sum_{i=1}^{5}\sum_{j=1}^{3}2(ij)$

$=\sum_{i=1}^{5}[2(i\times1)+2(i\times2)+2(i\times3)]$

$=\sum_{i=1}^{5}(12i)=12\sum_{i=1}^{5}i$

$=12(1+2+3+4+5)=\mathbf{180}$

例23 $\sum_{k=1}^{n}k(k+1)=\sum_{k=1}^{n}(k^2+k)$

$=\sum_{k=1}^{n}k^2+\sum_{k=1}^{n}k$

$=\frac{1}{6}n(n+1)(2n+1)+\frac{1}{2}n(n+1)$

$=\frac{1}{3}n(n+1)(n+2)$

例24 其一般式為 $k(k+1)$

$\Rightarrow$ 原式 $=\sum_{k=1}^{n}k(k+1)=\sum_{k=1}^{n}(k^2+k)$

$=\sum_{k=1}^{n}k^2+\sum_{k=1}^{n}k$

$=\frac{1}{6}n(n+1)(2n+1)+\frac{1}{2}n(n+1)$

$=\frac{1}{3}n(n+1)(n+2)$

例25 其一般式為 $k^2(2k-1)$

$\Rightarrow$ 原式 $=\sum_{k=1}^{n}k^2(2k-1)=2\sum_{k=1}^{n}k^3-\sum_{k=1}^{n}k^2$

$=2\left[\frac{1}{2}n(n+1)\right]^2-\frac{1}{6}n(n+1)(2n+1)$

$=\frac{1}{6}n(n+1)(3n^2+n-1)$

例26 將 9 改成 $10-1$，$99=10^2-1$，$999=10^3-1\cdots$等

原式 $=(10-1)+(10^2-1)+\cdots+(10^n-1)$

$=(10+10^2+\cdots+10^n)-n$

$=\frac{10(10^n-1)}{10-1}-n=\frac{10}{9}(10^n-1)-n$

例27 此種題目要先變成9，再用上法解之，即

原式 $=\frac{7}{9}(0.9+0.99+0.999+\ldots$

$=\frac{7}{9}\left[(1-10^{-1})+(1-10^{-2})+(1-10^{-3})+\ldots\right]$

$=\frac{7}{9}\left[n-(10^{-1}+10^{-2}+\ldots+10^{-n})\right]$

$=\frac{7}{9}\left[n-\frac{10^{-1}(1-10^{-n})}{1-10^{-1}}\right]$

$=\frac{7}{9}\left[n-\frac{1}{9}(1-10^{-n})\right]$

例28 (1) $\frac{1}{k(k+1)}=\frac{1}{k}-\frac{1}{k+1}$，

原式 $=\sum_{k=1}^{n}\left(\frac{1}{k}-\frac{1}{k+1}\right)$

$$= \left(\frac{1}{1} - \frac{1}{2}\right) + \left(\frac{1}{2} - \frac{1}{3}\right) + \cdots\cdots + \left(\frac{1}{n} - \frac{1}{n+1}\right)$$

$$= 1 - \frac{1}{n+1} = \frac{n}{n+1}$$

(2) $\frac{1}{(k+2)(k+5)} = \frac{1}{3}\left(\frac{1}{k+2} - \frac{1}{k+5}\right)$,

原式 $= \frac{1}{3}\sum_{k=1}^{n}\left(\frac{1}{k+2} - \frac{1}{k+5}\right)$

$$= \frac{1}{3}\left[\left(\frac{1}{3} - \frac{1}{6}\right) + \left(\frac{1}{4} - \frac{1}{7}\right)\right.$$

$$\left. + \cdots + \left(\frac{1}{n+2} - \frac{1}{n+5}\right)\right]$$

$$= \frac{1}{3}\left[\frac{1}{3} + \frac{1}{4} + \frac{1}{5} - \frac{1}{n+3} - \frac{1}{n+4} - \frac{1}{n+5}\right]$$

(3) $\frac{1}{k(k+1)(k+2)}$

$$= \frac{1}{2}\left(\frac{1}{k(k+1)} - \frac{1}{(k+1)(k+2)}\right) ,$$

原式 $= \frac{1}{2}\sum_{k=1}^{n}\left(\frac{1}{k(k+1)} - \frac{1}{(k+1)(k+2)}\right)$

$$= \frac{1}{2}\left[\left(\frac{1}{1\times 2} - \frac{1}{2\times 3}\right) + \left(\frac{1}{2\times 3} - \frac{1}{3\times 4}\right) + \cdots + \left(\frac{1}{n(n+1)} - \frac{1}{(n+1)(n+2)}\right)\right]$$

$$= \frac{1}{2}\left[\frac{1}{2} - \frac{1}{(n+1)(n+2)}\right]$$

(4) 其一般式為 $\frac{1}{k(k+1)}$

$\Rightarrow$ 原式 $= \sum_{k=1}^{n}\frac{1}{k(k+1)} = \sum_{k=1}^{n}\left(\frac{1}{k} - \frac{1}{k+1}\right)$

$$= \left(1 - \frac{1}{2}\right) + \left(\frac{1}{2} - \frac{1}{3}\right) + \cdots\cdots + \left(\frac{1}{n} - \frac{1}{n+1}\right)$$

$$= 1 - \frac{1}{n+1} = \frac{n}{n+1}$$

(5) 第 k 項為 $\dfrac{1}{1+2+3+\cdots+k} = \dfrac{1}{\frac{k(k+1)}{2}}$

$$= \frac{2}{k(k+1)} = 2\left[\frac{1}{k} - \frac{1}{k+1}\right]$$

原式 $= 2\left[\left(\frac{1}{1} - \frac{1}{2}\right) + \left(\frac{1}{2} - \frac{1}{3}\right) + \left(\frac{1}{3} - \frac{1}{4}\right) + \cdots + \left(\frac{1}{n} - \frac{1}{n+1}\right)\right]$

$$= 2\left[1 - \frac{1}{n+1}\right] = \frac{2n}{n+1}$$

(6) 第 k 項為 $\dfrac{1}{\sqrt{k} + \sqrt{k+1}}$

$$= \frac{\sqrt{k+1} - \sqrt{k}}{(k+1) - k} = \sqrt{k+1} - \sqrt{k}$$

原式 $= \sum_{k=1}^{n}\left(\sqrt{k+1} - \sqrt{k}\right)$

$$= (\sqrt{2} - 1) + (\sqrt{3} - \sqrt{2}) + \cdots + (\sqrt{n+1} - \sqrt{n})$$

$$= \sqrt{n+1} - 1$$

例 29 $S = 1 + 2x + 3x^2 + \cdots\cdots + nx^{n-1}$ ，乘以 x 得

$xS = x + 2x^2 + \cdots\cdots + (n-1)x^{n-1} + nx^n$

兩式相減 $\Rightarrow S - xS = 1 + x + x^2 + \cdots + x^{n-1} - nx^n$

(1) 若 $x \neq 1$ ，則

$S - xS = 1 + x + x^2 + \cdots + x^{n-1} - nx^n$

$$= \frac{1-x^n}{1-x} - nx^n$$

$$\Rightarrow S = \frac{1}{1-x}\left(\frac{1-x^n}{1-x} - nx^n\right)$$

(2) 若 $x = 1$ ，則由題目知 $s = 1 + 2 + 3 + \cdots\cdots + n = \dfrac{n(n+1)}{2}$

例 30 題目是 k 從 2 到 n ，共有 $(n-1)$ 項，首項為 a_2 ，

(1) k 從 1 到 $(n-1)$ ，共有 $(n-1)$ 項，首項為 $a_{1-1} = a_0$ ；

(2) k 從 1 到 $(n-1)$ ，共有 $(n-1)$ 項，首項為 $a_{1+1} = a_2$ ；

(3) k 從 3 到 $(n+2)$ ，共有 $[(n+2) - 3 + 1] = n$ 項，首項為 $a_{3-2} = a_1$ ；

(4) k 從 4 到 $(n+3)$ ，共有 $[(n+3) - 4 + 1] = n$ 項，首項為 $a_{4-3} = a_1$ ；

(5) k 從 10 到 $(n+9)$ ，共有 $[(n+9) - 10 + 1] = n$ 項，首項為 $a_{10-8} = a_2$ ；

所以**答案為 (2)**.

例 31 因 $3 - 1 = 2^1$、$7 - 3 = 2^2$、$15 - 7 = 2^3$、$31 - 15 = 2^4$，所以 $a_i - a_{i-1} = 2^{i-1}$，即 $a_n = a_{n-1} + 2^{n-1}$

(a) 要將 $a_n = a_{n-1} + 2^{n-1}$ 式子右邊的 a_{n-1} 去掉，可用：

$$a_2 = a_1 + 2^1$$
$$a_3 = a_2 + 2^2$$
$$\vdots$$
$$\underline{+)a_n = a_{n-1} + 2^{n-1}}$$
$$a_n = a_1 + 2^1 + 2^2 + \cdots + 2^{n-1}$$

$$a_n = a_1 + 2^1 + 2^2 + \cdots + 2^{n-1}$$

$$= a_1 + \frac{2(2^{n-1} - 1)}{2 - 1} = a_1 + 2^n - 2$$

$$\Rightarrow a_n = 2^n - 1 \text{，} (a_1 = 1)$$

(b) $s_n = \sum_{i=1}^{n} a_i = \sum_{i=1}^{n} (2^i - 1) = \sum_{i=1}^{n} 2^i - \sum_{i=1}^{n} 1$

$$= \frac{2(2^n - 1)}{2 - 1} - n = 2^{n+1} - 2 - n$$

例 32 將數列分組成 $\left(\frac{1}{1}\right)\left(\frac{1}{2}, \frac{2}{1}\right), \left(\frac{1}{3}, \frac{2}{2}, \frac{3}{1}\right),$

$\left(\frac{1}{4}, \frac{2}{3}, \frac{3}{2}, \frac{4}{1}\right), \cdots$，其中

第一組有 1 個元素，分子分母和為 2；
第二組有 2 個元素，分子分母和為 3；…

(1) $\frac{3}{10}$ 分子分母和為 13，表示在第 12 組的第 3 項，所以在 $(1 + 2 + \cdots + 11) + 3 = $ **69**

(2) 設第 200 項在第 k 組，則其從第一組到第 $k - 1$ 組元素個數有

$1 + 2 + \cdots + (k - 1) = \frac{k(k-1)}{2}$，其要小於 200，可求得 $k = 20$，即 $\frac{k(k-1)}{2} = \frac{20 \cdot 19}{2} = 190$，所以第 200 項為第 20 組的第 10 個元素，也就是 $\frac{1}{20}, \frac{2}{19}, \frac{3}{18}, \cdots$ 的 $\frac{10}{11}$

例 33 (1) 先求出 5 和 9 的最小公倍數（$= 45$）

(2) 45 以內的數中，被 9 除餘 2 的數有 2、11、…，這些數被 5 除餘 1 的為 11。

(3) 將 (1)、(2) 相加起來，即 **$45k + 11$** 為其所求

例 34 (1) 9 和 11 的最小公倍數 $= 99$

(2) 99 以內的數中，找出以 11 除餘 6 的數有 6、17、28、39、50、61、72、83、94，以 9 除餘 4 的數為 94。

(3) 由上知「以 9 除餘 4，以 11 除餘 6」的一般式為 $99k + 94$

(4) 再求以 5 除餘 2，以 99 除餘 94 的數

(5) 5 和 99 的最小公倍數 $= 495$

(6) 495 以內的數中，以 99 除餘 94 的數有 94、193、292、…，以 5 除餘 2 的數為 292。

(7) 最後答案為 **$495k + 292$**

Chapter 5 排列、組合　解答

例1　(1)「1 + 1 = 2 或 2 為奇數」，此複合敘
述為「**真**」。
(2)「1 + 1 = 2 且 2 為奇數」，此複合敘
述為「**假**」。

例2　令 $x + y = 5$，$x - y = 3$，求 x、y，得
$x = 4$，$y = 1$。

例3　令 $x + y = 5$，$x - y = 3$，求 x、y，得
$x = 4$，$y = 1$。

例4　為「**$x \neq 0$ 且 $y \neq 0$**」。

例5　為「**$x \leq 5$ 或 $y > 0$**」。

例6　(1) p 為真，q 為假 ⇒「**p 或 q**」為真，
「**p 且 q**」為假。
(2) p 為真，q 為真 ⇒「**p 或 q**」為真，
「**p 且 q**」為真。
(3) p 為假，q 為真 ⇒「**p 或 q**」為真，
「**p 且 q**」為假。
(4) p 為假，q 為假 ⇒「**p 或 q**」為假，
「**p 且 q**」為假。

例7　(1)、(4)、(5)、(6)、(7)

例8　$A = B$，它有下列幾個情況：
(1) $x = x + 1$（不合），$y = 1$，$z = 2$（不合）
(2) $x = x + 1$（不合），$y = 2$，$z = 1$（不合）
(3) $x = 1$，$y = x + 1$，$z = 2$（不合，解出只有 2 個元素（1 和 2））
(4) $x = 1$，$y = 2$，$z = x + 1$（不合，解出只有 2 個元素（1 和 2））
(5) $x = 2$，$y = x + 1$，$z = 1$（$x = 2$、$y = 3$、$z = 1$）
(6) $x = 2$，$y = 1$，$z = x + 1$（$x = 2$、$y =$

1、$z = 3$）
所以有**二組解，分別是（$x = 2$, $y = 3$,
$z = 1$）和（$x = 2$, $y = 1$, $z = 3$）**

例9　(1) $A \cap B = \{2 \cdot 4\}$
(2) $A \cup B = \{1 \cdot 2 \cdot 3 \cdot 4 \cdot 5 \cdot 6 \cdot 8 \cdot 10\}$。

例10　(1) $a - 3 = -3 \Rightarrow a = 0 \Rightarrow A = \{-3, 1, -1\}$, $B = \{-3, 0, 1\}$
因 $A \cap B = \{-3, 1\}$（不合）
(2) $2a - 1 = -3 \Rightarrow a = -1 \Rightarrow A = \{-4, 2, -3\}$, $B = \{-3, 1, 0\} \Rightarrow A \cap B = \{-3\}$
所以 **$a = -1$**

例11　我們要將 A、B 改成 x、y 的方程式，
再解此二聯立方程式的根
(1) 集合 A 的改法：令 $x = t$，$y = t + 5$
⇒ $y = x + 5$（消去 t）
(2) 集合 B 的改法：令 $x = t + 1$，$y = t^2$
⇒ $t = x - 1 \Rightarrow y = (x - 1)^2$
(3) 解 $y = x + 5$，$y = (x - 1)^2$，得 $x = 4$，
$y = 9$ 或 $x = -1$，$y = 4$
故 $A \cap B = \{(-1, 4), (4, 9)\}$

例12　(1) $A - B = \{1 \cdot 3 \cdot 5\}$,
(2) $B - A = \{6 \cdot 8 \cdot 10\}$

例13　代公式得：
(1) $A - B = \{1, 2\}$
(2) $A \cap B = \{3, 4\}$
(3) $A \cup B = \{1, 2, 3, 4, 5, 6\}$

例14　代公式得：
(1) $\overline{A} \cap B = \{5, 6\}$
(2) $\overline{A} \cup B = \{3, 4, 5, 6\}$

例15　(1)(2)(3)(4)(5)

例 16 (1)、(2)、(4)、(6)、(7)
註：(3) $A = B$；(5) $A \subset B$；

例 17 $A \times B = \{(1, a), (1, b), (1, c), (2, a), (2, b),$
$(2, c)\}$ 共 6 個。

例 18 (1) $\overline{A} \cap B = \{5\}$，(2) $\overline{A} \cup B = \{1,3,4,5,6,7\}$，
(3) $\overline{\overline{A} \cap \overline{B}} = A \cup B = \{2,3,4,5\}$
(4) $\overline{A \cap (\overline{B \cap C})} = \overline{A} \cup (B \cap C) = \{1,5,6,7\}$，
(5) $\overline{A \cap (B \cup C)} = \overline{A} \cup (\overline{B} \cap \overline{C}) = \{1,2,5,6,7\}$

例 19 由畫圖知 (1) 真，(2) 真，(3) 假，(4) 假，
(5) 真（因 $B \cap \overline{B} = \Phi$）。

例 20 $n(\text{國} \cup \text{數}) = n(\text{國}) + n(\text{數}) - n(\text{國} \cap \text{數})$
$\Rightarrow 18 = 15 + 13 - n(\text{國} \cap \text{數})$
$\Rightarrow n(\text{國} \cap \text{數}) = 10$
只有國文及格人數 $= n(\text{國}) - n(\text{國} \cap \text{數})$
$= 15 - 10 = \mathbf{5}$ 人

例 21 (1) 由 $n(A - B) = n(A) - n(A \cap B)$，可
得 $n(A \cap B) = 20 - 15 = \mathbf{5}$
(2) 由公式 $n(A \cup B) = n(A) + n(B) - n(A \cap B) = 20 + 25 - 5 = \mathbf{40}$

例 22 (1) 2 的倍數的個數為 $n(2) = \left[\dfrac{1000}{2}\right] = \mathbf{500}$

(2) 3 的倍數的個數為 $n(3) = \left[\dfrac{1000}{3}\right] = \mathbf{333}$

(3) 5 的倍數的個數為 $n(5) = \left[\dfrac{1000}{5}\right] = \mathbf{200}$

(4) 2 且 3 ($= 6$) 的倍數的個數為 $n(6) = n(2$
$\cap 3) = \left[\dfrac{1000}{6}\right] = 166$

所以，$n(2 \cup 3) = n(2) + n(3) - n(6)$
$= 500 + 333 - 166 = \mathbf{667}$

(5) 2 且 5 ($= 10$) 的倍數的個數為 $n(10)$
$= n(2 \cap 5) = \left[\dfrac{1000}{10}\right] = 100$

3 且 5 ($= 15$) 的倍數的個數為 $n(15)$
$= n(3 \cap 5) = \left[\dfrac{1000}{15}\right] = 66$

2 且 3 且 5 的倍數的個數為 $n(30) =$

$n(2 \cap 3 \cap 5) = \left[\dfrac{1000}{30}\right] = 33$

$n(2 \cup 3 \cup 5) = n(2) + n(3) + n(5) -$
$n(2 \cap 3) - n(2 \cap 5) - n(3 \cap 5) +$
$n(2 \cap 3 \cap 5) = 500 + 333 + 200 -$
$166 - 100 - 66 + 33 = \mathbf{734}$

例 23
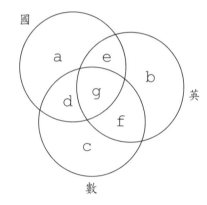

(1) 先把最內層的人數填入 $\Rightarrow g = 12$
(2) 再填入二個圓交集部分（即 d、e、f）
$e = 16 - 12 = 4$
$f = 18 - 12 = 6$
$d = 20 - 12 = 8$
(3) 最後再填入沒有和其它圓交集的部
分（即 a、b、c）
$a = 28 - e - g - d = 4$
$b = 25 - f - e - g = 3$
$c = 30 - d - f - g = 4$
(4) 不及格人數 = 全部人數 $- (a + b + c$
$+ d + e + f + g)$
$= 50 - (4 + 3 + 4 + 8 + 4 + 6 + 12)$
$= 50 - 41 = \mathbf{9}$

例 24 (2)、(4)
(1) 不可以無限多個；
(3) 樹根只有 1 個；
(5) 下層的節點只能連接到 1 個上一層
的節點。

例 25 若甲獲勝以甲表示；乙獲勝以乙表示。
則：

由上圖知：

(1) 甲獲勝的情況有 **6 種**

(2) 乙獲勝的情況有 **4 種**

(3) 全部輸贏的情況有 **10 種**

例26 從台北到高雄的方法有 3 + 4 + 5 = **12** 種。

例27 (1) $\overline{AB}$ 有 3 點，$\overline{BC}$ 有 4 點 ⇒ 可連成 3×4 = 12 條直線。

(2) $\overline{AB}$ 有 3 點，$\overline{CA}$ 有 5 點 ⇒ 可連成 3×5 = 15 條直線。

(3) $\overline{BC}$ 有 4 點，$\overline{CA}$ 有 5 點 ⇒ 可連成 4×5 = 20 條直線。

(1) + (2) + (3) 共可連成 12 + 15 + 20 = **47 條直線**。

例28 其走的路線有 5 · 3 · 4 · 6 = **360 種**。

例29 因可以不用戴帽子和打領帶，他們二者多一種選擇，所以 6×3×5×5×4×5 = **9000 種**。

例30 (1) 5! = 5×4×3×2×1 = 120。

(2) 0! = 1

例31 (a) $P(2n, 3) = 2P(n, 4)$ ⇒ $2n(2n-1)(2n-2) = 2 \cdot n(n-1)(n-2)(n-3)$

⇒ $n^2 - 9n + 8 = 0$ ⇒ $n = 8$ 或 $n = 1$（不合）

所以 $n = 8$

(b) $2P(8, n-2) = P(8, n)$

⇒ $2 \cdot \dfrac{8!}{[8-(n-2)]!} = \dfrac{8!}{(8-n)!}$

⇒ $\dfrac{2 \cdot 8!}{(10-n)(9-n)(8-n)!} = \dfrac{8!}{(8-n)!}$

⇒ $n^2 - 19n + 88 = 0$

→ $(n-8)(n-11) = 0$

⇒ $n = 8$ 或 $n = 11$（不合）

例32 (1) $n!$ 種；

(2) $P_k^n = \dfrac{n!}{(n-k)!}$

(3) $P_2^{50} = 50 \times 49 = 2450$ 種

例33 (1) n^k 種；

(2) 10^3 種組合。

(3) 2^n 種。

例34 (1) 五人任意排成一列 ⇒ $P(5, 5) = 5! = $ **120 種**。

(2) A 不在第一位和最後一位 ⇒ A 有三種選擇，即 3×4! = **72 種**。

(3) A 不在首或 B 不在尾 ⇒（任意排）－（A 在首）－（B 在尾）＋（A 在首且 B 在尾）= 5! − 2 · 4! + 3! = **78 種**。

(4) A, B 不相鄰 ⇒（任意排）－（A, B 相鄰）= 5! − 4! · 2（A, B 可互換）= **72 種**。

(5) A, B 間恰有一人 ⇒ A, B 中間的人選有 3 種，將此三人看成一體，與其它二人排有一列，有 3! 種，A, B 二人可互換有 2 種 ⇒ 3 · 3! · 2 = **36 種**。

(6) A, B, C 不完全在一起 ⇒（任意排）－（A, B, C 在一起）= 5! − 3! · 3!（A, B, C 可互換）= **84 種**。

(7) A, B, C 必須分開 ⇒ A, B, C 在 1, 3, 5 位置有 3! 種，D, E 在中間二位置有 2! ⇒ 3! · 2! = **12 種**。

(8) A, B, C 的順序不變 ⇒ 將 A, B, C 視為同一人 ⇒ $\dfrac{5!}{3!}$ = **20 種**。

(9) A, B 相鄰，C, D 不相鄰 ⇒（A, B 相鄰）－（A, B 相鄰且 C, D 相鄰）= 4! · 2! − 3! · 2! · 2! = **24 種**。

(10) A, B 皆不在二端 ⇒ A 有中間 3 個選擇，B 有中間 2 個選擇，其它人有剩下 3 選擇 ⇒ 3×2×3! = **36 種**。

例35 (1) 千位數不可為 0，其有 5 種數字選擇，其它三位數可以有其他 5 個數字選擇，即有 $P(5, 3)$，總共有 $5P(5, 3) = 5 \times 5 \times 4 \times 3 = $ **300 種**。

(2) 為偶數者：

(a) 個位數為 0 ⇒ 剩下的三位數有 5 種選擇 ⇒ $P(5, 3) = 60$ 種

(b) 個位數不為 0 ⇒ 個位數有 2 種選擇，千位數有 4 種選擇，剩下的二位數有 4 種選擇 ⇒ 有 $2 \times 4 \times P(4, 2) = 2 \times 4 \times 4 \times 3 = 96$ 種

由 (a)(b) ⇒ 有 $60 + 96$ **156 種**

(3) 為四的倍數者：

(a) 四的倍數後二位數有 0 者 ⇒ 04, 20, 40，千百位數可有 4 選 2 ⇒ $3 \times P(4, 2) = 36$ 種

(b) 四的倍數後二位數沒有 0 者有 12, 24, 32, 52，因其千位數不可為 0（有 3 種選擇），百位數有 3 種選擇 ⇒ $4 \times 3 \times 3 = 36$ 種

由 (a)、(b)，其有 $36 + 36 = $ **72 種**。

(4) 五的倍數者：個位數為 0 者，有 $5 \times 4 \times 3 = 60$ 種；個位數為 5 者有 $4 \times 4 \times 3 = 48$ 種，共 $60 + 48 = $ **108 種**

註：若本題改為數字可以重覆，其答案分別為 $(1) 5 \times 6 \times 6 \times 6 = 1080$ 種；$(2) 5 \times 6 \times 6 \times 3 = 540$ 種；$(3) 5 \times 6 \times 9 = 270$ 種；$(4) 5 \times 6 \times 6 \times 2 = 360$ 種。

例 36　其和排成一列同，只是將前 2 人視為第一排，將後 4 人視為第二排，$(1) P(6, 6) = $ **720 種**，(2) 甲可在前面 2 個位置，乙可在後面 4 個位置：$P(2, 1) \times P(4, 1) \times P(4, 4) = $ **192 種**

例 37　甲在乙的右邊次數等於乙在甲的右邊：$P(6, 6)/2 = $ **360 種**

例 38　(1) $\dfrac{10!}{3!2!1!4!}$ 個；(2) $\dfrac{10!}{5!5!}$ 個；(3) 其指數和不為 10，展開式中無此項，**答案為 0**

例 39　有 9 個字母，其中相同的有 2 個 n 和 3 個 t。

(1) 任意排：$\dfrac{9!}{2!3!}$ 種

(2) 母音保持原有順序：把母音看成相同物（有 4 個）⇒ $\dfrac{9!}{2!3!4!}$ 種

(3) 子音和母音保持原順序：分別將子音和母音看成相同物 ⇒ $\dfrac{9!}{4!5!}$ 種

(4) 以 t 為首，n 為尾：剩下 7 個字母排序 ⇒ $\dfrac{7!}{2!}$ 種（2 個 t）

(5) 以子音為首：(a) n 為首有：$\dfrac{8!}{3!}$；(b) t 為首有：$\dfrac{8!}{2!2!}$，$(a) + (b) = \dfrac{8!}{3!} + \dfrac{8!}{2!2!}$ $= $ **16800 種**

(6) (a) $n - n$ 有 $\dfrac{7!}{3!}$；(b) $t - t$，$t - n$，$n - t$ 均有 $\dfrac{7!}{2!}$；$(a) + (b) = \dfrac{7!}{3!} + 3 \cdot \dfrac{7!}{2!} = $ **8400 種**

(7) 把三 t 視為一物 ⇒ $\dfrac{7!}{2!} = $ **2520 種**

(8) 三個 t 不完全相鄰 = 任意排 − 三 t 完全相鄰 $= \dfrac{9!}{2!3!} - \dfrac{7!}{2!} = $ **27720 種**

(9) 三個 t 完全不相鄰：(a) 先排 a, e, n, i, o, n；(b) 再將三個 t 插入期間。

(a) 有 $\dfrac{6!}{2!}$；(b) 有 $C(7, 3)$ ⇒ $(a) \times (b) = \dfrac{6!}{2!} \times C(7, 3) = $ **12600 種**

(10) 二個 n 相鄰且三個 t 不相鄰：將 2 個 n 視為一物，排列後；再將 3 個 t 插入 ⇒ $5! \cdot C(6, 3) = $ **2400 種**

例 40　(1) 由男挑女，第一位男生有 5 種選擇，第二位男生有 4 種選擇，…，則為 $5 \times 4 \times 3 \times 2 \times 1 = $ **120 種**

(2) 第一位有 9 種選擇，第二位有 7 種選擇，…，則為 $9 \times 7 \times 5 \times 3 \times 1 = $ **945 種**

例 41　(1) 每一封信，均可選擇 4 個郵筒中的一個，有 4 種選法 ⇒ $4 \times 4 \times 4 \times 4 \times 4 = 4^5 = $ **1024 種**。

(2) 不投入 A 郵筒，也就是每封信有 3 種選法 ⇒ $3 \times 3 \times 3 \times 3 \times 3 = 3^5 = $ **243 種**。

(3) 先選一封信投入 A 郵筒（5 種情形），剩下的 4 封信再投入其餘的 3 個郵筒（3^4）⇒ 有 $5 \times 3^4 = $ **405 種**。

(4)A 至少投一封信＝（全部投法）－（不

投入 A 郵筒）＝$4^5 - 3^5 =$ **781 種**。

(5)A 至少投二封信＝（全部投法）－（不

投入 A 郵筒）－（A 投入一封信）

＝$4^5 - 3^5 - 5 \times 3^4 =$ **376 種**

例 42 令鉛筆為 A，原子筆為 B，沒分到為 0

(1) 將 A、A、A、B、B 分給 5 人，有

$\dfrac{5!}{3!2!} =$ **10 種分法**

(2) 將 A、A、A、B、B、0 分給 6 人，

有 $\dfrac{6!}{3!2!1!} =$ **60 種**

(3) 將 A、A、A、B、B、0、0 分給 7 人，

有 $\dfrac{7!}{3!2!2!} =$ **210 種**

例 43 (1) $C(n, 4) = C(n, n-4) = C(n, 6)$

$\Rightarrow n - 4 = 6 \Rightarrow$ **$n = 10$**

(2) $C(15, 2r+1) = C(15, r+5)$

(a) $2r + 1 = r + 5 \Rightarrow r = 4$

(b) $C(15, 2r+1) = C(15, 15-2r-1)$

$= C(15, r+5) \Rightarrow 15 - 2r - 1 = r$

$+ 5 \Rightarrow r = 3$。所以 **$r = 3$ 或 4**

(3) $C(n-1, r) : C(n, r) = 6 : 9$

$\Rightarrow \dfrac{(n-1)!}{r!(n-r-1)!} : \dfrac{n!}{r!(n-r)!}$

$= 6 : 9 \Rightarrow \dfrac{1}{1} : \dfrac{n}{n-r} = 2 : 3 \Rightarrow \dfrac{2n}{n-r} = 3$

$\Rightarrow n = 3r.....(1)$

$C(n, r) : C(n+1, r) = 9 : 13$

$\Rightarrow \dfrac{n!}{r!(n-r)!} : \dfrac{(n+1)!}{r!(n+1-r)!} = 9 : 13$

$\Rightarrow \dfrac{1}{1} : \dfrac{n+1}{n+1-r} = 9 : 13$

$\Rightarrow \dfrac{9 \cdot (n+1)}{n+1-r} = 13$

$\Rightarrow 4n - 13r + 4 = 0..........(2)$

由 (1)(2) $\Rightarrow$ **$r = 4$, $n = 12$**

例 44 (1) $C^n_k = \dfrac{n!}{k! \cdot (n-k)!}$

(2) C^n_k

(3) $H^n_k = C^{n+k-1}_k$

(4) $H^n_k = C^{n+k-1}_k$

(5) $H^n_k = C^{n+k-1}_k$

例 45 (1)12 枝相同鉛筆分成 6 組 4、4、2、2、

0、0 分給 6 人，分法有 $\dfrac{6!}{2!2!2!} =$ **90 種**

(2) 甲得 4 枝 $\Rightarrow$ 將 4、2、2、0、0 分給 5

人，分法有 $\dfrac{5!}{1!2!2!} =$ **30 種**

(3) 甲得 4 枝，乙得 4 枝，丙沒分到 $\Rightarrow$

將 2、2、0 分給 3 人，分法有

$\dfrac{3!}{2!1!} =$ **3 種**

例 46 (1) $C(10, 4) \times 2^4$，(2) $C(10, 2)$，(3) $C(10, 1)$

$\times C(9, 2) \times 2^2$

例 47 (1) $C(13, 6)$

(2) 取出 A 後，剩下的為 12 張取 5 張 $\Rightarrow$

$C(12, 5)$

(3) 取出 A、2 後，剩下的為 11 張取 4

張 $\Rightarrow$ **$C(11, 4)$**

(4) 除了 A、2 外，剩下的為 11 張取 5

張，另一張可為 A 或 2 $\Rightarrow$ **$2 \cdot C(11, 5)$**

(5) 不含 A 或 2，則 11 張取 6 張

$\Rightarrow$ **$C(11, 6)$**

(6) 全部排列減去不含 A、2、3 或 4 者

$\Rightarrow$ **$C(13, 6) - C(9, 6)$**

(7) **$C(13, 6) \cdot 6! = P(13, 6)$**

例 48 (1) $C(9, 2) \cdot C(7, 3) \cdot C(4, 4)$

(2) $C(9, 2) \cdot C(7, 2) \cdot C(5, 5) \cdot \dfrac{1}{2!}$

(3) $C(9, 3) \cdot C(6, 3) \cdot C(3, 3) \cdot \dfrac{1}{3!}$

(4) $C(9, 2) \cdot C(7, 3) \cdot C(4, 4)$

(5) $C(9, 2) \cdot C(7, 2) \cdot C(5, 5)$

(6) $C(9, 3) \cdot C(6, 3) \cdot C(3, 3)$

(7) $C(9, 2) \cdot C(7, 3) \cdot C(4, 4) \cdot 3!$

(8) $C(9, 2) \cdot C(7, 2) \cdot C(5, 5) \cdot \dfrac{3!}{2!}$

例 49 先選國文考生（$C(4, 1)$），再依序選出

英、數、物理的考生（$P(5, 3)$），所以

有 $C(4, 1)P(5, 3) =$ **240 種**

例 50 先用手分一分：$(A, B, C) = (3, 1, 0)$、$(3,$

$0, 1)$、$(2, 2, 0)$、$(2, 1, 1)$、$(1, 2, 1)$

$\Rightarrow C^4_3 + C^4_3 + C^4_2 + C^4_2 \cdot C^2_1 + C^4_1 \cdot C^3_2 = 4 +$

$4 + 6 + 12 + 12 =$ **38 種**

例 51 (a) 此為重覆組合，可視為「有 2000 張相同選票，要分成三組」
⇒ $H(3, 2000)$

(b) 將廢票看成是另一個候選人，即將 2000 張選票，分成四組
⇒ $H(4, 2000)$

例 52 每個骰子有 6 個數字，可以將它視為「有 6 類不同的東西(每類至少有 5 件)，取出 5 個的組合數」⇒ $H(6, 5)$

例 53 它可視為有四類不同的東西（每類至少有 8 個），取出 8 個的組合數⇒ $H(4, 8)$

例 54 (1) 它可視為「有 10 個相同東西，分給 4 個不同變數（x_1, x_2, x_3, x_4），每個可為 0 個」⇒ $H(4, 10)$

(2) 先將 4 個 1 分給 x_1, x_2, x_3 和 x_4，變成「6 個相同東西分給 4 個不同變數」
⇒ $H(4, 6)$

例 55 本題可視為「一四位數值 $abcd$ 中，$a + b + c + d = 10$ 的個數，（同上一題）」
⇒ $H(4, 10)$

例 56 (1) 採記名投票，每人均有三種選擇，有 50 人共有 3^{50} **種**。

(2) 採不記名投票，也就是將 50 張相同票分給 3 人，其有
$H(3,50) = C(52,50) = C(52,2)$
$= \dfrac{52 \times 51}{2} = \mathbf{1326}$

例 57 可將它看成將 10 個相同東西分給 5 人，其方法有
$H(5, 10) = C(14, 10) = C(14, 4) = \mathbf{1001}$

例 58 (1) $x^3 y^7$ 的係數為 $C(10,3) = \dfrac{10 \times 9 \times 8}{3 \times 2} = \mathbf{120}$

(2) $(3x - 2y^2)^6$ 的 $x^4 y^4$ 係數中的 $x^4 y^4$ 為 $(3x)^4(-2y^2)^2$ 再乘以 $C(6, 2)$，即
$C(6, 2) \cdot 3^4 \cdot (-2)^2 = \mathbf{4860}$

例 59 x 項係數 = $(1 + x)$ 的 x 係數 + $(1 + x)^2$ 的 x 係數 + $\cdots$ + $(1 + x)^n$ 的 x 係數

$= 1 + 2 + 3 + \cdots + n = \dfrac{n(n+1)}{2}$

例 60 $99^{20} = (100 - 1)^{20} = C(20, 0)100^{20} + C(20, 1)100^{19}(-1)^1 + C(20, 2)100^{18}(-1)^2 + \cdots + C(100, 100)(-1)^{20}$，所以 99^{20} 除以 100 的餘數等於 $(-1)^{20}$ 除以 100 的**餘數為 1**。

Chapter **6** 機率　解答

例 1　(1) 樣本空間有 $2^5 = 25$ 個

(2) 事件 A 有：(正正正反反)，(正正反正反)，(正反正正反)，(反正正正反)，(正正反反正)，(正反正反正)，(反正正反正)，(正反反正正)，(反正反正正)，(反反正正正)，共 $C(5, 3) = 10$ 個

例 2　樣本空間 $= \{$(正正正)，(正正反)，(正反正)，(正反反)，(反正正)，(反正反)，(反反正)，(反反反)$\}$，共有 8 個。

例 3　(1) $6 \times 6 \times 6 = $ **216 個**。

(2) (a) 三個骰子點數相同，有 6 種。

(b) 二個骰子點數相同，另一個不同有 $6 \times 5 = 30$ 種。

(c) 三個骰子點數均不同，有 (123), (124), … 等 20 種。

共有 $6 + 30 + 20 = 56$ 種。

另解：H(6, 3) = C(8, 3) = 56 種

(3) $6 \times 6 \times 6 = $ **216 種**。

例 4　設三個骰子的點數分別為 x，y，z，則 $x + y + z = 7$ 且 $1 \leq x$，y，$z \leq 6$，

當 $x = 1 \Rightarrow y + z = 6 \Rightarrow (y, z)$ 有 (1, 5)、(2, 4)、(3, 3)、(4, 2)、(5, 1) 等 5 個

當 $x = 2 \Rightarrow y + z = 5 \Rightarrow (y, z)$ 有 (1, 4)、(2, 3)、(3, 2)、(4, 1) 等 4 個

當 $x = 3 \Rightarrow y + z = 4 \Rightarrow (y, z)$ 有 (1, 3)、(2, 2)、(3, 1) 等 3 個

當 $x = 4 \Rightarrow y + z = 3 \Rightarrow (y, z)$ 有 (1, 2)、(2, 1) 等 2 個

當 $x = 5 \Rightarrow y + z = 2 \Rightarrow (y, z)$ 有 (1, 1) 等 1 個

所以共有 $5 + 4 + 3 + 2 + 1 = $ **15 個**

例 5　設三個骰子的點數分別為 x，y，z，則 $x + y + z = 7$ 且 $1 \leq x$，y，$z \leq 6$，

當 $x = 1 \Rightarrow y + z = 6 \Rightarrow (y, z)$ 有 (1, 5)、(2, 4)、(3, 3) 等 3 種

當 $x = 2 \Rightarrow y + z = 5 \Rightarrow (y, z)$ 有 (2, 3) 等 1 種（註：此時 y, z 要大於 1，否則會和 $x = 1$ 的解重覆）

當 $x = 3 \Rightarrow y + z = 4 \Rightarrow (y, z)$ 有 0 種（註：此時 y, z 要大於 2，否則會和上面的解重覆）

當 $x = 4 \Rightarrow y + z = 3 \Rightarrow (y, z)$ 有 0 種（註：此時 y, z 要大於 3，否則會和上面的解重覆）

當 $x = 5 \Rightarrow y + z = 2 \Rightarrow (y, z)$ 有 0 種（註：此時 y, z 要大於 4，否則會和上面的解重覆）

所以共有 $3 + 1 = $ **4 種**。

例 6　(1) 連續檢查出二個壞掉的物品：(B, B), (G, B, B), (B, G, B, B), (G, G, B, B) 共 4 個。

(2) 連續檢查四個物品但不連續檢查出二個壞掉的物品：(G, G, G, G), (G, G, G, B), (G, G, B, G), (G, B, G, G), (B, G, G, G), (G, B, G, B), (B, G, G, B), (B, G, B, G) 共 8 個。

(1) + (2)，所以總共有 **12 個**。

例 7　(1) $A \cup B = \{t \mid 0 \leq t \leq 200\}$, (2) $A \cap B = \{t \mid 50 \leq t < 100\}$, (3) $B \cup C = \{t \mid t \geq 50\}$, (4) $B \cap C = \{t \mid 150 < t \leq 200\}$, (5) $A \cap C = \Phi$, (6) $A \cup C = \{t \mid 0 < t < 100$ 或 $t > 150\}$, (7) $\overline{A} = \{t \mid t \geq 100\}$, (8) $\overline{B}$

$= \{t \mid 0 \le t < 50 \text{ 或 } t > 200\}$。

例 8　沒有人生日相同的機率 $= \dfrac{P(365,50)}{365^{50}}$

所以有人生日相同的機率 $= 1 - \dfrac{\boldsymbol{P(365,50)}}{\boldsymbol{365^{50}}}$

例 9　機率 $= \dfrac{\boldsymbol{3}}{\boldsymbol{10}}$

例 10　共有 37 區，偶數有 18 區，故機率 $= \dfrac{\boldsymbol{18}}{\boldsymbol{37}}$

例 11　(1) $\dfrac{C(20,2)}{C(30,2)} = \dfrac{\boldsymbol{20 \times 19}}{\boldsymbol{30 \times 29}}$

(2) $\dfrac{C(10,2)}{C(30,2)} = \dfrac{\boldsymbol{10 \times 9}}{\boldsymbol{30 \times 29}}$

(3) $\dfrac{C(20,1) \cdot C(10,1)}{C(30,2)} = \dfrac{\boldsymbol{20 \times 10 \times 2}}{\boldsymbol{30 \times 29}}$

例 12　設事件 A 為主機板壞掉，事件 B 為螢幕壞掉，事件 C 為鍵盤壞掉，則 $P(A) = 2P(B)$，$P(B) = 4P(C)$，且 $P(A) + P(B) + P(C) = 1$

$\Rightarrow P(C) = \dfrac{\boldsymbol{1}}{\boldsymbol{13}}, P(B) = \dfrac{\boldsymbol{4}}{\boldsymbol{13}}, P(A) = \dfrac{\boldsymbol{8}}{\boldsymbol{13}}$

例 13　機率 $= \dfrac{\text{三角形面積}}{\text{四邊形面積}} = \dfrac{\frac{1}{2}}{1} = \dfrac{\boldsymbol{1}}{\boldsymbol{2}}$

例 14　機率 $= \dfrac{\text{扇形弧度}}{\text{圓形圓周}} = \dfrac{\frac{\pi}{4} \cdot 5}{2\pi \cdot 5} = \dfrac{\boldsymbol{1}}{\boldsymbol{8}}$

例 15　(1) $C(12,2)\left(\dfrac{1}{6}\right)^2 \left(\dfrac{5}{6}\right)^{10}$

(2) 機率 $= 1 -$（沒有六）$-$（一次六）

$= 1 - \left(\dfrac{5}{6}\right)^{12} - C(12,1)\left(\dfrac{1}{6}\right)\left(\dfrac{5}{6}\right)^{11}$

例 16　(1) 選出 5 號的機率為 $\dfrac{1}{10}$，其餘 9 人，選出 2 人號碼為 6 ～ 10 的機率為 $\dfrac{C(5,2)}{C(9,2)}$，所以選出最小號碼為 5 的

機率為 $\dfrac{1}{10} \cdot \dfrac{C(5,2)}{C(9,2)} = \dfrac{1}{10} \times \dfrac{5 \times 4}{9 \times 8} = \dfrac{\boldsymbol{1}}{\boldsymbol{36}}$

(2) 同理 $\dfrac{1}{10} \times \dfrac{C(4,2)}{C(9,2)} = \dfrac{1}{10} \cdot \dfrac{4 \times 3}{9 \times 8} = \dfrac{\boldsymbol{1}}{\boldsymbol{60}}$

例 17　(1) 同時取出的點數和為 10 的有 (1, 9), (2, 8), (3, 7), (4, 6) 共 4 組，其機率為

$\dfrac{4}{C(10,2)} = \dfrac{4 \times 2}{10 \times 9} = \dfrac{\boldsymbol{4}}{\boldsymbol{45}}$

(2) 分別取出 2 張點數和為 10 的有 (1,9), (2,8), (3,7), (4,6), (6,4), (7,3), (8,2), (9,1) 共 8 組，其機率為

$\dfrac{8}{P(10,2)} = \dfrac{8}{10 \times 9} = \dfrac{\boldsymbol{4}}{\boldsymbol{45}}$

例 18　(1) 中頭彩的機率為 $\dfrac{1}{C(49,6)} = \dfrac{\boldsymbol{1}}{\boldsymbol{13983816}}$，約一千四百萬分之一

(2) 中二彩的機率為：莊家的 6 個號碼中 5 個（$C(6,5)$）、莊家的一個號碼和特別號相同（$C(1,1)$），即

$\dfrac{C(6,5)C(1,1)}{C(49,6)} = \dfrac{\boldsymbol{6}}{\boldsymbol{13983816}}$（是 (1) 的 6 倍）

(3) 中普獎的機率為：莊家的 6 個號碼中了 3 個（$C(6,3)$）、其他號碼（含特別號均沒中（$C(42,3)$ 取 42 是要扣除特別號），即

$\dfrac{C(6,3)C(42,3)}{C(49,6)} = \boldsymbol{0.0164}$，約百分之 1.5

註：中獎機率很低吧，所以能不玩，儘量不要玩

例 19　(1) $P(\bar{A}) = 1 - P(A) = 1 - \dfrac{3}{5} = \dfrac{\boldsymbol{2}}{\boldsymbol{5}}$

(2) $P(A \cup B) = P(A) + P(B) - P(A \cap B)$

$= \dfrac{3}{5} + \dfrac{2}{3} - \dfrac{1}{3} = \dfrac{\boldsymbol{14}}{\boldsymbol{15}}$

(3) $P(A) = P(A \cap B) + P(A \cap \bar{B})$

$\Rightarrow P(A \cap \bar{B}) = P(A) - P(A \cap B)$

$= \dfrac{3}{5} - \dfrac{1}{3} = \dfrac{\boldsymbol{4}}{\boldsymbol{15}}$

(4) $P(A \cup \bar{B}) = P(A) + P(\bar{B}) - P(A \cap \bar{B})$

$= \dfrac{3}{5} + \left(1 - \dfrac{2}{3}\right) - \dfrac{4}{15} = \dfrac{\boldsymbol{2}}{\boldsymbol{3}}$

例 20　(1) $P(\bar{A} \cup \bar{B}) = 1 - P(\overline{\bar{A} \cup \bar{B}})$

$= 1 - P(A \cap B) = \boldsymbol{1 - z}$

(2) $P(B) = P(\bar{A} \cap B) + P(A \cap B) \Rightarrow$

$$P(\overline{A} \cap B) = P(B) - P(A \cap B) = \boldsymbol{y - z}$$

(3) $P(\overline{A} \cup B) = 1 - P(\overline{\overline{A} \cup B})$

$\qquad = 1 - P(A \cap \overline{B})$

$\qquad = 1 - [P(A) - P(A \cap B)]$

$\qquad = 1 - (x - z) = \boldsymbol{1 - x + z}$

(4) $P(\overline{A} \cap \overline{B}) = 1 - P(\overline{\overline{A} \cap \overline{B}}) = 1 - P(A \cup B)$

$\qquad = 1 - [P(A) + P(B) - P(A \cap B)]$

$\qquad = \boldsymbol{1 - x - y + z}$

例21 $P(A) = \dfrac{11}{18}$, $P(B) = \dfrac{7}{18}$, $P(C) = \dfrac{9}{18}$,

$P(D) = \dfrac{9}{18}$

(1) $P(B \cup D) = P(B) + P(D) - P(B \cap D)$

$\qquad = \dfrac{7}{18} + \dfrac{9}{18} - \dfrac{3}{18} = \dfrac{\boldsymbol{13}}{\boldsymbol{18}}$

(2) $P(\overline{A} \cap \overline{C}) = 1 - P(\overline{\overline{A} \cap \overline{C}})$

$\qquad = 1 - P(A \cup C)$

$\qquad = 1 - [P(A) + P(C) - P(A \cap C)]$

$\qquad = 1 - \left(\dfrac{11}{18} + \dfrac{9}{18} - \dfrac{5}{18} \right) = \dfrac{\boldsymbol{1}}{\boldsymbol{6}}$

例22 可被 6 整除個數 $= \dfrac{100}{6} = 16$

可被 8 整除個數 $= \dfrac{100}{8} = 12$

可被 24 整除個數 $= \dfrac{100}{24} = 4$

可被 6 或 8 整除個數 $= 16 + 12 - 4 = 24$,

$P = \dfrac{24}{100} = \boldsymbol{0.24}$

例23 (1) $A \cup B \cup C$

(2) $(A \cap \overline{B \cup C}) \cup (B \cap \overline{C \cup A}) \cup (C \cap \overline{A \cup B})$

(3) $(A \cap B \cap \overline{C}) \cup (A \cap \overline{B} \cap C) \cup (\overline{A} \cap B \cap C)$

例24 (1) 題目要求 $P(A \cup B \cup C)$, 但因 $P(A \cap B) = 0$, 所以 $P(A \cap B \cap C) = 0$

$P(A \cup B \cup C)$

$= P(A) + P(B) + P(C) - P(A \cap B) - P(B \cap C) - P(C \cap A) + P(A \cup B \cup C)$

$= \dfrac{1}{4} + \dfrac{1}{4} + \dfrac{1}{4} - 0 - 0 - \dfrac{1}{8} + 0 = \dfrac{\boldsymbol{5}}{\boldsymbol{8}}$

(2) 三事件均不發生的機率

$= 1 - P(A \cup B \cup C) = 1 - \dfrac{5}{8} = \dfrac{\boldsymbol{3}}{\boldsymbol{8}}$

例25 令事件 $A = \{$ 數字 1 在第一個位置的機率 $\}$, 事件 $B = \{$ 數字 2 在第二位置的機率 $\}$, 事件 $C = \{$ 數字 3 在第三個位置的機率 $\}$ 。

則 $P(A) = \dfrac{P(2,2)}{P(3,3)} = \dfrac{1}{3}$, $P(B) = \dfrac{1}{3}$, $P(C) = \dfrac{1}{3}$

$A \cap B = \{$ 數字 1,2 在正確位置的機率 $\}$ 。

$P(A \cap B) = \dfrac{1}{P(3,3)} = \dfrac{1}{6}$, $P(B \cap C) = \dfrac{1}{6}$,

$P(A \cap C) = \dfrac{1}{6}$

$A \cap B \cap C = \{$ 數字 1,2,3 在正確位置的機率 $\}$, $P(A \cap B \cap C) = \dfrac{1}{6}$

$P(A \cup B \cup C) = P(A) + P(B) + P(C) - P(A \cap B) - P(B \cap C) - P(C \cap A) + P(A \cap B \cap C)$

$= \dfrac{1}{3} + \dfrac{1}{3} + \dfrac{1}{3} - \dfrac{1}{6} - \dfrac{1}{6} - \dfrac{1}{6} + \dfrac{1}{6}$

$= \dfrac{\boldsymbol{2}}{\boldsymbol{3}}$

另解:將樣本空間全部列出來,即 (123) , (132) , (213) , (231) , (312) , (321) , 數字在正確位置有 4 個,所以機率 $= \dfrac{4}{6} = \dfrac{2}{3}$

例26 (1) $P_1 = \dfrac{1}{6}$, $P_2 = \dfrac{1}{6}$, ... , $P_6 = \dfrac{1}{6}$, (即 $P_1 + P_2 + \cdots + P_6 = 1$) ,

(2) 若事件 A 為出現偶數的點數,則 $A = \{2,4,6\}$, $P(A) = \dfrac{1}{6} + \dfrac{1}{6} + \dfrac{1}{6} = \dfrac{\boldsymbol{1}}{\boldsymbol{2}}$

例27 (1) $P = \dfrac{C(10,1)}{C(16,1)} = \dfrac{10}{16} = \dfrac{\boldsymbol{5}}{\boldsymbol{8}}$ (全部有 16 件物品)

(2) $P = 1 - $ 嚴重瑕疵物品的機率

$= 1 - \dfrac{C(2,1)}{C(16,1)} = 1 - \dfrac{1}{8} = \dfrac{\boldsymbol{7}}{\boldsymbol{8}}$

(3) 好的物品機率＋嚴重瑕疵物品機率

$$= \frac{C(10,1)}{C(16,1)} + \frac{C(2,1)}{C(16,1)} = \frac{12}{16} = \frac{3}{4}$$

例28 (1) $P = \frac{C(400,90) \cdot C(1100,110)}{C(1500,200)}$

(2) P（至少 2 台有瑕疵）$= 1 - P$（沒有 瑕疵）$- P$（只有一台有瑕 疵）

$$= 1 - \frac{C(1100,200)}{C(1500,200)} -$$

$$\frac{C(400,1) \cdot C(1100,199)}{C(1500,200)}$$

例29 機率 $= 1 -$（沒中）$= 1 - (0.1)^{12}$

例30 機率 $= 1 -$ 全部關起的機率

$$= 1 - 0.1 \cdot 0.2 \cdot 0.3 \cdot 0.4$$

$$= 1 - 0.0024 = 0.9976$$

例31 本題採用「開出的號碼的樹狀圖」來解：

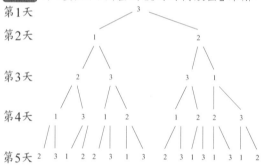

第 5 天開出號碼為 1 的機率為 $\frac{5}{16}$；開 出 2 的機率為 $\frac{5}{16}$，開出 3 的機率為 $\frac{6}{16}$， 所以**開出 3 的機率最大**。

例32 (1) $P(B|A) = \frac{P(A \cap B)}{P(A)} = \frac{0.3}{0.6} = \frac{1}{2}$

(2) $P(A|B) = \frac{P(A \cap B)}{P(B)} = \frac{0.3}{0.45} = \frac{30}{45} = \frac{2}{3}$

例33 (1) $P(A) = \frac{80}{100}$

(2) 「抽二次均為不良品的機率」

$$= P(A \cap B) = \frac{80}{100} \cdot \frac{79}{99}$$

(3) 第一次不良品的條件下，第二次亦 不良品

$$= P(B|A) = \frac{P(A \cap B)}{P(A)} = \frac{\frac{80}{100} \cdot \frac{79}{99}}{\frac{80}{100}} = \frac{79}{99}$$

例34 答案在講義上。

例35 答案在講義上。

例36 答案在講義上。

例37 答案在講義上。

例38 (1) 將題目所提到的機率值列出來：

令 E：表示工人操作錯誤的事件

F：表示停電的事件

所以 $P(E) = 0.1$；$P(F|E) = 0.3$；

$P(F|\overline{E}) = 0.2$

(2) 將要求的問題的機率式子列出來：

$$P(E|F) = \frac{P(E \cap F)}{P(F)}$$

(3) 由 (1) 可以求得停電的機率（即 $P(F)$）

$$P(F) = P(F|E)P(E) + P(F|\overline{E})P(\overline{E})$$

$$= 0.3 \cdot 0.1 + 0.2 \cdot 0.9 = 0.21$$

(4) 由 (1) 的已知，可以求得 $P(E \cap F)$ 的機率：

$$P(E \cap F) = P(F|E)P(E)$$

$$= 0.3 \cdot 0.1 = 0.03$$

(5) 由 (3)(4) 的數值代入 (2) 內，即可將 答案算出來：

$$P(E|F) = \frac{P(E \cap F)}{P(F)} = \frac{0.03}{0.21} = \frac{1}{7}$$

例39 (1) 將題目所提到的機率值列出來：

令 F_i 代表貨品來自第 i 家子公司 的事件，$i = 1,2,3,4$

E 代表貨品有瑕疵的事件

則 $P(F_1) = 0.2$；$P(F_2) = 0.4$；$P(F_3) = 0.3$；$P(F_4) = 0.1$；$P(E|F_1) = 0.04$；

$P(E|F_2) = 0.03$；$P(E|F_3) = 0.02$；

$P(E|F_4) = 0.01$；

(2) 將要求的問題的機率式子列出來：

$$P(F_1|E) = \frac{P(F_1 \cap E)}{P(E)}$$

(3) 註：此題有 4 個事件

由 (1) 可以求得貨品有瑕疵的機率 （即 $P(E)$）

$$P(E) = P(E \mid F_1)P(F_1) + P(E \mid F_2)P(F_2)$$
$$+ P(E \mid F_3)P(F_3) + P(E \mid F_4)P(F_4)$$
$$= 0.2 \cdot 0.04 + 0.4 \cdot 0.03 + 0.3 \cdot 0.02 + 0.1 \cdot 0.01$$
$$= 0.027$$

(4) 由 (1) 的已知，可以求得 $P(F_1 \cap E)$ 的機率：

$$P(F_1 \cap E) = P(E \mid F_1)P(F_1)$$
$$= 0.04 \cdot 0.2 = 0.008$$

(5) 由 (3)(4) 的數值代入 (2) 內，即可將答案算出來。

$$P(F_1 \mid E) = \frac{P(F_1 \cap E)}{P(E)} = \frac{0.008}{0.027} = \frac{8}{27}$$

例40 (1) 令箱子 A，箱子 B，金子，銀子分別以事件 A, B, G, S 表之，則：選到 A 或 B 的機率均為 0.5，即 $P(A) = 0.5$，$P(B) = 0.5$

$P(G \mid A) = 0.5$，$P(S \mid A) = 0.5$，$P(G \mid B) = 1$，

(2) 現要求 $P(B \mid G) = \frac{P(B \cap G)}{P(G)}$ 的機率，

(3) $P(G) = P(G \mid A) \cdot P(A) + P(G \mid B) \cdot P(B) = 0.5 \times 0.5 + 1 \times 0.5 = 0.75$

(4) $P(B \cap G) = P(G \mid B)P(B) = 1 \cdot 0.5 = 0.5$

(5) $P(B \mid G) = \frac{P(B \cap G)}{P(G)} = \frac{0.5}{0.75} = \frac{2}{3}$

例41 設瑕疵品為 D，$P(A) = 0.25$，$P(B) = 0.35$，$P(C) = 0.40$，$P(D \mid A) = 0.05$，$P(D \mid B) = 0.04$，$P(D \mid C) = 0.02$

要求 $P(A \mid D) = \frac{P(A \cap D)}{P(D)}$，$P(B \mid D)$ 和 $P(C \mid D)$ 之值，先求 $P(D) = P(D \mid A) \cdot P(A) + P(D \mid B) \cdot P(B) + P(D \mid C) \cdot P(C)$
$= 0.05 \times 0.25 + 0.04 \times 0.35 + 0.02 \times 0.40$
$= 0.0345$

則 $P(A \mid D) = \frac{P(A) \cdot P(D \mid A)}{P(D)}$
$$= \frac{0.25 \times 0.05}{0.0345} = 0.362$$

$P(B \mid D) = \frac{P(B) \cdot P(D \mid B)}{P(D)}$

$$= \frac{0.35 \times 0.04}{0.0345} = 0.406$$

$P(C \mid D) = \frac{P(C) \cdot P(D \mid C)}{P(D)}$

$$= \frac{0.40 \times 0.02}{0.0345} = \mathbf{0.232}$$

例42 令 M 為男性，F 為女性，S 表會開車的人：

$\Rightarrow P(M) = 0.4$，$P(F) = 0.6$，$P(S \mid M) = 0.5$，$P(S \mid F) = 0.3$，

要求 $P(M \mid S) = \frac{P(M \cap S)}{P(S)}$ 之值

先求 $P(S) = P(S \mid M) \cdot P(M) + P(S \mid F) \cdot P(F)$
$$= 0.5 \times 0.4 + 0.3 \times 0.6 = 0.38$$

$P(S \mid M) = \frac{P(S \cap M)}{P(M)} \Rightarrow P(S \cap M)$：
$$= P(S \mid M) \cdot P(M) = 0.5 \cdot 0.4 = 0.2$$

所以 $P(M \mid S) = \frac{P(M \cap S)}{P(S)} = \frac{0.2}{0.38} = \frac{10}{19}$

例43 因 A, B 為獨立事件 $\Rightarrow P(A \cap B) = P(A) \cdot P(B)$
$P(A \cup B) = P(A) + P(B) - P(A \cap B)$
$\Rightarrow 0.6 = 0.4 + P(B) - 0.4 \times P(B) \Rightarrow \mathbf{P(B) = \frac{1}{3}}$

例44 (1) 若 A, B 為互斥 $\Rightarrow A \cap B = \Phi \Rightarrow P(A \cap B) = 0$
$P(A \cup B) = P(A) + P(B) - P(A \cap B)$
$\Rightarrow 0.7 = 0.4 + P(B) + 0 \Rightarrow \mathbf{P(B) = 0.3}$

(2) 若 A, B 為獨立事件 $\Rightarrow P(A \cap B) = P(A) \cdot P(B)$
$P(A \cup B) = P(A) + P(B) - P(A \cap B)$
$\Rightarrow 0.7 = 0.4 + P(B) - 0.4 \cdot P(B)$
$\Rightarrow \mathbf{P(B) = 0.5}$

例45 (1) 令骰子為偶數的事件為 A，則 $P(A) = \frac{3}{6} = \frac{1}{2}$，令撲克牌為黑桃的事件為 B，則 $P(B) = \frac{13}{52} = \frac{1}{4}$，

因二者為獨立 $\Rightarrow P(A \cap B)$
$$= P(A) \cdot P(B)$$
$$= \frac{1}{2} \cdot \frac{1}{4} = \frac{1}{8}$$

(2) $P(A \cup B)$
$= P(A) + P(B) - P(A \cap B)$
$= \dfrac{1}{2} + \dfrac{1}{4} - \dfrac{1}{8} = \dfrac{5}{8}$

例 46 每位數字傳對的機率為 $(1-p)$，有 n 位數字，所以
(1) **傳對的機率為 $(1-p)^n$，**
(2) **傳錯的機率 = 1 - 傳對的機率**
$$= 1 - (1-p)^n$$

例 47 都沒有出現 1 的機率為 $\left(1-\dfrac{1}{6}\right)^5 = \left(\dfrac{5}{6}\right)^5$
$\Rightarrow$ 至少出現一次 1 的機率 $= 1 - \left(\dfrac{5}{6}\right)^5$

例 48 投擲三個銅板，共有 $2^3 = 8$ 種情形，其正反面組合有：

(1)「正正正」機率 $\dfrac{1}{8}$，(2)「正正反」機率 $\dfrac{3}{8}$，(3)「正反反」機率 $\dfrac{3}{8}$，(4)「反反反」機率 $\dfrac{1}{8}$，

所以出現相同組合的機率為 $\dfrac{1}{8} \times \dfrac{1}{8} + \dfrac{3}{8} \times \dfrac{3}{8} + \dfrac{3}{8} \times \dfrac{3}{8} + \dfrac{1}{8} \times \dfrac{1}{8} = \dfrac{5}{16}$

例 49 (1) 令事件 A 為鍵盤有瑕疵，事件 B 為螢幕有瑕疵，則 $P(A \cap B) = P(A) \cdot P(B) = 0.05 \times 0.1 = \textbf{0.005}$
(2) $P(A \cup B) = P(A) + P(B) - P(A \cap B)$
$= 0.1 + 0.05 - 0.005 = \textbf{0.145}$
(3) $P(A \cup B) - P(A \cap B) = 0.145 - 0.005 = \textbf{0.14}$

例 50 機率 $= \dfrac{\text{恰出現一次 1}}{\text{至少出現一次 1}}$

$$= \dfrac{C(3,1) \cdot \left(\dfrac{1}{6}\right) \cdot \left(\dfrac{5}{6}\right)^2}{1 - \left(\dfrac{5}{6}\right)^3} = \dfrac{3 \cdot 5^2}{6^3 - 5^3} = \dfrac{75}{91}$$

Chapter **7** 數據分析　解答

例1 (1) 算術平均數 $= (1 + 8 + 16 + 32)/4$
$$= \mathbf{14.25}，$$

(2) 中位數：因資料數為偶數個，所以
中位數 $= (8 + 16)/2 = \mathbf{12}$

(3) 幾何平均數
$$= \sqrt[4]{1 \times 8 \times 16 \times 32} = \sqrt[4]{2^0 \times 2^3 \times 2^4 \times 2^5}$$
$$= \sqrt[4]{2^{12}} = \sqrt[4]{2^{4 \times 3}} = 2^{\frac{4 \times 3}{4}} = 2^3 = \mathbf{8}$$

例2 (1) $\mu = (2 + 4 + 6 + \cdots + 18 + 20)/10$
$$= \mathbf{11}，$$

(2) 眾數：若每筆資料的個數均相同，
則**此統計資料沒有眾數**

(3) 全距 $= 20 - 2 = \mathbf{18}$

(4) Q_1：$k_1 = \dfrac{1}{4} \cdot n = \dfrac{10}{4} = 2.5$，
所以 $Q_1 = \mathbf{6}$

(5) Q_2：$k_2 = \dfrac{2}{4} \cdot n = \dfrac{2 \cdot 10}{4} = 5$，
所以 $Q_2 = \dfrac{10 + 12}{2} = \mathbf{11}$

(6) Q_3：$k_3 = \dfrac{3}{4} \cdot n = \dfrac{3 \cdot 10}{4} = 7.5$，
所以 $Q_3 = \mathbf{16}$

(7) 變異數與標準差：

(a) $\sigma^2 = \dfrac{1}{10} \sum_{i=1}^{10} (x_i - 11)^2 = \dfrac{330}{10} = \mathbf{33}$，

（或 $\sigma^2 = \dfrac{1}{n} \sum_{i=1}^{n} x_i^2 - \mu^2 = \dfrac{1}{10}(2^2 + 4^2$
$+ 6^2 + \cdots + 20^2) - 11^2 = 33$ ）

(b) $\sigma = \sqrt{33}$

例3 (1) 算術平均術 $= \dfrac{1}{100}(0 \cdot 11 + 1 \cdot 25 + 2 \cdot 35$
$+ 3 \cdot 15 + 4 \cdot 10 + 5 \cdot 4) = \mathbf{2}$ 球；

(2) 眾數 $= \mathbf{2}$ 球；

(3) 中位數 $= \mathbf{2}$ 球（$k_2 = \dfrac{2}{4} \cdot 100 = 50$，
位置 50 和位置 51 的平均值）；

(4) 全距 $= 5 - 0 = \mathbf{5}$ 球

(5) $Q_1 = \mathbf{1}$ 球（$k_1 = \dfrac{1}{4} \cdot 100 = 25$，
位置 25 和位置 26 的平均值）；

(6) $Q_3 = \mathbf{3}$ 球（$k_1 = \dfrac{3}{4} \cdot 100 = 75$，
位置 75 和位置 76 的平均值）；

(7) 變異數：$\sigma^2 = \dfrac{1}{n} \sum_{i=1}^{n} x_i^2 - \mu^2$
$$= \dfrac{1}{100}(11 \cdot 0^2 + 25 \cdot 1^2 +$$
$$35 \cdot 2^2 + 15 \cdot 3^2 + 10 \cdot 4^2$$
$$+ 4 \cdot 5^2) - 2^2$$
$$= \mathbf{1.6}$$

標準差：$\sigma = \sqrt{\mathbf{1.6}}$

例4 (1) 算術平均數
$$= \dfrac{1}{100}[24.5 \times 4 + 34.5 \times 12 + 44.5 \times 18 +$$
$$54.5 \times 28 + 64.5 \times 20 + 74.5 \times 12 +$$
$$84.5 \times 6]$$
$$= \mathbf{55.3}$$

(2) 眾數 $= \mathbf{28}$（在 **50～59分**）；

(3) 全距 $= 89 - 20 = \mathbf{69}$；

例5 令原始分數為 x_i，則 $\mu_x = 40$、$\sigma_x = 10$
分數調整成：$y_i = ax_i + b = \dfrac{1}{2} x_i + 50$，
則資料 y_i 的平均數（μ_y）與標準差（σ_y）
分別為：
$$\mu_y = a\mu_x + b = \dfrac{1}{2} \cdot 40 + 50 = \mathbf{70}$$
$$\sigma_y = |a|\sigma_x = \dfrac{1}{2} \cdot 10 = \mathbf{5}$$

例6 令原始資料為 x_i，則 $\mu_x = 40$、$\sigma_x = 10$，
若經 $y_i = ax_i + b$ 調整，調整後 y_i 的 $\mu_y =$
70、$\sigma_y = 5$，則 $\mu_y = a\mu_x + b$ 和 $\sigma_y = |a|\sigma_x$。
$$\sigma_y = |a|\sigma_x \Rightarrow |a| = \dfrac{\sigma_y}{\sigma_x} = \dfrac{5}{10} = 0.5$$
$$\Rightarrow a = \pm 0.5$$

(1) $a = 0.5 \Rightarrow \mu_y = a\mu_x + b \Rightarrow 70 = 0.5 \times 40 + b \Rightarrow b = 50$

(2) $a = -0.5 \Rightarrow \mu_y = a\mu_x + b \Rightarrow 70 = -0.5 \times 40 + b \Rightarrow b = 90$

所以調整方式為：$y_i = 0.5x_i + 50$ 或 $y_i = -0.5x_i + 90$

例7 $\mu = \dfrac{1+2+6+7}{4} = 4$

$\sigma^2 = \dfrac{1}{4}\sum_{i=1}^{4}(x_i - \mu)^2$

$= \dfrac{1}{4}[(-3)^2 + (-2)^2 + (2)^2 + (3)^2]$

$= \dfrac{26}{4} = \dfrac{13}{2}$

所以最小值是 $\dfrac{13}{2}$，此時的 $x = 4$

例8 $\mu = \dfrac{100+101+103+105+106}{5} = 103$

$\sigma^2 = \dfrac{1}{5}\sum_{i=1}^{5}(x_i - \mu)^2$

$= \dfrac{1}{5}[(-3)^2 + (-2)^2 + 0^2 + (2)^2 + (3)^2]$

$= \dfrac{26}{5}$

因為 $\dfrac{1}{n}\sum_{i=1}^{n}(x - x_i)^2$，其最小值為 σ^2，所以 $\sum_{i=1}^{n}(x - x_i)^2$，其最小值為 $n \cdot \sigma^2$ 所以

最小值為 $5 \times \dfrac{26}{5} = 26$，此時的 $x = 103$

例9 $\mu = \dfrac{1}{9}\sum_{i=1}^{9} i = \dfrac{45}{9} = 5$

$\sigma^2 = \dfrac{1}{9}\sum_{i=1}^{9}(i-5)^2 = \dfrac{1}{9}\sum_{i=1}^{9}(i^2 - 10i + 25)$

$= \dfrac{1}{9}\left[\dfrac{1}{6} \times 9 \times 10 \times 19 - 10 \times \dfrac{9 \times 10}{2} + 25 \times 9\right]$

$= \dfrac{60}{9} = \dfrac{20}{3}$

因為 $\dfrac{1}{n}\sum_{i=1}^{n}(x - x_i)^2$，其最小值為 σ^2，所以其最小值為 $n \cdot \sigma^2$ 即最小值為 $9 \times \dfrac{60}{9} = 60$，此時的 $x = 5$。

例10 (a) $\mu = (2 + 4 + 6 + \cdots + 18 + 20)/10 = 11$，

(b) $\sigma^2 = \dfrac{1}{10}\sum_{i=1}^{10}(x_i - 11)^2 = \dfrac{330}{10} = 33$

$\Rightarrow \sigma = \sqrt{33}$，

a 的值為 $a = \dfrac{1}{\sigma} = \dfrac{\sqrt{33}}{33}$，$b$ 的值為 $b = -\dfrac{\mu}{\sigma} = \dfrac{-11\sqrt{33}}{33} = \dfrac{-\sqrt{33}}{3}$.

例11 第一次考試：$y = \dfrac{x - \mu}{\sigma} = \dfrac{50 - 40}{8} = 1.25$

第二次考試：$y = \dfrac{x - \mu}{\sigma} = \dfrac{72 - 60}{10} = 1.2$

所以宥嘉得成績是退步了

例12 $\mu_x = \dfrac{1+2+2+3}{4} = 2$

$\mu_y = \dfrac{2+2+4+4}{4} = 3$

$\sigma_x^2 = \dfrac{1}{4}\sum_{i=1}^{4}(x_i - 2)^2 = \dfrac{1}{4}(1^2 + 0^2 + 0^2 + 1^2)$

$= \dfrac{2}{4} \Rightarrow \sigma_x = \dfrac{\sqrt{2}}{2}$

$\sigma_y^2 = \dfrac{1}{4}\sum_{i=1}^{4}(y_i - 3)^2 = \dfrac{1}{4}(1^2 + 1^2 + 1^2 + 1^2)$

$= \dfrac{4}{4} \Rightarrow \sigma_y = 1$

(1) 請將其資料標準化

$(x_i', y_i') = \left(\dfrac{x_i - \mu_x}{\sigma_x}, \dfrac{y_i - \mu_y}{\sigma_y}\right)$

$= \left(\dfrac{1-2}{\dfrac{\sqrt{2}}{2}}, \dfrac{2-3}{1}\right)$、

$\left(\dfrac{2-2}{\dfrac{\sqrt{2}}{2}}, \dfrac{2-3}{1}\right)$、

$\left(\dfrac{2-2}{\dfrac{\sqrt{2}}{2}}, \dfrac{4-3}{1}\right)$、

$\left(\dfrac{3-2}{\dfrac{\sqrt{2}}{2}}, \dfrac{4-3}{1}\right)$、

$= (-\sqrt{2}, -1)$、$(0, -1)$、$(0,$

1)、($\sqrt{2}$, 1)

(2) 資料標準化前的相關係數

$$\sqrt{\sum_{i=1}^{4}(x_i-2)^2}$$
$$=\sqrt{(1-2)^2+(2-2)^2+(2-2)^2+(3-2)^2}$$
$$=\sqrt{1^2+0+0+1^2}=\sqrt{2}$$
$$\sqrt{\sum_{i=1}^{4}(y_i-3)^2}$$
$$=\sqrt{(2-3)^2+(2-3)^2+(4-3)^2+(4-3)^2}$$
$$=2$$
$$\sum_{i=1}^{4}(x_i-2)(y_i-3)$$
$$=(1-2)(2-3)+(2-2)(2-3)+(2-2)(4-3)+(3-2)(4-3)=1+0+0+1=2$$
$$\gamma=\frac{\sum_{i=1}^{n}(x_i-\mu_x)(y_i-\mu_y)}{\sqrt{\sum_{i=1}^{n}(x_i-\mu_x)^2}\cdot\sqrt{\sum_{i=1}^{n}(y_i-\mu_y)^2}}$$
$$=\frac{2}{\sqrt{2}\cdot2}=\frac{\sqrt{2}}{2}$$

(3) 求資料標準化後的相關係數
$$\gamma=\frac{\sum_{i=1}^{n}x_i'y_i'}{n}$$
$$=\frac{1}{4}\Big((-\sqrt{2})\times(-1)+0\times(-1)+0\times1+\sqrt{2}\times1\Big)$$
$$=\frac{\sqrt{2}}{2}$$

所以 (2) 和 (3) 所求出來的相關係數相同

例 13 (1) 0.6；(2) −0.6；(3) 0.6

例 14 (1) 資料未經過標準化：$y-\mu_y=m(x-\mu_x)$

由例 12 知：$\mu_x=2$，$\mu_y=3$，$m=\gamma\cdot\frac{\sigma_y}{\sigma_x}=\frac{\sqrt{2}}{2}\times\frac{1}{\frac{\sqrt{2}}{2}}=1$

所以 $y-\mu_y=m(x-\mu_x)\Rightarrow y-3=1\times(x-2)\Rightarrow x-y+1=0$

(2) 資料經過標準化：
$$y'=\gamma x'\Rightarrow\frac{y-\mu_y}{\sigma_y}=\gamma\times\frac{x-\mu_x}{\sigma_x}$$
$$\Rightarrow\frac{y-3}{1}=\frac{\sqrt{2}}{2}\times\frac{x-2}{\frac{\sqrt{2}}{2}}\Rightarrow x-y+1=0$$

（答案與方法 (1) 同）

(3) 因直線的斜率為正值，所以此資料為正相關